Alexis und Hitzig
Hexen, Räuber und Magister

Willibald Alexis
Julius Eduard Hitzig

Hexen, Räuber und Magister

Ein preußischer Pitaval

Das Neue Berlin

Ausgewählt, herausgegeben und
mit einem Nachwort versehen
von Werner Liersch

ROSENFELD
Der neue Messias in Berlin

Zu Anfang der sechziger Jahre des 18. Jahrhunderts sah man in der Uckermark, Prignitz und auch im benachbarten Mecklenburgischen einen Mann herumstreifen, dessen Kleidung und Wesen nicht viel von einem Bettler verschieden war. Er bat aber nie um eine Gabe, nur um einen Trunk Wasser, höchstens, wenn man ihm nicht mit der Einladung dazu entgegenkam, um ein Nachtquartier. Ihm war nur daran gelegen, mit denen, die er besuchte, sich in ein Gespräch einzulassen, und es waren meistens Schäferknechte, die er auf dem Felde traf; doch ging er auch in einsam gelegene Häuser, wo Tagelöhner, Weber oder sonst arme Handwerker wohnten.

Zunächst trug der Mann einen grünen Jägerrock, dann, als der Rock verschossen und zerrissen war, näherte sich seine Erscheinung immer mehr der eines Bettlers und hatte etwas Unheimliches, ja, man konnte sie erschreckend nennen. Sein Gesicht war blaß und erdfarben, die Augen lagen tief im Kopfe, und der Körper hatte eine schlaffe Haltung. Doch brauchte man keine Furcht wie vor einem gewöhnlichen Abenteurer zu hegen, der abends um eine Herberge bittet und morgens als Dieb verschwunden ist. Man kannte seinen Namen, er hieß Rosenfeld, und sein grüner Jägerrock war ein Überbleibsel aus seinem früheren Jägerdienst beim Markgrafen von Schwedt.

Zwar führte er kein Geld in der Tasche, aber am Kinn einen langen Bart, der nicht den Räuber, sondern den Propheten verkündete. Manchmal trat er an einen Hirten mit einem biblischen Gruß, schlug aber, wenn der Hirt geantwortet hatte, die Augen gen Himmel auf und wandte ihm den Rücken mit einem Seufzer. Der Hirt sah ihn vielleicht erst nach einem Jahr wieder. Doch ging er nur von denen so schnell fort, die den Gruß nicht erwiderten, wie er es wünschte. Wo er empfänglichen Stoff für den Samen, den er ausstreuen wollte, fand, ließ er sich in längere Religionsgespräche ein. Einst, im Dorfe Stendell bei Schwedt, im Jahre 1762, glaubte er eine andächtige Versammlung gefunden zu haben, die gern auf seine Predigten hörte und sich in religiöse Gespräche mit ihm einließ; als er aber, erwärmt von ihrer Aufmerksamkeit, die Arme erhob und zu prophezeien anfing, sagten sie, er sei nicht gescheit.

Rosenfeld war auch in seiner späteren sieggekrönten Laufbahn kein Fanatiker, der mit eiserner Stimme Mauern einrennen und mit der Fackel der Begeisterung die Welt in Brand stecken will. Sein Feuer brannte still, er wartete auf Zeit und Gelegenheit und verstand die Kunst der Berechnung. Er schwieg, als er bei den Leuten im Dorfe keinen Glauben fand, blieb aber auf ihre Einladung eine Zeitlang in der Gemeinde, auch ließ er sich die gute Aufnahme gefallen. Später ergab sich, daß die Tochter eines Hauses, in dem er einst logierte, von ihm schwanger geworden war. Er hatte jedoch, um sie sich gefügig zu machen, keine Prophezeiungen, keine frommen Sprüche angewandt. Der Religionseifer schien eine Zeitlang in ihm zu ruhen, um sich in der Stille zu neuen Offenbarungen zu stärken.

Nach den Akten findet man ihn erst wieder um 1765 in der Gegend von Prenzlau schwärmend. Seine Erscheinung war hier schon viel armseliger, sein Blick irre geworden. Er war Prophet, der in langer Beschaulichkeit zu der Gabe gelangt war, nach der seine Seele dürstete. So trat er zu Dedelow in das Haus eines Schäfers, bat um einen Trunk Wasser und sprach dann, die Schale hebend, mit bedeutungsvollem Tone zu Mann und Frau: »Kinder, so ihr nur wüßtet, wer ich bin!« Als sie ihn fragten, wer er sei, antwortete er: »Ich bin der Bote Gottes, ausgegangen, seine Schafe zu suchen. Von mir ist im Propheten Micha IV, 8 geweissagt: Du Turm Eder, eine Feste der Tochter Zion, es wird deine goldene Rose kommen, die vorige Herrschaft, das Königreich der Tochter Jerusalem!«

Da er gläubige Zuhörer fand, führte er noch ein langes biblisches Gespräch mit ihnen, wie die Bekehrung gerade jetzt Not tue; es werde aber bald die Zeit kommen, in der die Gerechten das Land beherrschen würden – das verheißene Reich, das Hauptthema seiner Verkündigungen, über das seine Vorstellungen sich erst später vollständig ausbildeten.

In diesem Hause war der Samen aufgegangen. Mann und Frau baten dringend den gottseligen Mann, daß er länger bei ihnen weile, und er blieb mehrere Tage und kam öfter wieder. Diese Anhänger in Dedelow blieben ihm auch nach seinem Sturz treu; sie hielten ihn für

einen Mann Gottes, obwohl seine große Prophezeiung nicht eingetroffen war. Zu beiden hatte er nämlich gesagt, sie möchten auf das
Jahr 1770 achthaben, es werde da eine große Wandlung eintreten. Sie
hatten von Tag zu Tag genau acht, die Frau aber mußte später vor
Gericht eingestehen, es sei doch gar nichts Merkwürdiges in dem Jahr
geschehen, der heilige Mann müsse sich wohl im Jahr verrechnet haben.

Bald war Rosenfeld nicht mehr der umherirrende Vagabund, den
man hier auslachte, dort aus Mitleid und Neugier aufnahm. Sein
Name war auf dem flachen Lande weitverbreitet, er kannte seine
Anhänger, die bald eine stille Gemeinde bildeten. Wo er anklopfte,
wurde er freudig empfangen, man drang in ihn zu bleiben, man
schätzte es für ein Glück, wo der Mann Gottes verweilte.

Gewöhnlich begann er vor seiner Gemeinde mit vielen Bibelstellen
von der jetzigen Verderbtheit des Menschengeschlechts zu reden. Die
Welt liege im argen, Recht und Gerechtigkeit seien verdreht. Das
war ja das ewige Thema, was die Leute von den Kanzeln aller
Glaubenseiferer herab zu hören gewohnt waren. Die Verderbtheit der
Welt legt sich jeder aus, wie er Lust hat. Jeder hat über Unrecht, das
ihm widerfahren ist, zu klagen, und die uckermärkischen Landleute
hatten besonderen Grund dazu. Der Siebenjährige Krieg war kaum
vorüber; schwere Abgaben, die harte Akzise, drückten sie neben anderen allgemeinen Leiden.

Wenn der Prediger auf diese Weise leichten Eingang bei ihnen gefunden hatte, folgten zuerst allerlei allgemeine Versprechungen von
einem Erretter aus diesen Trübsalen, einem Wiederhersteller des ge-
kränkten Rechts, einem Heiland und Erlöser. Zwar war ein solcher
schon dagewesen, und so sprach er sich über diesen wichtigen Punkt
nur in Andeutungen aus und gab zu erkennen, er würde mehr offenbaren, wenn seine Zuhörer dafür reif wären. Dazwischen zitierte er
Bibelstellen, die von einem zweiten, künftigen Heiland redeten, wie
Matth. III, 11 und XI, 26: »Und er hat seine Worfschaufel in seiner
Hand; er wird seine Tenne fegen und den Weizen in seine Scheunen
sammeln, aber die Spreu wird er verbrennen mit ewigem Feuer.« – »Es
wird kommen aus Zion, der da erlöse, und abwende das gottlose
Wesen von Jakob.« Dann andere, wo von einer zweiten Ankunft Jesus,
um die Welt zu richten, die Rede war.

Dreister geworden, sprach er schon aus: Der Jesus, welcher gewe-
sen, sei nur ein prophetisches Luftbild, eine Art Fata Morgana des
Jesus, welcher noch kommen müsse und werde. Ja, vor einzelnen
Zuhörerkreisen, deren Glaube ihn zu erwärmen schien, überkam es

ihn wie ein heiliges Feuer der Erkenntnis, und er rief aus, das sei ein falscher Messias gewesen! Der rechte sollte doch gekommen sein, um die Welt vor Sünde, Tod und des Teufels Gewalt zu erretten, und alle diese drei Dinge seien nach wie vor in der Welt, das sei ein verfluchter Christus gewesen, der gen Himmel gefahren wäre und seine Jünger im Stich gelassen hätte. Endlich ging er noch weiter und erklärte die ganze Heilsgeschichte für unwahr. Das Neue Testament sei als Erdichtung zu verwerfen.

Als er so weit gegangen war, ergab sich die praktische Folge von selbst. Er schalt auf die Prediger als Propheten der Unwahrheit, er eiferte gegen die Taufe, gegen den Genuß des Abendmahls, gegen alle geistlichen Bücher, mit Ausnahme des Alten Testaments. Endlich zog er auch gegen alle weltlichen Obrigkeiten zu Felde, vom Dorfschulzen bis zum König, und das in den härtesten Ausdrücken.

Es spricht für den wunderbaren Einfluß, den er schon auf die Gemüter erlangt haben mußte, daß wir von keinerlei Art Widerspruch hören. Das Landvolk in jenen Gegenden betrachtete seine Obrigkeit als die von Gott eingesetzte. Wer mußte der Mann sein, der sich sogar gegen einen König wie Friedrich II. solche Angriffe erlauben durfte? Und – was mehr war als gegen den König und seine Diener – auch gegen die geistlichen Bücher, die sich als Heiligtümer von Kind zu Kindeskind in jenen Bauernfamilien vererben, und selbst gegen den Hauptteil der Bibel, gegen das Neue Testament?

Gegen die Prediger war die Menge leicht aufzubringen. In jenen Gegenden finden sich unter den Landleuten nicht nur die allerstrengsten Kritiker des Lebenswandels der Geistlichen, sondern auch ihrer Dogmen, und die geringste Abweichung macht sie zu den strengsten Richtern, Gegnern und Anklägern ihrer Pfarrer. Diesmal, vermutlich nach langer Dürre, schlug der Gewitterregen einer religiösen Begeisterung so tief in den durstenden Boden, daß er mit dem Prediger auch die Postillen, Gesangbücher, sogar das Neue Testament fortschwemmte. Einer der neu Bekehrten, der Schlosser Zimmermann aus Berlin, warf nach einem Konventikel, in dem Rosenfeld seine ganze Feuerglut wider die falschen geistlichen Bücher entladen hatte, seinen ganzen Vorrat davon ins Feuer.

Bei der späteren gerichtlichen Vernehmung seiner Jünger über Rosenfelds Lehre gab es bei aller Unterschiedlichkeit der Zeugnisse vollkommene Übereinstimmung in mehreren Punkten, in denen die Worte des Meisters hörbar wurden: Der auf Golgatha gekreuzigte Messias sei nur die Verheißung des künftigen; Christus sei verflucht, weil er am Holz gehangen, und wer an ihn glaube, sei verdammt; die ganze Lehre von seiner Kreuzigung sei eine heidnische Fabel; der Christus, der zu Jerusalem eingeritten, sei ein Hurensohn, ein Dieb, ein Zuhälter. Durch das Abendmahl genössen die Menschen den Teufel; es sei ein Götzenopfer vom Drachen gesetzt; des Königs Bild, der Drachenkopf, wäre ja darauf gedruckt. Nach der Meinung der Christen heiße das nichts anderes, als Gott zu verschlingen. In der Taufe würden die Kinder dem König verkauft, der der Teufel wäre. Durch sie solle der unreine Geist ausgetrieben werden; demnach also müsse Gott ihn den Menschen eingegeben haben. Die Taufe sei ein Bund mit dem Tode.»Wisset ihr nicht, daß alle, die wir in Jesum Christ getauft sind, die sind in seinen Tod getauft?« – »Was machen sonst, die sich taufen lassen über den Toten, so allerdinge die Toten nicht auferstehen? Was lassen sie sich taufen über den Toten?« Die Obrigkeiten seien krumme Schlangen – und der König ihr Oberster, nämlich der Beelzebub, der den Mammon mehr liebe als Gott. Der König sei der ägyptische Pharao, der rote Meerdrache, der große Drache.

Das wurde von Rosenfeld nicht metaphorisch und von den Königen im allgemeinen, sondern von dem damals regierenden König von Preußen, von Friedrich II., ganz speziell gesagt, und er wußte den staunenden Landleuten dafür Tatsachen zu nennen, denn als er einst in seiner Eigenschaft als Jäger und Unterförster des Markgrafen von Schwedt von ihm auf der Jagd vertraulich gefragt worden, wer er, der Markgraf, eigentlich sei, habe er ihm geantwortet: der Drache! Der verstorbene Markgraf sei darauf nicht zornig geworden, sondern habe geantwortet: »Du hast Recht, der bin ich auch.« Damit sprach aber der Markgraf, als von königlichem Geblüt, das Urteil über seine ganze Familie aus.

Von Rosenfeld selbst scheint man nichts Schriftliches über seine Lehre zu besitzen. Entweder hütete er sich aus einer weltklugen Vorsicht, oder er ahmte die großen Vorbilder nach. Von zweien seiner eifrigsten Anhänger und Apostel hat man dagegen einen Hirtenbrief, der in der Abschrift dem Prediger Fehland zu Biesenthal zugeschickt wurde und in dem er angeklagt wurde, sein göttliches Amt zu miß-brauchen. Fehland solle sich rechtfertigen, das Gericht Gottes über solche Irrlehrer sei nahe.

Der Verfasser dieses Briefes, Richter, einer der eifrigsten Rosen-feldianer, gestand auch, auf das Vorderblatt eines Gesangbuches ge-schrieben zu haben: »Fehland ist ein Hurenmeister; denn er verführt ja die Leute zur geistlichen Hurerei. Die Bilder in der lutherischen Kirche sind Bilderdienst und Abgötterei, das ist geistliche Hurerei.

Das Gesangbuch ist ein Zauberbuch, denn es ist von menschlichen Händen gemacht, und Salomo sagt: viel Predigen macht den Geist müde, und des Büchermachens sei kein Ende. Die Kirche ist in vielen Stellen der Bibel ein Hurenhaus genannt. Man braucht nicht in die Kirche zu gehen, wo noch dazu so viel Gotteslästerliches gepredigt wird, sondern man braucht nur fromm und in Gerechtigkeit und Rechtschaffenheit zu wandeln.«

Die Gemüter seiner Anhänger schienen Rosenfeld so weit vorbereitet, um mit dem großen Satze vorzutreten, den freilich auch jetzt noch nur die Geweihtesten unter den Eingeweihten klar und deutlich zu hören bekamen: der Heiland Jesus war nicht der wahre Heiland, also muß der wahre Heiland noch erscheinen, und dieser zweite Heiland bin ich selbst, von Gott zur Erlösung der Welt gesandt. Rosenfeld nahm nur einen nach dem anderen in die Weihe dieser letzten Erkenntnis auf. Als er später vor Gericht gefragt wurde, weshalb er diese Vorsicht beobachtet habe, antwortete er: »Es wäre ja töricht gewesen, gleich einem jeden zu sagen, ich bin der.«

Denen aber, denen er sich zu erkennen gab, versprach er, wenn sie ihm treu nachfolgten, ewiges Leben hier auf Erden. Er machte diese Versicherung ohne alle Abstriche und zog gegen die Prediger vor allen Dingen deshalb zu Felde. Starb jemand von seinem Anhang, sagte er den Zweiflern: der Gestorbene hätte es noch nicht treu genug gemeint. Selbst vor Gericht wiederholte er diese Antwort; nur in diesem Punkte blieb er sich selbst bis zuletzt treu.

Über diese seltsamste und, wie es uns scheint, für ihn gefährlichste Lehre hatte er sich eine eigene Beweistheorie gebildet: Gott hat die Menschen geschaffen zum ewigen Leben. Als aber der Mensch Gottes Gebot übertrat, fiel Gottes Zorn auf ihn, und er übergab ihn dem Tode. So herrschte der Tod von Adam bis auf Moses. Moses führte die Kinder Israels aus Ägypten, legte ihnen Leben und Tod vor und gab ihnen die Wahl. »Siehe, ich habe dir heute vorgelegt das Leben und das Gute, den Tod und das Böse. – Ich habe euch Leben und Tod, Segen und Fluch vorgelegt, daß du das Leben erwähltest und du und dein Same leben möget.« Das ewige Leben war nämlich die Verheißung, die Gott Abraham gegeben hatte. Aber alle waren ungehorsam. Da kam statt der Verheißung das Gesetz. Die Gnade kann nicht durch das Gesetz erworben werden. So kam der Zorn Gottes über uns, und wir müssen sterben, bis der Zorn Gottes ein Ende haben wird; das ist, bis Christus kommt, der der verheißene Sohn ist und des Gesetzes Ende. Der wird den Tod verschlingen und den Bund mit dem Tode lösen. Dann sollen wir wieder im Lande wohnen, das

Gott Abraham, Isaak und Jakob geschworen hat. Gott will nicht das Leben wegnehmen. Auferstehen ist Ablassen von Sünde; und Gott sagt: ich will ihnen heraushelfen von allen Arten, da sie Unrecht getan haben.

Es versteht sich, daß jeder dieser Sätze, ja auch jedes Wort in ihnen durch Bibelstellen belegt war. Es bewährte sich jenes alte Wort, daß aus den Buchstaben der Bibel sich alles beweisen läßt, und noch besser aus denen ihrer Übersetzung.

Rosenfeld war sicherer geworden und sein Anhang größer. Er trat nunmehr öffentlich mit der Erklärung hervor, daß er der wahre Messias sei, Gott der Sohn, der wahre, einzige, allmächtige Gott, der Herr aller Herren und der König aller Könige.

Seine Gemeinde glaubte alles. Solche Verheißungen wie er hatte noch kein Religionsführer seinen Anhängern gemacht. Wer ihm glaubte, wie sollte der nicht alles für ihn opfern? Willig brachte man ihm, was die armen Leute nur erschwingen konnten. Er selbst forderte nie etwas, noch äußerte er seine Unzufriedenheit, wenn das Geschenk ihm zu gering schien, wenigstens niemals in Gegenwart des Gebers. Er nahm alle Geschenke mit den Worten an, was sie ihrem Heiland Gutes täten, täten sie sich selbst zugute. – Später übte der neue Heiland eine andere Taktik, er nahm fast gar nichts mehr von seiner Gemeinde an und gab von dem Erhaltenen verschiedenes zurück, wodurch der Glaube seiner Anhänger an ihn noch beträchtlich wuchs.

Sein Lebensunterhalt war durch ziemlich regelmäßige Spenden gesichert. Der Heiland war aber auch ein Mensch mit einem von Jugend, wie er selbst später versicherte, sehr starken Geschlechtstrieb. Plötzlich trat er vor seinen vertrautesten Anhängern mit dem Satze hervor: er habe die Schlüssel zum verschlossenen Paradiese, er habe das Buch des Lebens, das, nach der Beschreibung in der Offenbarung Johannis, mit sieben Siegeln versiegelt sei. Um das Erlösungswerk zu vollenden, müsse er die Siegel öffnen, und dazu müsse er sieben Jungfrauen haben.

Mit dieser wunderbaren Eröffnung trat er schon während seines Aufenthalts in Prenzlau hervor. So blind war der Glaube seiner Anhänger, daß sie die Forderung nicht verwunderte; gern wären sie seiner Forderung nachgekommen, aber sieben Jungfrauen waren in der damaligen Prenzlauer Gemeinde nicht aufzutreiben, und die Erfüllung seines Begehrens blieb bis auf eine spätere Zeit ausgesetzt.

Unter seinen Anhängern war einer der bedeutendsten der Schäfer Gumtow, gebürtig aus dem Mecklenburg-Schwerinischen, der Rosenfeld um das Jahr 1765 kennengelernt hatte. Der Ruf des Wundermanns war aus den umliegenden Dörfern schon zu ihm gedrungen, als Rosenfeld eines Abends an seine Tür klopfte und um ein Nachtlager bat.

Beide waren bald in einem eifrigen Gespräch, das Bibelsprüche zum Gegenstand hatte. Als beim Abendtischgebet der Name Jesus genannt wurde, sagte Rosenfeld: »Jesus mag wohl bei Euch am Tische sein, und Ihr kennt ihn nur nicht.« Beim Abschied von der Familie schrieb er verschiedene Sprüche auf und empfahl Gumtow, darüber nachzudenken, und als er wiederkam, besprach er diese Bibelstellen mit ihm.

Nach mehreren Besuchen entdeckte sich Rosenfeld dem erstaunten Gumtow und seinem Weibe als der Heiland der Welt, durch den alle erlöst und gerettet werden würden. Zwar sei schon einer vor ihm gewesen, der sich dafür ausgegeben habe, aber der sei nicht der rechte gewesen. Er sei der erste Held, der die Menschen, ohne daß sie stürben, ins Himmelreich bringen könne. Die Prediger, die vom Tode redeten, seien Lügner. Er habe die Schlüssel des Paradieses und das Buch des Lebens. Das Buch sei mit sieben Siegeln verschlossen, und um es zu öffnen, brauche er sieben Jungfrauen. Diese wären schon von Anbeginn der Welt dazu ausersehen und darunter auch die drei Töchter des Gumtow, die dieser ihm überliefern müsse. Täte er es nicht, so würden alle Seelen über ihn »Ach« schreien. Wenn er selbst aber nicht der rechte Heiland sei, so sollten alle Strafgerichte und Flüche ihn treffen, die sonst auf Gumtow fallen würden.

Gumtow war ein äußerst ehrlicher Charakter, dessen Frömmigkeit aber in Einfalt überging. Er war bereits so in Rosenfelds Netzen, daß er alles glaubte. Er erschrak über den Gedanken, daß alle Seelen verloren gehen und über ihn »Ach« schreien sollten. Aus wahrhafter Gewissensangst, durch seine Weigerung seine Mitmenschen ins Verderben zu stoßen, willigte Gumtow in alles ein. Seine Töchter waren aber damals noch zu jung; die Eröffnung der sieben Siegel des Buches des Lebens wurde verschoben.

Gumtow sollte übrigens der erste Märtyrer seiner Sekte werden. Nachdem er sich aus Prenzlau als Schäfer nach Lychen verdungen hatte, wurde seine Verbindung mit Rosenfeld bekannt. Man wollte hier keine Sektierer zu irdischen Schäfern haben und entließ ihn aus dem Dienst. Er ging nach Berlin und nährte sich hier als Tagelöhner, bis er aufs neue mit Rosenfeld in Verbindung trat, alles zur Glorie des neuen Heilands und zur Errettung des Menschengeschlechts ihm opferte, endlich aber im vollen, ehrlichen Glauben ihn wider Willen verriet und sein Ende herbeiführte.

Eine Hauptstation in Rosenfelds Wirksamkeit wurde bald darauf das Städtchen Biesenthal, vier Meilen von Berlin entfernt und damals abseits aller Hauptstraßen gelegen. Der neue Heiland fand an diesem isolierten Ort außerordentlichen Zulauf. Sein Anhang wurde so zahlreich und trat zugleich so laut auf, daß man nun von seiner Person und seinem Treiben auch in Berlin hörte.

Ein erstes offizielles Dokument über ihn ist der Bericht des Amtes Biesenthal an die Regierung vom 19. August 1768, in dem es heißt, daß das ganze Städtchen voll Unruhe sei; ein gewisser Rosenfeld gebe sich für den Messias aus und lebe davon. Sein Anhang bestehe schon aus 25 Personen, mit denen Polizei und Justiz nicht mehr fertig würden. Alles sei voll Tumult, weil die Gläubigen ergrimmt wären über die Ungläubigen. Die Rosenfeldianer nämlich suchten die anderen zu bekehren, und in ihrem Eifer gegen die Unbekehrten störten sie den Frieden zwischen den Eheleuten und wiegelten die Kinder gegen ihre Eltern auf. Niemand sei in diesem Werke eifriger als der Garnweber Glanz, welcher den neuen Messias in seinem Hause aufgenommen habe. Diejenigen, welche sich nicht von ihm bekehren lassen wollen, seien nun auf der anderen Seite ebenso ergrimmt über seinen Bekehrungseifer und hätten ihm die Fenster eingeworfen. Ja, sie drohten sogar, sein Haus in einen Trümmerhaufen zu verwandeln, wenn er nicht von Rosenfeld ließe, ihn fortjage und die sektiererischen Zusammenkünfte einstelle. Glanz aber sei so eifrig für den neuen Heiland, daß er dem allen trotze, und es sei das Äußerste zu befürchten.

Dazu kam es jedoch nicht. Rosenfeld wurde mitten aus einer Versammlung seiner Anhänger verhaftet und festgesetzt. Der Weber Glanz, sein Wirt, wollte durchaus zum Märtyrer für ihn werden und bat, ihn mitzuverhaften, was aber unterblieb. Dagegen trat unerwartet ein anderer seiner Anhänger auf, Richter. Dieser Mann, bis dahin ihm treu ergeben und uns schon bekannt als der Verfasser oder Mitverfasser des angeführten Hirtenbriefes – auch soll der Beweis für das ewige Leben auf Erden von ihm herrühren –, also jedenfalls einer der bedeutendsten und tätigsten Geister seiner Sekte, gab nun zu Protokoll: Er halte sich für verpflichtet, des Bösewichts Rosenfeld Irrlehren anzuzeigen. Dieser behauptete nämlich: der Heiden Zeit sei um; er sei als Jesus und Gott gekommen; wenn er nur erst die 24 Ältesten zusammengebracht, würde er den königlichen Stuhl umstoßen, dem König das Schwert abfordern und mit seinen 24 Königen den ganzen Erdkreis richten. Seine Anhänger brauchten nicht mehr zu arbeiten. Er selbst müsse jetzt gefangen werden, dies aber sei seine sechste und letzte Gefangennahme, er war wirklich schon fünfmal, wahrscheinlich aber nur Vagabundierens wegen, arretiert gewesen, wenn er herauskomme, beginne sein Königtum. Übrigens treibe Rosenfeld mit den Töchtern seiner Anhänger Unzucht.

Derselbe Richter, der seinen Meister hier so hart anklagte, erscheint aber bald darauf wieder als sein getreuester Anhänger. Welche Macht mußte von diesem Manne ausgehen! Es ist dies die zweite der von uns aufgeworfenen Fragen, die die Akten nicht beantworten. Richter schlug übrigens später noch einmal um, da seine gesunde Vernunft die Oberhand behielt.

Unerschüttert ging dagegen Weber Glanz am andern Tag aufs Amt, um seinen gefangenen Meister zu besuchen, erklärte laut, Rosenfeld sei der Gesalbte des Herrn; er wisse von keinem andern und lasse nicht von ihm. Er tobte so lange, bis man auch ihn festnahm. Der Einundfünfzigjährige war als höchst fleißiger und ordentlicher Arbeiter bekannt, doch auch als einfältig und grüblerisch. Er übertraf alle anderen in der Sekte an Enthusiasmus, ja selbst seinen Meister. Ihm war die Festnahme mehr als willkommen, denn so konnte er sich zu seinem Glauben bekennen.

Zur Beichte war er seit zwei Jahren nicht gegangen, aber nur, weil er zu arm für den Beichtgroschen gewesen war. Dagegen antwortete er auf die Frage, ob er nicht wisse, daß Zusammenkünfte, wie sie in seinem Hause gehalten würden, verboten wären, man käme ja auch ganze Nächte zusammen, um Karten zu spielen. Feierlich und fest erklärte er, daß er Rosenfeld für den Messias halte, denn die Schrift lehre es ihn, wobei er sich wieder auf den Spruch Micha: »Du Turm Eder, eine Tochter der Feste Zion« usw. berief. Auch sage es ihm der Geist Gottes, denn er seufze täglich um den rechten Weg zu Gott, und im Gewissen sei er überzeugt, daß Rosenfeld selbst Gott sei. Rosenfeld verspräche ihnen das Gnadenreich, das auch der alte Gott ihnen versprochen. Auf Erden werde es sein, wo ja auch das Paradies gewesen sei; und in der Heiligen Schrift stände, die Gerechten sollen das Erdreich besitzen ewiglich. Gefragt, ob Rosenfeld nicht gesagt habe, daß nach seinem Gefängnis seine königliche Herrschaft angehen würde, erklärte er, das nicht zu wissen; nur wisse er, daß in der Schrift stände, aus sechs Trübsal will ich dich erretten, und in der siebenten soll dir kein Leid widerfahren. Ob Rosenfeld mit seinen Töchtern Unzucht getrieben, habe er nicht gesehen noch sonst gemerkt; auf die allgemeine Frage aber, ob er es denn für etwas Unrechtes halte, rief er aus: »Nein, Rosenfeld hat einen gesalbten Geist, er ist ein Gesalbter des Herrn. Mit anderen ist es freilich etwas Böses.«

Noch entschiedener und heftiger äußerten sich einige andere in Biesenthal festgenommene Anhänger wie ein gewisser Beck und seine Frau, ein Seifart und sein Weib. Diese vier erklärten, wie der Weber Glanz, Rosenfeld für den wahren Messias und ihren Gott. Einstimmig erklärten sie: »Wenn ihr Herr und Meister, Rosenfeld, nur erst Stärke genug hätte, würde er die königliche Majestät selbst vom Throne schmeißen und nötigen, ihm die Schuhe nachzutragen. Ein Rosenfeldianer könne mit seines Glaubensgenossens Frau und Tochter verkehren; nur nicht mit Christus, das sei als mit Vieh. Wenn man bis 1770 wartete, würde man das über Christus erfahren, das sie jetzt nicht sagen dürften.«

Die Untersuchung zog sich sehr in die Länge, da man von Gerichts wegen nach allen Orten schrieb, wo eine Voruntersuchung gegen Rosenfeld stattgefunden hatte. Inzwischen erfolgte im Dezember 1769 ein Urteil, nach dem Rosenfeld im Berliner Irrenhause bis zur Probe seiner Besserung einzusperren sei, jeder seiner Anhänger aber zur Strafe ein Jahr in der Festung Spandau sitzen solle.

In Biesenthal verbreitete sich nun die Gemeinde, die so viele Märtyrer aufzuweisen hatte, ungemein. Besonders tätig waren die zurückgebliebenen Glieder der Glanzschen Familie. Dem Verbote und der Strafe zum Trotz versammelten sie sich wieder im selben Haus, nur in noch größerer Zahl, und verkündeten laut jedem, der es hören wollte, der neue Messias werde wiederkommen mit Feuer und Schwert, und der Prediger Fehland würde das erste Schlachtopfer sein.

Einige drangen zum Prediger Fehland selbst ins Haus und betrugen sich gegen ihn auf die tumultuarischste Weise. Man warf zerrissene Blätter eines Gesangbuches aus dem Fenster und rief den Kindern zu, sie könnten damit Karten spielen.

Eine besondere Rolle spielte dabei jener abtrünnige Gläubige, der eben noch eine Art Judasrolle gegen Rosenfeld gespielt hatte. Spandau und das Irrenhaus hatten eine andere als die erwartete Wirkung hervorgebracht. Richter empfand es als großes Unrecht, einen solchen Mann verlassen zu haben, der nun im hellen Glorienschein des Märtyrertums leuchtete. Richter bekannte sich rasch wieder zu seiner Lehre und versäumte nichts, um seine Reue und seinen wiedergewonnenen Glauben vor den Leuten leuchten zu lassen. Es war jetzt, daß er den oben zitierten Hirtenbrief an die Gemeinde und die anklagenden Stellen in das Gesangbuch schrieb, und er schrie so laut und ungestüm seinen Glauben durch die Straßen, daß man jetzt auch ihn verhaftete und auf ein Jahr nach Spandau schickte.

Befragt, wie er zu seinen früheren Angaben gekommen sei und wie er sein Urteil habe ändern können, erklärte Richter: »Dazu habe ihn das Gerede der Leute von der Unzucht Rosenfelds und der Schwängerung des Mädchens in Stendell gebracht; das eine aber sei unwahr, und für das andere werde Rosenfeld gewiß seine guten Gründe gehabt haben. Im übrigen müsse er den Rosenfeldschen Sätzen beipflichten, weil er sie in der Heiligen Schrift gegründet finde. Den Prediger Fehland aber könne er nur für den Teufel halten, denn er predige vom Tode, und nur durch des Teufels Neid sei der Tod in die Welt gekommen.«

Rosenfeld befand sich inzwischen in Berlin in nicht zu strenger Haft. Das Irrenhaus trug nur dazu bei, seine Glorie in den Augen seiner Anhänger zu vermehren. Sein treuer Gumtow und dessen Familie beschlossen, alles zu tun, um den Heiland, der für sie litt, zu entschädigen, und Rosenfeld nahm diese Untertanentreue gnädig hin. Er forderte etwas von ihnen, was der Autorität der Akten bedarf, um geglaubt zu werden.

Gumtows Frau mußte, auf ihres Mannes Befehl, ihre fünfzehnjährige Tochter, die sich bei Verwandten aufhielt, abholen. Auf dem Wege nach Berlin sagte sie ihr, sie sollte Rosenfeld vorgestellt werden. Sie solle nur genau achthaben auf dessen Worte und Vermahnungen und ihnen folgen. Was Rosenfeld sage, sei recht, ihr bisheriger Glaube aber irrig, und sie wäre ewig verflucht, wenn sie Rosenfelds Lehre nicht annehme. – Um der Pilgerfahrt die rechte Weihe zu geben, nahm man in Biesenthal noch einen Mann und eine Frau aus der Gemeinde mit. Kurz vor Berlin wurde dem jungen Mädchen eröffnet, sie sollte eine von den sieben Jungfrauen werden, wozu sie schon durch die Geburt bestimmt sei, und sie müsse deshalb alles tun, was Rosenfeld von ihr verlangen würde.

In der Dämmerung kamen die vier Personen im Irrenhaus an und wurden vom Türhüter in eine besondere Stube gewiesen. Rosenfeld, von ihrer Ankunft benachrichtigt, erschien. Er fragte das Mädchen, ob sie eine Braut Christi werden wolle. Sie antwortete: »Ja!« Er fuhr fort, dann müsse sie auch alles tun, was er von ihr verlange, ob sie das aufrichtig wolle. Als das Kind auch darauf mit Ja antwortete, legte er sie auf ein Bett und vollzog den Beischlaf mit ihr im Angesicht der Mutter, ihres späteren Schwagers Lüdemann und einer Frau Naumann.

Dann sprach er: »Dies ist die Versiegelung, wodurch wir beide aufs Festeste miteinander verknüpft sind und wodurch ich überzeugt werden mußte, daß du noch vorher mit keiner Mannsperson zu tun gehabt. Mache dir auch mit keiner andern dergleichen zu tun, wenn du nicht ewig verlorengehen willst.« Zugleich aber ermahnte er die Umstehenden, ihm nicht hierin nachzuahmen. Denn was er getan, stehe nur ihm frei, indem er der Christ sei, von welchem gesagt worden, daß er kommen solle. Dann blieben die fünf Personen noch etwa eine Stunde beisammen, das Mädchen aber wurde zu ihren Verwandten gebracht, bei denen sie etwa vier Jahre blieb.

Im März 1771 berichteten die Inspektoren des Berliner Irrenhauses, Rosenfeld sei ein wahrhaftes Exempel von Liebe und Mitleid, den Elenden in der Anstalt sei er aus eigenem Antriebe unverdrossen und gern zur Hand gegangen, habe die Kranken fleißig gewartet und sich als ein getreuer Gehilfe der Irrenwärter gezeigt. Sie möchten ihn deshalb ungern missen; doch bitte er allzu dringend um seine Entlassung. Da auch der Arzt des Hauses berichtete, er habe sich ordentlich geführt und sei keineswegs geistesgestört, wurde seine Entlassung unter der Bedingung verfügt, daß Rosenfeld sich bei einem bekannten, guten Bürger einmiete, der, falls sich abermals schwärmerische Religionsideen bei ihm einstellten, darüber sofort dem Magistrat berichten solle.

Dieser bekannte, gute Bürger fand sich auch sogleich in der Person des Schlossermeisters Zimmermann in Berlin, der ihn willig aufnahm und sich für ihn verbürgte, weil er einer seiner eifrigsten Anhänger war, doch zur Zeit noch ohne Wissen der Behörden. Zimmermann, ein redlicher, fleißiger Mann, hatte sich im Zorn an dem Präfekten des Werderschen Singechors vergriffen und mußte deshalb kurze Zeit in Spandau einsitzen. Hier hatte er die Rosenfeldianer kennengelernt und wurde, noch ehe er Rosenfeld selbst gesehen, eines der eifrigsten Glieder ihrer Gemeinde. Aus der Haft entlassen, wurde er einer der fanatischsten Anhänger des neuen Heilands.

Zimmermann starb bald nach der Aufnahme Rosenfelds in seinem Haus im Mai 1771, und niemand kümmerte sich um den neuen Messias. Er zog zu einem andern Wirt nach Charlottenburg und versuchte auch dort, seine Gemeinde zu vergrößern.

Im Jahre 1775 schlug er seinen dauernden Wohnsitz in Berlin auf und schrieb an seine Anhänger Befehle aus, ihm die sieben Jungfrauen zu stellen, um mit ihnen an das große Erlösungswerk zu gehen. Niemand machte Einwendungen. Der Schäfer Gumtow lieferte drei Töchter, der Weber Glanz aus Biesenthal zwei, und zwei ein anderer Anhänger mit Namen Meyer. Alle beteuerten später, als reine Jungfrauen zu Rosenfeld gekommen zu sein, und nach ihren naiven Aussagen in den Protokollen darf man ihrer Versicherung Glauben beimessen.

Rosenfeld behandelte die naiven Geschöpfe grausam und kaltherzig. Nur eine von ihnen liebte er – wenn dieses Wort hier passend ist –, sie war seine Favoritin, seine nächtliche Bettgenossin; er zeugte auch drei Kinder mit ihr, von denen jedoch nur eins am Leben blieb. Die anderen waren seine Sklavinnen, die er zu sich rief und wieder fortschickte, wie es ihm paßte, aber auch Sklavinnen im buchstäblichen Sinne. Sie mußten für ihn arbeiten, vom Morgen bis in die späte Nacht Wolle spinnen; sechs arme Mädchen, einige davon kaum über das Kindesalter, mußten den in Wollust und Faulheit bequem dahinlebenden Mann allein ernähren. Jetzt erst wies Rosenfeld die Geschenke und Opfergaben seiner Anhänger ab. Er lebte vom Erlös der Arbeiten der armen Geschöpfe, die er prügelte und hungern ließ. Sein Grundsatz war, sie dürften sich nicht satt essen, sondern müßten nüchtern bleiben, um das Himmelreich zu schauen und das Werk zu vollenden. Alles weltliche Fleisch aber müsse abgefastet werden. So tyrannisch – und wie sich bei der Tyrannei von selbst versteht –, auch mißtrauisch war sein Regiment, daß er den armen Geschöpfen nicht erlaubte, mit ihren Eltern zu reden; ja, er verhinderte, daß sie auch nur untereinander sprachen.

Die Favoritin war die Tochter seines enthusiastischen Glanz. Je mehr er sie auszeichnete, desto schnöder behandelte er ihre Schwester, die die Favoritin haßte. Die Arme entlief, von Hunger und Kummer überwältigt, zu ihrer Mutter, doch bald kam Rosenfeld und drohte: wenn sie nicht wiederkäme, gehöre sie nicht zu den sieben glücklichen Jungfrauen, sondern sei ewig verdammt und verloren. In unglaublicher Befangenheit und Verblendung zwang die Mutter ihre Tochter, zu Rosenfeld zurückzukehren.

Sie war nicht die einzige, die die Behandlung nicht aushalten konnte. Eine andere seiner gezwungenen Beischläferinnen namens Meyer ging zu ihren Eltern zurück, wo sie bald starb. Auch die Gumtow-Töchter entliefen. Aber das empörte weder die Eltern, noch öffnete es den Anhängern die Augen. Man hörte von keiner Beschwerde oder Klage; vielmehr heirateten zwischen 1775 und 1777 zwei von Rosenfelds ältesten und eifrigsten Anhängern in Berlin zwei von den Gumtowschen Töchtern. Es schien, als hätten sie dem Meister das Recht der ersten Nacht zugestanden und fühlten sich geehrt, ihre so geweihten Frauen aus seiner Hand zu empfangen.

Erst im Jahre 1780 kam die Sache wieder durch eine Anzeige an die Öffentlichkeit, die so merkwürdig war wie die Sekte selbst. Der alte, ehrliche Schäfer Gumtow reichte beim König Friedrich II. eine Klage gegen Rosenfeld ein, daß er nicht erfüllt hätte, was er versprochen habe. In rührender Einfalt klagte der Schäfer seinem König die Undankbarkeit des neuen Messias, dem er doch fünfzehn Jahre treu gewesen sei und ihm alle seine drei Töchter gegeben hatte, weshalb er jetzt in Armut, Spott und Verachtung geraten sei. Er wisse nun überhaupt nicht mehr, was er von Rosenfelds Lehre halten solle, also bitte er den König, daß er Rosenfeld prüfe, ob etwa seine Lehre nicht die rechte und er nicht der rechte Messias wäre, was er jedoch nicht glauben könne. Wenn es aber so wäre, dann möchte der König ihn bestrafen.

Aber in derselben Eingabe erklärte Gumtow, es gereue ihn schon, einen solchen Mann angeklagt zu haben, denn was ihn betreffe, sei er völlig überzeugt, daß Rosenfeld wirklich der sei, für den er sich ausgebe, nämlich der gerechte und lebendige Gott.

Dies war in der ganzen Weltgeschichte wahrscheinlich noch nicht vorgekommen. Der Anhänger einer neuen Lehre, noch im Glauben, daß sein Meister sein Gott sei, verklagt diesen seinen Gott bei der weltlichen Obrigkeit, bei demselben König von Preußen, der dieser Lehre zufolge der große Drache ist, daß er ihm gegen seinen Gott Recht schaffe!

Durch diese Klage wurde die Sache mit den sieben Siegeln und den sieben Jungfrauen zum erstenmal bekannt. Friedrich II. duldete vieles, was unsere Sittlichkeitspolizei nicht duldete, dies durfte er nicht dulden, und die gerichtliche Untersuchung und der Kriminalprozeß gegen Rosenfeld wurden sofort eingeleitet.

Aus den Aktenauszügen dieses Prozesses erfahren wir weniger den äußeren Hergang der Verhandlungen als die Lehrsätze und die innere Geschichte der Sekte:

Rosenfeld, mit Vornamen Johann Paul Philipp, war 1731 im Eisenachschen geboren. Er war von gesunder, fester Leibesbeschaffenheit und erinnerte sich, nie krank gewesen zu sein. Der Hang zum weiblichen Geschlecht war schon von früh auf, wie er selbst gestand, in ihm vorherrschend. Nach dem Gutachten der Ärzte fand sich bei ihm keine Spur von Verrücktheit, auch nicht von melancholischer Furchtsamkeit oder Geistesverwirrung; vielmehr zeigte er in allen Gesprächen viel Geistesgegenwart, aber immer ein scheinheiliges, kriechendes Wesen dabei.

Rosenfelds Vater war Kriegs- und Kammerrat in Weimar und als Landrat in Stuttgart gestorben. Seine Schwägerin, deren Mann in Berlin Kammergerichtsrat war, lebte zur Zeit von Rosenfelds Auftreten noch in Berlin. Er hatte eine gelehrte Erziehung genossen, aber keine moralischen Vorbilder in seinem elterlichen Hause gefunden. Der Vater lebte mit der Mutter in Streit, und der Sohn hielt in diesen Zwistigkeiten zum Vater, der mehrere Mätressen unterhielt. Später wurde Rosenfeld zu einem Landprediger in Pension gegeben, auf den er aber schlecht zu sprechen war. Er sagte vor Gericht: »Wenn ich die Prediger schimpfe, so meine ich solche, die wirklich falsche Lehren vorbringen, die so sind wie der Magister Schenk. Wenn ich mit seinem Paten Christian spielen mußte und der gewann, so sagte er: ›Ach der Christian behält doch die Oberhand über den Johann.‹ Der Christian ist nachher Apotheker geworden und der Magister Schenk ohne Erben gestorben.«

Rosenfeld hielt es für das entsetzlichste Schicksal, aus der Welt zu gehen, ohne Kinder zu hinterlassen. Unstet wie er war, wählte er das Jägerleben. Er schickte sich aber schlecht zum Diener und hatte in fünfzehn Monaten drei Herrschaften. Endlich gelang es ihm doch, eine Unterförsterstelle beim Markgrafen von Schwedt zu erlangen, wo er längere Zeit aushielt, sich verheiratete und vier Kinder zeugte. Aber auch hier hielt er es nicht aus. Er klagte bitter über das ihm durch die Oberförster widerfahrene Unrecht. Gewiß ist, daß er wegen einer falschen Holzsignation zur Untersuchung gezogen wurde, aber wieder freikam. Dies hätte, wie einige versichern, seinen Verstand zerrüttet. Dazu machte seine Mutter ein Testament, worin sie ihn, zum Besten seiner Kinder, enterbte. Unfriede herrschte zwischen ihm und seiner Frau; er beschuldigte sie und ihre Mutter, es mit seinen Feinden gehalten und ihn verraten zu haben, wozu sie durch einen Prediger verleitet worden seien.

Er verließ den Dienst, tief ergrimmt über die Prediger, die Weiber, die Gerechtigkeit in dieser Welt. Von seiner Frau betrachtete er sich als geschieden. Überall, wo er hinkam, sprach er von der jetzt aufgekommenen Herrschaft der Weiber über die Welt. Er erklärte den Leuten, er fühle sich berufen, dieses Übel abzustellen und das Männerrecht, wie er es nannte, wieder einzuführen.

Vom Jahre 1762 an zog er umher, um seine Lehre zu predigen. Ohne Paß und zerlumpt, wie er war, griff man ihn mehrmals als Bettler und Vagabunden in Schwedt, Frankfurt an der Oder, Magdeburg und zwischen Leipzig und Naumburg auf und steckte ihn ins Gefängnis. Für einen neuen Religionsstifter fehlte der Polizei am Ende des Siebenjährigen Krieges die Rubrik.

Nach seiner ersten Verhaftung wegen Religionsunfugs in Biesenthal vor Gericht gestellt, trat er kühn auf und legte sein Glaubensbekenntnis, anscheinend in vollem Selbstbewußtsein seiner göttlichen

Sendung, ab. »Er gehe nicht in die Kirche; denn er fände in der Schrift keinen anderen Glauben, als den Abraham, Isaak und Jakob gehabt, welches fromme Männer gewesen. Unser Herz sei Gottes Tempel; Gott wolle nicht steinerne Tempel haben. In der Kirche geschehen gotteslästerliche Sachen, weil man da sagte: es sei schon alles geschehen, und in der Bibel stände doch, vorzüglich in der Offenbarung Johannis, es soll erst geschehen. Er könne dem nicht glauben, der ihm das Leben abspräche; nun sagten aber die Prediger, wir würden sterben, welches doch nicht geschehe, wenn man nur fromm lebe. Er glaube, das Tausendjährige Reich habe begonnen, denn er habe Gottes Stimme gehört. Er habe sich nicht für den Messias ausgegeben, sondern nur gesagt: Wer nach Gottes Gesetzen und Rechten einhergehe, der ist mit dem Heiligen Geist gesalbt, und die werden Könige und Priester sein. Seinen Anhängern habe er insofern Königreiche versprochen, als uns die Schrift Gesalbte und Könige nennt. Er habe keine Soldaten, könne den König also nicht absetzen. In der Bibel stünde, es würden Heilande heraufkommen, die würden die Welt richten. König sei ein jeder, wenn er nach Gottes Gerichten über sich selbst herrsche. Der König sei der große Drache, weil er – wie der Drache – alles verschlinge, so der König ein Schwert hätte, uns alle zu töten, wenn wir sündigen. Die Leute brauchten nicht mehr zu arbeiten, wie im Zacharias stehe, wenn die Zeit komme, nämlich auf eine so sklavische Weise. Er glaube, er sei in der Wahrheit und im Recht. Mit der Frau Richter in Stendell habe er sich abgegeben, weil seine Frau ihn verlassen habe, das hielte er nicht für Unrecht noch Hurerei, sondern er habe seinen Namen und Geschlecht nicht wollen untergehen lassen, und das könne Gott und dem König nicht zuwider sein.«

Schon bei diesem ersten Geständnis äußerte er sich über den Punkt Obrigkeit sehr vorsichtig und ausweichend. Er wiederholte öfter, er wäre der Obrigkeit gänzlich untertan, jedoch erklärten seine Anhänger, er habe ihnen gesagt, sie müßten wenigstens jetzt noch gehorchen, solange die Drachen noch die Gewalt hätten.

Weniger kühn und entschieden verhielt er sich bei der zweiten Untersuchung im Jahre 1781. Seine Sprache war verwirrt, vielleicht aus Angst, vielleicht auch in der Absicht, bei den Richtern den Eindruck von Geistesgestörtheit zu erwecken. In einem der ersten Verhöre erklärte er aufgeregt, man beabsichtige, das Weiberrecht an die Stelle des Männerrechts zu setzen, das zu erhalten seit je seine Absicht gewesen sei. Ohne weiteres bestätigte er, sich für Gott und Christus ausgegeben zu haben. Jedoch leugnete er den Vorwurf, mit den anderen sechs Beischläferinnen einen Verkehr ausgeübt zu haben, durch den sie nicht hätten schwanger werden können. Daß sie nicht schwanger geworden wären, sei nur die Folge ihrer Sünden und ihres Ungehorsams ihm gegenüber gewesen.

Daß Christus nicht der rechte Messias sei, habe er allerdings gelehrt, denn das stände schon in Offenbarung I, 8 geschrieben: »Ich bin das A und das O, der Anfang und das Ende, spricht der Herr, der da ist, der da war und der da kommt, der Allmächtige!« Aus Schriftstellen habe er behauptet, daß noch ein zweiter kommen müsse. Er habe sich dafür ausgegeben, jedoch nach dem Glauben, denn es sei eines jeden Sache, sich davon zu überzeugen, und er hätte es eines jeden Glauben überlassen.

Was er gelehrt habe, hätte er nicht des Wohllebens wegen gelehrt. Er habe das Vaterrecht wiederherstellen wollen, denn wer an kein Vaterrecht glaube, der glaube auch keinem Gott. Die Mädchen hätte er nicht der Wollust wegen gehalten, sondern lediglich dazu, daß sein Geschlecht nicht ausgerottet werde, Stamm und Namen erhalten bleiben. Der Mann müsse herrschen, darum hätte er auch das Geld, das die Mädchen verdient, an sich genommen. Der Gehorsam und das Bauen müßten wiederhergestellt werden. Aber die Mädchen wären voll List und Ränke gewesen, hinter seinem Rücken hätten sie gefressen und üppig gelebt. Er habe ihnen deutlich vorgestellt, daß in der Welt alles zum Verderben und Untergang gerichtet sei. Das Weib müsse also wiederum den Mann suchen. Das Ehebett müsse beibehalten und der Bund und die Versöhnung zwischen Mann und Weib wiederhergestellt werden. Er hätte sieben haben müssen, weil er nicht habe wissen können, welche die rechte sei, die ihm treu bleiben und auf Bauen, nicht auf das Verderben gehen würde.

Nur die Tochter des Glanz hätte sich danach aufgeführt, den Mann nicht zu verderben noch zu verschlingen gesucht. Darum hätte er es auch besonders mit ihr gehalten, wolle beständig bei ihr bleiben und wünsche, mit ihr ordentlich getraut zu werden. Ein Wunsch, der natürlich nicht in Erfüllung ging.

Seine Bibelkenntnisse waren außerordentlich groß. Er fand für jede Anführung einen Beleg in der Schrift.

Auf den äußeren Schein hat Rosenfeld wenig gegeben. Er verlangte von seinen Anhängern keine göttliche Verehrung. Auch in seinem Sultansleben in Berlin bewahrte er das dürftige Äußere, das er als wandernder Prophet zur Schau getragen hatte. Dagegen war er streng und scharf in den Sittengesetzen gegen seine Gemeinde.

Das Vertrauen seiner Anhänger war unerschütterlich. So versicherte die eine der Gumtowschen Töchter noch vor Gericht: sie glaube, daß Rosenfeld der einzige, wahre Gott sei und gewiß der große Erlöser. Darum habe sie auch immer gebetet, Gott möge ihn doch das große Werk vollführen lassen, wozu er ihn gesandt.

Nach abgeschlossener Untersuchung verurteilte der Kriminalsenat des Kammergerichtes Rosenfeld zum Staupenschlag und zu lebenslänglicher Festungsstrafe. Das oberste Kriminaldepartement änderte das Urteil auf Zuchthaus; wenn er sich wieder mit Frauenspersonen würde abgeben wollen, wurde nachdrückliche Züchtigung angedroht. Nach zwei Jahren sei von seiner Aufführung zu berichten.

Dieses letzte Urteil wurde ihm am 5. Dezember 1781 bekannt gemacht. Er legte Berufung ein. Inzwischen hatte sich der König die Sache selbst vortragen lassen und verordnete durch eine Kabinettsorder vom 12. Januar 1782, daß es bei der Entscheidung des Kriminalsenats bleiben solle.

Am 8. November 1782 erlitt Johann Paul Philipp Rosenfeld, der neue Messias, öffentlich den Staupenschlag, ohne daß ein Wunder geschah. Nachdem er ihn überstanden hatte, bestieg er den bereitstehenden Wagen. Er rief zum versammelten Volke: »Ist jemand, der mich beschuldigen kann – hab, ich ihm Leides getan, ihn betrogen oder bestohlen? –, der rede, hier bin ich!«

Es antwortete niemand, und der Wagen rollte nach Spandau fort.

DER WIRTSCHAFTSSCHREIBER TARNOW

A uf dem Brünneckschen Gut Belschwitz in Ostpreußen waren im Frühling 1795 zwei neue Wirtschaftsbeamte und eine neue Schaffnerin eingezogen. Der Schreiber Paul Tarnow, der Amtmann Truchs und Elisabeth Dämel, die Witwe eines Unteroffiziers. Die Gutsherrschaft, der Generalleutnant von Brünneck und seine Gattin, waren nur selten auf dem Gut. Während ihrer Abwesenheit scheint es dort roh und wüst zugegangen zu sein. Die despotischen Launen des Amtmanns, in jener Zeit und auf dem Lande im fernen Preußen von Gesetz und Bildung wenig kontrolliert, mochten daran die Hauptschuld tragen. Truchs war ein heftiger Mann, der leicht in Wut geriet. Seine Untergebenen zitterten vor ihm.

Am Morgen des 15. Dezember 1795 fand man den Amtmann Truchs in seiner Schlafstube erhängt. Der Wirtschaftsschreiber Tarnow zeigte dies sofort dem Justitiarius in Riesenburg an. Der Beamte begab sich auf der Stelle nach Belschwitz und fand unübersehbare Spuren, daß es sich um einen Mord, nicht einen Selbstmord handle.

Aus der Vernehmung der auf dem Gut Lebenden ergab sich: Sie hatten am Morgen die Stubentür des Amtmanns verschlossen gefunden. Als sie die Tür mit dem auf dem Boden liegenden Schlüssel geöffnet hatten, fanden sie das Bett des Amtmanns leer und voller Blut. Truchs selbst hing, halb auf dem Boden sitzend, an der Türklinke der Nebenkammer in einer Schlinge. Pfarrer und Dorfschulze hatten ihn losgebunden, aber kein Leben mehr in ihm gefunden. Die Vernehmung eines der Hausgenossen, des Jägers Klein, ergab völlige Gewißheit über Tat und Täter. Klein schlief mit Tarnow in einer Stube. Morgens um drei, sagte Klein aus, habe ihn Tarnow geweckt und mitgeteilt, er habe dem Amtmann mit einem Eisen erschlagen und ihn danach an der Kammertür aufgehängt. Zugleich habe er ihn gebeten, zu schweigen und ihm zu helfen, seine blutigen Kleider zu reinigen. Er, Klein, habe versprochen, zu schweigen und Tarnow beim Waschen geholfen. Aber Blutflecken würde man doch noch finden. Als man Tarnows Kleider untersuchte, fanden sich die Blutflecken. Er wurde verhaftet und gestand den Mord. Paul Tarnow war zu dieser Zeit dreiunddreißig Jahre alt. Als Sohn eines pommerschen Pächters hatte er sich schon früh der Landwirtschaft gewidmet und als Wirtschaftsschreiber und Verwalter auf mehreren Gütern gedient. Er war bereits einige Tage in Belschwitz, als die Generalin von Brünneck den neuen Amtmann Truchs einführte. Schon an diesem Tage kam es zu Mißhelligkeiten zwischen beiden. Der Amtmann nannte es schlechtes Benehmen, daß der Schreiber der Generalin bei der Einführung die Hand küßte. Tarnow behauptete, von da an habe Truchs ihm keine Ruhe mehr gelassen und ihn auf alle mögliche Weise zu kränken gesucht. Truchs war, wie alle Zeugen bekundeten, ein so unbeständiger, heftiger, hitziger Mann, daß er oft wegen Kleinigkeiten wütete und schäumte und sich Handgreiflichkeiten erlaubte, die jedes reizbare Gemüt aufbringen konnten. In seiner Wut kannte er keine Grenzen. Einmal ließ er einen Maurer, von dem er sich beleidigt fühlte, fesseln und so hart schlagen, daß er ein Vierteljahr zu Bett liegen mußte. Solch unmenschlicher Handlungen rühmte sich der Amtmann mit Vergnügen und lautem Lachen. Tarnow wagte nie, sich den Kränkungen entgegenzusetzen. Die Feindseligkeit der beiden Männer bekam bald einen neuen Grund.

Truchs hatte die Dämel als Ausgeberin mitgebracht. Er lebte mit ihr, wie sich später zeigen sollte, auf vertrautem Fuße. Wahrscheinlich war von ihrer Seite die Furcht vor dem Amtmann der Grund. Im Juli klagte sie Tarnow weinend, daß Truchs ihr mit Schlägen drohe, wenn sie ihm nicht willig sei. Sie bat ihn, abends die Stube des Amtmanns nicht eher zu verlassen, bis auch sie ginge; sie müsse sonst noch allein bei Truchs bleiben. Aus diesem Anvertrauen entstand bald zwischen dem Schreiber und der Schaffnerin wirkliche Zuneigung. Sie entging dem Amtmann nicht. Tarnow sagt ihm auch ohne Umschweife, daß er die Dämel heiraten wolle, sobald er nur eine bessere Versorgung erhalte. Truchs schien damit einverstanden und versprach, bei der Herrschaft sein Wort für ihn einzulegen. Er nannte beide Brautleute und forderte sie auf, sich zu küssen. Bald aber zeigte Truchs sich eifersüchtig. Er mißhandelte Tarnow bei jeder Gelegenheit, um ihm anschließend freundschaftlich von der Heirat abzuraten, da die Dämel kein Vermögen und keine Erziehung habe.

Bald begann auch Tarnow die Eifersucht zu quälen. Seine Stube stieß an die der Dämel. Ende Oktober öffnete er leise die Tür und sah den Amtmann durch die Stube der Schaffnerin in ihre Schlafkammer gehen. Er lauschte und hörte die Pantoffeln des Amtmanns von den Füßen fallen. Nach einiger Zeit sah er ihn zurückkommen und bemerkte, daß er keine Hosen anhatte. Am nächsten Morgen, als die Dämel in der Stube des Amtmanns frühstückte, schlich er in ihre Schlafkammer und fand hier die für ihn untrüglichen Zeichen ihrer Untreue. Kaltblütig schnitt er sich ein Beweisstück aus dem Bett und ging damit zur Dämel. Sie sagte ihm, der Amtmann habe Böses gewollt, sie habe sich aber standhaft geweigert. Tarnow, der nun Truchs zur Rede stellte, erhielt von ihm die Versicherung, nie wieder in die Kammer der Schaffnerin zu gehen.

Der Friede schien völlig wiederhergestellt, und es wurde auch verabredet, daß von nun alle drei zu gleicher Zeit zu Bett gehen sollten. Man verriegelte die Tür, die aus Tarnows Stube in die der Dämel führte und zudem schlief auch noch der Jäger Klein bei ihm. Die Dämel aber sollte sich in ihrer Kammer einschließen. Der Friede dauerte jedoch nicht lange. Zwar hatte der Amtmann den Brautleuten eine Versicherungsschrift über ihre Heirat und daß er für Arbeit sorgen wolle, ausgestellt, doch nach vierzehn Tagen verlangte er sie zurück und zerriß sie.

Der Schreiber Tarnow hatte nun auf den Vorwerken zu tun und fand seine Braut leichenblaß, als er Anfang Dezember zurück auf das Gut kam. Beim Auftragen des Essens wandte sie das Gesicht ab, damit er nicht ihre verweinten Augen sähe. Er reichte ihr die Hand, sie aber zog ihre zurück. Als er ihr in die Küche nachging, trat Truchs dazwischen und sagte ihm, die Dämel sei nun seine Braut, und sie wollten heiraten. Tarnow entgegnete, wenn die Dämel ihm untreu werden wolle, so habe er nichts dagegen. Nur sei es unrecht, daß er ihm das nicht früher schon gesagt habe. Tarnow gratulierte Truchs, als bekäme der eine Baronesse zur Frau, und Truchs unterhielt Tarnow dafür mit Vertraulichkeiten aus seiner Beziehung zur früheren Braut des Betrogenen.

Am Abend des 13. Dezember gelang es Tarnow endlich, mit der Dämel unter vier Augen zu sprechen. Sie erklärte ihm, wenn sie ihre Ruhe haben wolle, dürfe sie nicht mit ihm reden. Den Amtmann würde sie nicht heiraten, wenn Truchs aber sie beide auseinanderbringe, würde sie, wenn das Dienstjahr vorbei sei, das Gut verlassen.

Am nächsten Tag genügte dem Amtmann wieder einmal ein geringfügiger Anlaß zu einem Wutausbruch gegenüber Tarnow. Er drohte, ihn binnen acht Tagen vom Gut zu jagen und unglücklich zu machen. »Ich schwöre Ihnen zu Gott, ich halte Wort. Ich werde Sie verfolgen, Sie mögen auch sein, wo Sie wollen.«

Tarnow ging auf den Hof und besorgte seine Geschäfte. Als er zurückkam, tobte der Amtmann weiter. Tarnow stellte sich still an den Ofen und hatte nur den einen Gedanken, wie er aus diesen drückenden Umständen herauskommen könne. Ohne auf den tobenden Amtmann mit einem Wort eingegangen zu sein, ging er in seine Stube. Dort will er mit der unangezündeten Pfeife im Munde eine ganze Weile hin- und hergegangen sein, ja er habe noch Tabak nachstopfen wollen, da er die Pfeife für brennend gehalten. Woran er gedacht, könne er sich nicht entsinnen, auf keinen Fall hätte er dem Gedanken nachgehangen, sich an Truchs zu rächen. Als er wieder in die Stube des Amtmanns gegangen sei und sich an den Ofen gestellt habe, sei Truchs' Wut nicht nur nicht verraucht gewesen, sondern neu entbrannt. Truchs drohte ihm wieder, daß er nirgends sein Auskommen finde werde, denn seine Hand reiche sehr weit. »So lange Sie leben, sollen Sie an mich denken«, schrie er und schlug mit der geballten Faust Tarnow mit solcher Wut auf das linke Auge, daß der Kopf des Schreibers gegen den Ofen prallte. Ihm sei es so kalt durchs Genick in die Schultern gelaufen, sagte der Schreiber, daß er geglaubt habe, geschmolzener Schnee fiele ihm durch die Zimmerdecke auf die Schultern. Tarnow bekam noch einen Stoß vor die Brust, der ihm den Atem nahm. Als das Abendessen aufgetragen wurde, setzte sich der Amtmann mit gutem Appetit zu Tisch und sagte, nun muß doch endlich Ruhe einkehren. Tarnow will nur wenig gegessen haben. Er freute sich, daß der Amtmann ihn am nächsten Tag zum Jahrmarkt nach Rosenberg mitnehmen wollte, weil er hoffte, dort den Geheimrat von Auerswald zu treffen, der eine offene Stelle auf seinem Gut Banditten hatte. Truchs zog sich nach dem Abendessen ruhig zurück und meinte dabei: »Wenn ihr alle so müde seid wie ich, dann geht schlafen.«

Gegen neun Uhr lag der Schreiber in seinem Bett. Der Jäger Klein, der nach ihm kam, mußte sich im Dunkeln ausziehen, da Tarnow das Licht ausgeblasen hatte. Klein erzählte ihm, daß auch der Amtmann zu Bett gegangen sei. Tarnow war es im Bett heiß und er konnte nicht schlafen. Nebenan in der Stube der Dämel, zu der die Tür verriegelt war, hörte er die Magd Christine Labuhn buttern. Einige Male verließ sie die Stube, um dann durch die Tür zu flüstern: »Herr Tarnow, schlafen Sie?«

Der Schreiber fragte: »Wieso?«

Die Magd flüsterte weiter: »Wenn Sie herauskommen könnten, da würden Sie was belauern oder verstören. Die Dämel ging, gleich nachdem der Jäger schlafen gegangen, in die Stube des Amtmanns. Ich war jetzt draußen und beim Amtmann ist noch alles finster.«

Tarnow wandte sich an den Jäger, der alles mitangehört hatte: »Was ist das für eine Hundezucht. Der Amtmann hat mir heilig versprochen, daß wir alle drei zu gleicher Zeit zu Bett gehen sollten und nun ist die Dämel doch wieder bei ihm, und wir haben es nicht gemerkt.«

Klein meinte, er hätte das längst gemerkt. »Ich kann das an der Frau leicht beobachten. Wenn ich morgens durch die Stube des Amtmanns ging, und sie war bei ihm, dann schlug sie die Augen nieder, und das ist ein Zeichen, daß nichts Gutes vorgekommen war.«

Die Labuhn rief nun wieder durchs Schlüsselloch: »Ich war wieder draußen. In des Amtmanns Stube ist noch immer kein Licht an.«

Während der Jäger Tarnow noch mehr von den Vertraulichkeiten zwischen dem Amtmann und der Schaffnerin erzählte, hörte Tarnow sie gegen elf in ihre Stube kommen. Die Labuhn ging, die Kammertür knarrte, und die Dämel wünschte ihm durch die Kammertür freundlich »Gute Nacht«.

Um elf Uhr schien alles eingeschlafen, nur der Schreiber glühte und bebte. Alle Beleidigungen des Amtmanns, die Mißhandlung des vorigen Abends, sein Verhältnis zur Dämel gingen ihm durch die Seele. In seinem Kopf war ein Sausen und Brausen, und er schwitzte stark. Er habe nicht länger liegen bleiben können, sagte Tarnow, er habe sich an den Rand des Bettes gesetzt und so sei er bis ein Uhr nach Mitternacht sitzen geblieben.

Diese Schilderung gab er immer wieder in allen Verhören, und sie stimmte auch mit den Zeugenaussagen überein. Die darauf folgenden Geschehnisse schilderte er in zwei unterschiedlichen Versionen.

Von Fieberhitze geplagt, rief er mehrere Male den Jäger an: »Klein, Klein, schläfst du?« Als der Jäger nicht antwortete, durchzuckte ihn zum erstenmal der Gedanke, sich an dem Amtmann zu rächen und ihn umzubringen. Noch ehe er sich versah, hatte er schon die Strümpfe, seine ledernen Hosen und den Überrock angezogen.

Er hatte den Gedanken, den Truchs mit einem Strick im Bett zu erdrosseln und ihn dann aufzuhängen. Truchs selber hatte öfter gesagt, er wolle sich aufhängen. Tarnow wußte, daß an einem Haken in der Registratur ein Strick hing. Er lief in die Registratur, fand dort jedoch den Strick nicht und dachte, es soll nicht sein, daß du einen ums Leben bringst. Als er sich umsah, fand er den Strick an einem anderen Haken, und ihm kam der Gedanke, es soll wohl doch sein, daß du ihn erhängst. Er nahm den Strick und steckte ihn in die Tasche und zugleich fürchtete er, der Amtmann könnte schreien und der

Nachtwächter es hören. Aus einer Kiepe mit Eisenzeug griff er sich in einer anderen Stube den größten Hammer heraus. Er nahm sich vor, den Truchs damit zu erschlagen und ihn danach aufzuhängen, um den Verdacht zu erregen, er habe sich selbst umgebracht.

Tarnow ging nun in seine eigene Stube, holte ein unangezündetes Licht und eilte zur Tür der Schlafkammer des Amtmanns. Sie war unverschlossen. Wäre sie verschlossen gewesen, hätte er anklopfen und den Amtmann bitten wollen, ihm Licht anzuzünden, da ihm unwohl sei. Auch jetzt beim Eintreten durch die unverschlossene Tür sagte er laut: »Ich möchte gern Licht haben.« Tarnow erwartete, der Amtmann werde etwas sagen und bekannte, wenn sie miteinander gesprochen hätten, hätte er Zeit zum Besinnen bekommen und die Tat unterlassen. Doch der Amtmann sagte kein Wort. Tarnow zog sein Feuerzeug heraus und legte es neben den Amtmann, doch da der sich nicht rührte, glaubte Tarnow, Truchs zürne ihm noch immer. »Mir war schrecklich zumute.« Tarnow stand mit dem Hammer am Kopfende des Bettes, als der Amtmann plötzlich Feuer anschlug. Der Hammer fiel ihm aus der Hand auf das Bein. »Hätte Truchs jetzt ein Wort gesprochen, ich hätte es nicht getan.« Doch der Amtmann blieb stumm. Der Schreiber spürte ein Sausen und Brausen im Kopf, und er hörte eine Stimme, die schrie: »Schlag, schlag, schlag zu … Es ist ein Verräter, er lügt und schwört falsch, er hat es verdient.« In diesem Moment erfaßte ihn eine unbeschreibliche Wut und als der Amtmann wieder mit dem Stahl an dem Stein Funken schlug, und er bei den Funken seinen Kopf sehen konnte, faßte er den Hammer und schlug ihn mit aller Kraft auf den Hinterkopf des Mannes. Der im Bett sitzende Truchs sank lautlos nach vornüber. Tarnow hielt Truchs für tot und wollte ihm den Strick um den Hals legen. Als Tarnow versuchte, den Körper im Bett aufzurichten, sank er auf den Rücken und Tarnow fühlte, wie sich eine Hand auf seine Brust legte. Im Glauben, der Amtmann greife nach ihm, überfiel ihn neue Wut, und es überkamen ihn Worte, ungewiß ob ausgesprochen oder nur gedacht: »Du Bestie, du willst mich weiter unglücklich machen.« Er schlug noch zwei oder dreimal zu, wobei beim letzten Schlag der Hammer vom Stiel fiel. Tarnow legte Truchs nun eine Schlinge um den Hals, zog sie ein wenig zu und schaute aus dem Fenster nach dem Nachtwächter. Doch der war nicht zu sehen, und er ging daran, den Körper des Amtmanns aus dem Bett zu heben. Der Amtmann erwies sich als zu schwer und der Schreiber schleifte ihn darum am Strick zur Kammertür, um ihn dort an der Klinke aufzuhängen. Aber auch das gelang nicht. Er warf darum das freie Ende des Stricks über den oberen Rand der Kammertür, zog den

Kopf bis auf die Höhe der Klinke und befestigte den Strick an ihr. Der Strick gab nach und der Körper kam halb sitzend zu hängen.

Tarnow machte mit seinem Feuerzeug Licht und besah sich den Leichnam. Warum, will er selbst nicht wissen. Als er in seine Stube zurückging, bemerkte er mit Schrecken Blut an seinen Kleidern. Der Jäger wurde wach, und da der Schreiber Entdeckung fürchtete, teilte er seinem Zimmergenossen die Tat mit und bat ihn, zu schweigen und ihm bei der Reinigung der Kleider behilflich zu sein.

Bei diesem Geständnis blieb der Schreiber Tarnow vier Monate lang bei allen Verhören. Danach verfiel er in eine lebensgefährliche Krankheit und gab, als er gesund war, eine gänzlich andere Schilderung. Er beteuerte, bei allem, was ihm heilig sei, es handele sich um die reine Wahrheit. Dies hatte er schon zur ersten Aussage gesagt.

Nach der zweiten Aussage habe er nie die Absicht gehabt, Truchs zu ermorden. Er habe sich in seiner Schlaflosigkeit nur vorgenommen, sich nicht mehr wehrlos von Truchs beleidigen zu lassen. Als er dann eine Tür klappen hörte und vermutete, der Amtmann sei wieder zur Dämel, sei er hinausgegangen, um zu horchen, und wenn er die Dämel und den Truchs zusammenfände, sie zu verprügeln. Das Licht habe er, wie schon geschildert, mitgenommen und sei, ohne etwas anderes dabei zu haben, an Truchs' Bett mit den Worten getreten: »Herr Amtmann, ich möchte gern Licht haben.« Truchs hätte wortlos das Licht angezündet und gesagt: »Sie kommen nicht wegen Licht, sie wollen zur Dämel.« Er habe nur geantwortet: »Ja, ich wollte sehen, ob die Dämel hier ist.« Mit den Worten »Ich werde sie ihnen zeigen«, hätte Truchs nach einem Messer gegriffen und sei auf ihn losgegangen. Er hätte sich umgesehen, womit er sich verteidigen könne, dabei die Kiepe bemerkt, wahllos hineingegriffen und den Hammer zu fassen bekommen und sich damit zur Wehr gesetzt, als Truchs mit dem Messer auf ihn eindrang. Als Truchs leblos zusammensank, habe ihn sogleich Reue befallen, und er versucht, ihn ins Leben zurückzurufen. Da dies nicht gelungen, habe er Truchs an die Türklinke gehängt, denn er habe sich erinnert, daß Truchs mehrmals gesagt hatte, er wolle sich erhängen. Den Totschlag habe er also nicht mit Absicht, sondern nur aus Notwehr verübt.

Die Motive für das zweite Geständnis liegen nahe. Nach der gefährlichen Krankheit war die Liebe zum Leben in ihm wieder erwacht. Er suchte nun seine Tat in einer Weise darzustellen, die Aussicht bot, der Todesstrafe zu entgehen.

Das zweite Geständnis enthielt viele Unwahrscheinlichkeiten. So auch, daß Tarnow, wenn er Gewalt gebrauchte, sie sich nie gegenüber

Stärkeren herausnahm. Wie wäre er in dieser Nacht zu dem Mut gekommen, den ihn überlegenen Mann und die Dämel verprügeln zu wollen? Gegen Schwächere gebrauchte er wohl Gewalt. Im Jahr davor hatte er ein von ihm geschwängertes Mädchen, die Magd Jankien, auf einem Vorwerk grausam mißhandelt. Er drohte ihr, sollte sie Ansprüche erheben, so würde er sie »kalt«machen. Ihm sei es egal, ob ihn der Teufel heute oder morgen hole. Ein Kumpan half ihm, das Mädchen hinter der verschlossenen Tür über eine Truhe zu werfen und die Röcke über den Kopf zu ziehen. Mit aller Gewalt schlug Tarnow sie mit einer Peitsche über die bloßen Schenkel und auf den Hintern, um ihr die Versicherung abzuzwingen, das Kind sei nicht von ihm, und sie werde nie wieder zu ihm kommen. Dann befahl er seinem Helfer, dem Mädchen einen Strick um den Leib zu binden, sich aufs Pferd zu setzen und die Mißhandelte in ein entferntes Dorf wegzubringen. Später hat er sie mit Geld abgefunden.

Ein einziger Umstand sprach für Tarnows zweite Version der Tat. Auf dem neben dem Bett des toten Truchs stehenden Stuhl lag ein blutbeflecktes Messer, das dem Amtmann gehörte. Damit sollte er auf den Schreiber losgegangen sei, doch an dessen ganzen Körper fand sich keine Verletzung. Sollte das Blut nicht durch Zufall an das Messer gekommen sein, gab es noch die Möglichkeit, daß Tarnow damit auf Truchs eingestochen hatte, denn in der Schlafmütze des Toten fand sich ein Loch, das nur von einem solchen Stich herrühren konnte.

Auch das Notwehrargument überzeugte nicht. Hätte der Amtmann ihn, den Unbewaffneten, mit dem Messer angegriffen, so hätte Tarnow sehr gut bis in seine eigene Stube in den Schutz des Jägers fliehen können, denn alle Türen standen offen.

Tarnow schlug auf Truchs, in der Absicht ihn zu töten, mit dem Hammer ein. Aber keine der Kopfwunden war tödlich. Erst bei dem Versuch, sein Verbrechen zu vertuschen, erfolgte durch die Strangulation der Tod des Amtmanns. Weder in dem einen noch in dem anderen Falle hatte er eigentlich einen Mord begangen. Die spitzfindige Trennung der beiden Handlungen kam weder nach dem gesunden Menschenverstand noch dem Recht in Frage. Zur Verurteilung Tarnows wurden zwei Paragraphen des preußischen Strafcodex herangezogen.

Hat jemand einen anderen mit dem Vorsatz zu töten, eine Verletzung zugefügt, welche zwar an sich nicht tödlich ist, aber in der Folge durch einen Zufall tödlich wird, so soll er mit dem Schwert hingerichtet werden.

Im Fall Tarnows war noch mehr als der Zufall am Werk gewesen. Auf ihn traf die Bestimmung zu:

Der Täter, der den zu rettenden Verwundeten ohne Hilfe liegen ließ, wenn er die daraus entstehende Gefahr voraussehen mußte, soll als ein Totschläger mit dem Schwerte bestraft werden.

Das Kammergericht Berlin erkannte in seinem Urteil, daß der Schreiber Tarnow mit dem Schwerte vom Leben zum Tode zu bringen sei. Der Oberappelationssenat bestätigte am 1. November 1797 das Urteil.

Die der Tat näheren und mit den Verhältnissen vielleicht bekannteren ostpreußischen Gerichte, hatten in den Vorinstanzen die Todesstrafe nicht in Antrag gebracht. Sie mochten dabei an die durchaus vorhandenen Milderungsgründe gedacht haben, wie die furchtbare Behandlung, die der Schreiber durch seinen Amtmann erleiden mußte, die dem gesunden Menschenverstand widersprechende Art, wie der Mörder die Spuren seiner Tat durch das Aufhängen verwischen wollte und zugleich unterließ, das blutbefleckte Bett zu reinigen oder es zu beseitigen. Es hatte vielleicht damit zu tun, daß alle auf dem Gut es als eine Art Erlösung betrachtet haben, daß der Amtmann ums Leben kam.

Ob die Todesstrafe vollstreckt oder Tarnow begnadigt wurde, ist uns nicht berichtet.

DIE GEHEIMRÄTIN URSINUS

Die Witwe des Geheimen Justizrats und Regierungsdirektors Ursinus lebte, geachtet und gesucht, in den ersten Kreisen von Berlin. Der Rang und das Ansehen ihres vor wenigen Jahren verstorbenen Gatten, ihr ansehnliches Vermögen, ihre Gestalt, ihre ansprechenden Gesichtszüge sowie ihr Geist und ihre Bildung machten sie zu einem Glanzpunkt in der damaligen Gesellschaft.

Um so überraschender wirkte die Nachricht von ihrer Verhaftung. Die Art, wie sie erfolgte, lebt noch im Gedächtnis vieler als ein so außergewöhnliches Ereignis, daß es den ruhigen Lebensstrom des friedlichen Berlins jener Tage völlig unterbrach. Sowenig man erwartete, daß die Sandhügel um Berlin bersten und Feuer speien würden, ebensowenig war man darauf gefaßt, im Kreise der Berliner Damenwelt eine Nachfolgerin der Giftmischerin Brinvillier zu finden.

Die Geheimrätin Ursinus befand sich am Abend des 5. März 1803 in einer Gesellschaft. Sie saß am Spieltisch, als ein Diener mit allen Zeichen des Schreckens hereintrat und ihr meldete, daß auf dem Flur und im Vorzimmer Polizeibeamte stünden und sie sprechen wollten. Die Ursinus verzog keine Miene. Sie legte ihre Whistkarten fort, bat ihre Mitspieler wegen der kleinen Störung um Entschuldigung und stand mit den Worten auf, es sei nur ein Mißverständnis und sie hoffe, in einer kleinen Weile wieder zurück zu sein. Sie ging und kam nicht wieder zu ihrer Whistpartie. Nach wenigen Minuten banger Erwartung wußte man, daß sie ins Kriminalgefängnis abgeführt und daß sie des Giftmordes bezichtigt worden war.

Ihr Bedienter, Benjamin Klein, hatte sich zu Ende Februar unwohl befunden. Als er es seiner Herrin klagte, gab sie ihm eine Tasse mit Fleischbrühe und einige Tage nachher einige Rosinen. Dies milderte nicht das Unwohlsein, vielmehr erregte es ihm neue Übelkeiten. Als ihm daher am 28. Februar die Geheimrätin Reis anbot, wollte er ihn nicht essen. Ihm kam der Umstand seltsam vor, daß sie den Reis darauf in den Abtritt warf; der Gedanke stieg in ihm auf, daß die Speisen etwas der Gesundheit Nachteiliges enthalten könnten, und er beschloß, sich in den Zimmern und Spinden seiner Herrschaft heimlich umzusehen. Er fand wirklich am 21. März in einem Spinde ein Pulver mit der Aufschrift »Arsenik«.

Als ihm am folgenden Tage die Geheimrätin wieder einige gebackene Pflaumen anbot, nahm er sie zwar, brachte aber keine in den Mund. Er teilte vielmehr seinen Fund und seine Furcht der Kammerjungfer Schley mit, die die Pflaumen zu ihrem Bruder, einem Apothekerlehrling in der Flittnerschen Apotheke, trug, um sie dort untersuchen zu lassen. Hier stellte sich schnell heraus, daß die Pflaumen Gift enthielten. Der Prinzipal der Apotheke, Assessor Flittner, zeigte den Vorfall seinem Vorgesetzten, dem Obermedizinalrat Welper, an und dieser dem Direktor der Immediatkriminalkommission, dem Geheimrat Warsing, der, nach vorläufiger Vernehmung des Bedienten, der Kammerjungfer und der Beteiligten in der Apotheke, die Arretierung der Ursinus veranlaßte.

Dies wußte man in den ersten Stunden. Bald nachher wußte man weit mehr. Auch ihr Gatte war vor drei Jahren an Gift gestorben, das sie ihm beigebracht hatte, dergleichen ihre Tante, die unverehelichte Witte, ebenso ein Geliebter der Ursinus, ein holländischer Offizier namens Ragay.

All dies wußte das Publikum in Berlin bestimmt und war entbrannt darauf, noch mehr zu wissen.

Da den Leuten die gerichtliche Untersuchung zu lange dauerte, auch vielleicht zu geringe Resultate versprach, erschien schon im gleichen Jahre ein Buch von dem Historiker Friedrich Buchholz: »Bekenntnisse einer Giftmischerin, von ihr selbst geschrieben«, das vielen für bare Wahrheit galt, doch aber nur ein Roman ist, dessen Hauptmotive allein dem entnommen sind, was vor Publikation von der Untersuchung bekannt geworden war.

Die Ursinus leugnete beharrlich alle die zur Sprache gebrachten Giftmorde; nur die Giftversuche gegen ihren Bedienten Klein räumte sie ein, und bei der gründlich geführten Untersuchung ergab sich folgendes:

Sophie Charlotte Elisabeth, verwitwete Ursinus, am 5. Mai 1760 geboren, war die Tochter des österreichischen Legationssekretärs Weingarten, nachher von Weiß genannt. Die Historiker jener Zeit nennen ihn Baron von Weingarten.

Charlotte lebte bis zu ihrem zwölften Jahre bei ihren Eltern; dann wurde sie nach Spandau zur Hofrätin Haacke, einer älteren Schwester, zum Religions- und wissenschaftlichen Unterricht gegeben. Ihre Eltern waren katholisch; sie bekannte sich aus freien Stücken zur lutherischen Kirche. Einer Liebschaft wegen, die ihre Eltern nicht duldeten, nahmen sie ihre Tochter aus Spandau wieder zu sich nach Stendal.

Hier lernte sie ihren künftigen Ehemann, den damaligen Obergerichtsrat Ursinus, den Hausfreund ihrer Eltern, kennen, der ihr vom Anfang ihrer Bekanntschaft an eine ausgezeichnete Aufmerksamkeit bewies und nach einem Jahr um sie anhielt. Sie liebte den älteren, ernsten und kränklichen Mann nicht gerade, aber sie war, wie sie versichert, ihm herzlich gut und entschloß sich leicht, ihn zu heiraten, weil ihre Eltern ihr seinen exemplarischen Lebenswandel, seinen Fleiß, sein Amt und seine Aussichten als beneidenswerte Vorteile schilderten, wogegen sein Gehörfehler und seine Kränklichkeit nicht in Betracht kommen könnten.

Neunzehnjährig, heiratete sie ihn; die Eheleute blieben bis 1792 in Stendal und kamen, nach verschiedenen Aufenthaltsorten, nach Berlin, wo Ursinus am 11. September 1800 starb.

Die Ursinus versicherte, wegen der Kränklichkeit ihres Mannes schon bald nach ihrer Heirat mit ihm das Übereinkommen getroffen zu haben, den eigentlichen Zweck der Ehe zu beseitigen. Sie habe den Schmerz über die Kinderlosigkeit ihrer Ehe möglichst zu verbergen gesucht. Anfangs sei ihr das nicht schwer geworden, später aber sei ihr die Entbehrung sehr schwergefallen, und sie habe eine heftige Neigung zu dem holländischen Offizier Ragay gefaßt.

Ihre merkwürdigen Äußerungen darüber in einem der Verhöre sind folgende: »Ich habe meinen Mißmut darüber, daß unsere Ehe kinderlos blieb, soviel als möglich zu verbergen gesucht. Daß ich darüber Mißmut empfand, hatte einen doppelten Grund. Einmal wünschte ich mir Kinder, um, solange sie noch klein wären, sie als Spielzeug zu gebrauchen, wenn sie älter würden, Menschen an ihnen zu haben, die durch Bande des Blutes Verpflichtungen zur Liebe gegen mich hätten; und dann fühlte ich, daß mein Blut heftig wallte und mein Körper Befriedigung forderte, die ich bei Ursinus nicht finden konnte. Nichtsdestoweniger habe ich ihm darüber je Vorwürfe gemacht; vielmehr unterdrückte ich durch Zerstreuungen aller Art die Winke der Natur um so williger, als wir jenes Übereinkommen getroffen. Nur die Folge, welche eben diese Entbehrung für mich hatte, war mir unangenehm, da, wie gesagt, die Fülle der Gesundheit, in welcher ich lebte, Befriedigung zu fordern schien und ich ein Toben in meinem Körper verspürte, welches mich oft krank machte. Das war jedoch in den ersten Jahren meiner Ehe nicht der Fall, sondern ich nahm dies alles erst in späteren Jahren wahr, besonders alsdann, wenn ich im Umgange mit andern Männern war, oder auch, wenn ich von diesen zufällig einen Druck der Hand, oder auch noch mehr, wenn ich, wäre es auch nur im Pfänderspiele gewesen, von jemandem einen Kuß erhielt, welches letztere allerdings öfter der Fall war wie ersteres. Dies empfand ich besonders, wenn es von dem Ragay geschah, denn ich will kein Geheimnis daraus machen, daß ich an diesem Ragay mit innigem Gefühl der Liebe gehangen habe.«

Ihr Ehemann billigte nicht allein, er begünstigte auch diese Leidenschaft; doch soll es nach der Versicherung der Ursinus nicht bis zum Bruch der ehelichen Treue gekommen sein. Über dieses wunderbare Verhältnis gibt ein Brief, der zu den Akten kam, von Ursinus' Hand geschrieben und an Ragay adressiert, Auskunft.

»Berlin, den 29. Oktober 1796
Nachmittags 4 Uhr

Lieber Freund!

Hier ein Brief für Sie, der schon vorgestern abend einlief und den ich gestern nicht schickte, um Ihnen Unruhe zu ersparen. Ich wünsche, sein Inhalt sei gut und Sie haben durch den Verzug nicht gelitten. Ich würde ihn auch heute nicht geschickt haben (weil ich ungern allein schreiben wollte und Lotte nicht konnte), hätte der Maler mich nicht fragen lassen, wo Sie in Potsdam wohnten. Ob nun gleich die arme Lotte still im Zimmer blieb, keinen Arzt hat, weil sie nie auf Ärzte hielt (außer Tissot), so könnte doch jener Mann sie zufällig gesehen haben und Sie mit der Nachricht beunruhigen, sie sei krank. – Das ist sie nun eigentlich nicht, und nach dem zweiten Aderlaß heute morgen hoffe ich viel – in Absicht des Körpers –, ihr Gemüt leidet.

Nun zur Erzählung: Sie verließen sie, schon von starkem Andrange des Blutes gegen den Kopf (einer Fülle von Gesundheit) geplagt, dazu kamen Beängstigungen. – Bis Mittwoch hielt sie sich in beständiger pflichtmäßiger Tätigkeit und zählte nur immer die Stunden, als wollte sie die Tage los sein. Ihr Brief an Sie war ihre letzte Kraft, das Übel stieg – was litt die Gute! Der Kopf ward benebelt, das Herz geängstigt, sie war nicht mehr Lotte – und doch war sie es so ganz, immer nur befürchtend, daß niemand durch sie leiden solle; darum sollte ich nicht schreiben, darum erwähnte sie ihrer Gesundheit jetzt nicht. – Was der Körper leidet, sieht man, die Verwundungen der Seele sieht man nicht, und darum erkundigt man sich so viel nach diesem und kann jene um ein Nichts willen verletzen – sagte sie einmal ganz sanft, sonst klagt sie nicht. Gestern abend entschloß sie sich zum heutigen Aderlaß, und es ist viel besser: Röte ist auf den Wangen, Lächeln um die Lippe. – Schreiben kann sie heute nicht, sie würde sonst wollen.

Sage recht was Freundliches, und morgen schreibe ich gewiß; bis dahin soll man ruhig sein. Ich habe keinen Augenblick Mißtrauen, aber unbegreiflich ist mir die neue Veränderung im Plan und Benehmen, die von allem, was man mir am Sonnabend sagte, so abweicht.

Und das ist sie mir nach dem, was sie mir erzählt hat, auch! Können Sie mir darüber einen Aufschluß geben? So wie darüber, wann eher Sie wohl hier wieder herkommen und ob Ihr Schicksal Sie bald wieder an einen anderen Ort ruft? So ist es jetzt wohl Zeit! Ich verdiene ihn in jeder Absicht und kann schweigen. – Ob ich Ihr Freund bin? In welchem Grade ich es bin, wissen Sie. Ach, wie ist der Mensch; am Quell des reinsten Glücks darbt er! Hat nur Stunden zu leben und verläßt Wirklichkeiten, um Schattenbildern nachzujagen, die, wenn er sie erhält, ihm nicht so viel Glück geben werden, als er jetzt hatte. Hier die Zeitung. Morgen schreibt die gute Lotte und schickt die heutige, die wir erst spät erhalten. Auch der Friede wird endlich kommen, dann wird uns nichts so gereuen, als die Zeit en attendant nicht besser genossen zu haben. Da Sie sich unserer mündlichen Unterhaltung entzogen haben, so ist es natürlich, daß die schriftliche, soviel es angeht, ersetzen muß; man müßte tagebuchmäßig etwas schreiben, damit nicht immer die Journaliere drängte. Wohnen Sie denn noch bei Herrn von Huguenin? Ich bitte mir auf die Rückseite dieses Briefes zu antworten, weil ich dem guten Weibe gern einst zeigen will, was ich schrieb, und selbst zu zerstreut bin, also gern wieder hätte, was ich Ihnen geschrieben. Mit dem herzlichsten Anteil haben wir gestern aus Ihrem Brieflein gelesen, daß es mit Ihrer Gesundheit besser geht.

›Daß nur kein Terkaleon* kömmt‹, sagte Lotte kopfwiegend; ‚wir waren schon vier- bis fünfmal so weit, und dann springt es immer wieder vom Guten zum minder Guten über. Gott mache ihn glücklich!‹

Hätten Sie Aug' und Stimme gesehen, Sie würden beinahe nicht zwei

---

* Ein böser Dämon aus einer damals beliebten Oper.

feln, daß Gott ein solches Gebet erhören würde; er wird's, und ich stimme herzlich mit ein: Gott mache Sie glücklich!

Theodor Ursinus«

Diesen Brief konzipierte die Ursinus selbst, und ihr Mann mußte ihn abschreiben.

Den Wunsch der Rücksendung erfüllte übrigens Ragay, und so kam der Brief unter die Papiere der Ursinus, wo er sich mit ihrem Konzepte, nebeneinandergeheftet, befindet. Auch den Wunsch, auf der Rückseite zu antworten, erfüllte Ragay; aber anstatt der Andeutungen über die lebendigen Gefühle der Frau, kam keine andere Antwort als die kühle Floskel: »Die Stimmen der besten Freunde sind mir sehr teuer, die Ihren berühren mich nicht weniger, und ich zweifle keinen Augenblick an Ihrer Aufrichtigkeit.«

Deutete nicht etwa die Kühle auf eine nach dem befriedigten Genuß schon erloschene Liebesglut, so könnte man der Versicherung der Ursinus Glauben schenken, daß ihre Leidenschaft nicht die Grenzen des Erlaubten überschritten habe. Der kühle Holländer gab ihr dazu keinen Anlaß.

Sie selbst sagt über dieses Verhältnis noch aus, daß Ragay schon damals Berlin verlassen wollte, angeblich weil er den Wahn gehegt hätte, daß sie doch keine wahre Liebe gegen ihn empfände. Als aber seine Abreise ihr bitteren Kummer und Schmerz verursacht hätte und sie wirklich krank geworden wäre, habe ihr Mann, der es bemerkt und bedauert, ihr angeraten, alle Wege einzuschlagen, um ihn wieder zurückzuführen. Da der weibliche Anstand ihr verbot, dies selbst zu tun, hatte sich ihr Mann dazu erboten und den von ihr selbst aufgesetzten Brief kopiert.

Aber Ragay kam nicht, und Ragay blieb nicht. Der schwere Kampf zwischen Pflicht und Liebe habe in ihr, sagt sie, nicht den Gedanken, den Geliebten zu morden, sondern Hand an sich selbst zu legen, erzeugt. Indessen sei dieser Zustand glücklicherweise damals vorübergegangen, und des Holländers Entfernung von Berlin und dann sein Tod im Juli 1797 hätten sie völlig beruhigt.

So nahe die Vermutung lag, daß eine Frau, die ihren Bedienten vergiftet und schon dringend verdächtig war, ihren Gatten und ihre Tante durch Gift aus der Welt geschafft zu haben, auch einem Geliebten, der sich anscheinend ihren Wünschen nicht fügte oder der Lust und Treue überdrüssig war und plötzlich darauf starb, ihre Rache fühlen zu lassen, so wurde diese Vermutung doch von den Gerichten durch nichts unterstützt.

Zwar sprach auch der Berliner Arzt, der unter dem Namen des alten Heim zu populärem Ruhm gelangte, von dem ihm von Anfang an seltsam dünkenden Verhältnis zwischen der verheirateten Frau und dem holländischen Hauptmann. Aber sowohl er als auch der sehr geschätzte Arzt Zenker, die beide den Ragay in seiner letzten Krankheit monatelang besucht hatten, erklärten übereinstimmend, daß sie an ihm alle Symptome der Lungenschwindsucht gefunden hätten und daß es diese Krankheit gewesen sei, die ihn getötet habe.

Bei so bestimmten Erklärungen von zwei Ärzten, die als Autoritäten galten, fielen die Vermutungen vorm Auge des Richters von selbst zusammen; und da sie durch gar keine anderen Indizien gestützt wurden, hatte man keinen Anlaß, zur Leichenbesichtigung zu schreiten, und die Ursinus mußte, da auch bis zum Schluß der Untersuchung nichts neu Verdächtigendes hinzukam, von der Anschuldigung der Vergiftung des holländischen Hauptmanns völlig freigesprochen werden.

Ihr Ehemann, der Geheimrat Ursinus, starb plötzlich, am 11. September 1800. Mit seinen chronischen Übeln schien der unerwartet schnelle Tod nichts gemein zu haben, und da seine Witwe als Giftmischerin einmal dastand, war der Verdacht des Gattenmordes nur natürlich. Ihre Angabe über seinen Tod konnte dies nur bestärken.

Nach Aussage der Ursinus hatte sie am Tage zuvor, am 10. September, den Geburtstag ihres Gatten in einer kleinen Gesellschaft gefeiert. Ursinus war sehr vergnügt gewesen, obgleich er oft den Gedanken geäußert habe, daß er bald sterben werde. Nachdem die Gesellschaft und die Diener sich entfernt hatten, sei er zu Bett gegangen, sie aber sei noch aufgeblieben, um alles in Ordnung zu bringen. Aber bald nachdem er im Bette war, hätte sie ihn klagen gehört. Sie fragte ihn darauf, ob er ein Brechmittel verlange. Da er dies aber nicht nehmen wollte, habe sie ihm ein stärkendes Elixier gegeben. Das habe nicht geholfen. Er hätte fortgeklagt und das Brechmittel gefordert. Sie habe es ihm eingegeben und nunmehr ihre Domestiken wecken wollen. Deshalb habe sie heftig an der Klingel gezogen, die aus ihrer Wohnstube führte. Da sich darauf niemand eingefunden, habe sie ihre Domestiken durch den im Hause wohnenden Portier rufen lassen wollen. Während sie auf dem Wege nach dem Portier gewesen sei, habe sie gehört, daß das Brechmittel seine Wirkung getan hatte. Sie sei nun ihrem Ehemann zu Hilfe geeilt, und da er keinen Tee trinken wollte, habe sie es auch nicht für nötig gehalten, ihre Domestiken zu wecken. Am andern Morgen fühlte sich Ursinus schwach. Er legte sich auf die Seite und sei nachmittags, in Gegenwart mehrerer Ärzte, verstorben.

Schon in dieser eigenen Angabe lag viel Verdächtiges: das einsame Beisammensein der Frau mit dem kranken Mann die ganze Nacht hindurch; daß ihr angeblich heftiges Klingeln keinen der Domestiken geweckt haben sollte. Niemand bekundete, daß er von dem Klingeln etwas gehört habe; daß sie bei einem so andauernden, bedeutenden Übelbefinden ihres Mannes sich damit begnügt habe, bei ihm zu sitzen, ohne die Diener endlich selbst aufzuwecken oder einen Arzt holen zu lassen; daß der Arzt bestreitet, verordnet zu haben, ihr Ehemann solle sich immer ein Brechmittel vorrätig halten. Dazu räumte die Geheimrätin ein, daß sie um jene Zeit Arsenik, mit Mehl gemischt, zur Vertilgung der Ratten im Hause gehabt hätte.

Daß die Ursinus wirklich ihren Ehemann geliebt habe und dies sie von der Vergiftung zurückgehalten hätte, kann nicht angenommen werden. Sie haßte ihn nicht, sie war ihm auch in einer gewissen Dankbarkeit ergeben; noch mehr hatte sie die Eitelkeit, eine vorzügliche Hausfrau scheinen zu wollen und eine Zuneigung vorzuspiegeln, die nicht aus dem Herzen kam. Aber diese Motive waren schwächer als die Neigung, sich von dem kränkelnden und schwachen Manne zu befreien, der ihr in keiner Art Befriedigung gewährte. Es kommt hinzu, daß sie sich nach dem Tode ihres Mannes nach einem andern Gatten umgesehen und sich nicht einmal geschämt hatte, ihren Bedienten dabei, wenn nicht als Unterhändler, so doch als Kundschafter zu gebrauchen, und daß die Aussicht, nach seinem Tode nicht allein frei und unabhängig, sondern auch als seine Erbin in glücklichen Verhältnissen dazustehen, sie zum Verbrechen locken konnte, so wächst der Verdacht beträchtlich.

Außerdem hatte die Ursinus kurz vor dem Tode ihres Gatten Gift kaufen wollen. Sie selbst hatte es vom Apotheker Thiemann gefordert, um, wie sie vorgab, Ratten damit zu töten. Als Thiemann ihr und ihrem Ehemanne nachher Arsenik brachte und ihr das Unzweckmäßige beim Gebrauch vorstellte, sagte sie, um das Gespräch zu Ende zu bringen, daß sie es zur Vertilgung der Ratten gebrauche. Aber Ratten gab es nicht im Hause. Demnach mußte die Ursinus schon danach als der Giftmischung verdächtig angesehen werden.

Es kam nunmehr nur darauf an, den Tatbestand des Verbrechens, einen durch Gift erfolgten Tod des Geheimrats Ursinus, tatsächlich aufzudecken. Dieser Teil der Untersuchung ist wegen der Differenz der Ansichten und Urteile der Sachverständigen und wegen der für die gerichtliche Arzneikunde wichtigen Ermittlungen nicht nur für diesen Prozeß, sondern auch für alle Folgezeit von größter Bedeutung geworden.

Der Leichnam wurde ausgegraben. Über seine Identität wurden alle Zweifel beseitigt. Bei der Obduktion ergab sich nun, daß dieser bereits dritthalb Jahre vergrabene Leichnam mumienartig eingetrocknet und von der Fäulnis unangegriffen war. Die Hände, Finger, Füße und Zehen waren krampfartig zusammengezogen, die Haut war pergamentartig.

Die Obduzenten erklärten schon bei der Besichtigung des Leichnams, daß sie nach dem Befunde, besonders der krampfhaften Zusammenziehung der Hände, Füße, Finger und Zehen und der Abwesenheit der Fäulnis, für wahrscheinlich hielten, daß der Tote an einer Arsenikvergiftung verstorben sei.

Hierauf wurden vom Physikus unter Zuziehung zweier berühmter Chemiker, Klaproth und des Medizinalassessors Rose, die Eingeweide einer chemischen Untersuchung unterzogen. Die Obduzenten bemerkten nach der Reinigung der Eingeweide in den dünnen Gedärmen mehrere entzündete, zum Teil brandige Flecken, wie sie bei Arsenikvergiftungen häufig gefunden werden. Sie hielten eine Vergiftung für wahrscheinlich, könnten dies jedoch nicht mit völliger Gewißheit behaupten, da kein Gift gefunden worden sei, sein Fehlen aber nichts gegen ihre Meinung beweise.

Diesen Feststellungen standen die Berichte der drei Ärzte entgegen, die den Geheimrat Ursinus behandelt hatten. Es waren drei ausgezeichnete Ärzte jener Zeit, der berühmte Geheimrat Formey, der General-Chirurgus Laube und der Dr. Bremer, der zuerst die Pockenimpfung im Preußischen eingeführt hat.

Formey sagte: Er habe damals den Krankheitsfall des Geheimrats Ursinus für einen Nervenschlag angesehen und halte ihn noch zur Zeit für einen Nervenschlag; er könne zwar nicht mit Zuverlässigkeit behaupten, daß der Verstorbene kein Gift erhalten habe, daß er aber pflichtmäßig anzeigen könne, daß bei dem Sterbenden, während seiner Anwesenheit am Sterbebett, keines von den gewöhnlichen Zeichen einer Vergiftung zu bemerken gewesen wäre.

Laube war schon mehrere Jahre der Arzt des Geheimrats Ursinus gewesen, er vermutete schon lange, daß der Geheimrat am Nervenschlage sterben würde, und versicherte, er sei vollkommen überzeugt, daß das geschehen sei, indem alle Symptome, die medizinische Grundsätze und Erfahrungen ihn in seiner vierundvierzigjährigen Praxis gelehrt hatten, die Richtigkeit dieser seiner Überzeugung verbürgten. Er versichere auf seine Pflicht, daß er während seiner Anwesenheit auch nicht die leiseste Spur, die auf eine Vergiftung deuten ließe, am Körper des Verstorbenen und an dessen Bewegungen wahrgenommen habe.

Ebenso erklärte Dr. Bremer, er könne auf Pflicht versichern, daß nach seiner Überzeugung die Todesursache des Verstorbenen nicht in einer Vergiftung, sondern in seiner Nervenschwäche gelegen habe. Er sei davon so vollkommen überzeugt als möglich. Denn die Symptome dieser Todesart könnten nicht trügen und wären beim Verstorbenen untrüglich gewesen.

Alle Vermutungen, Indizien und Schlüsse der Richter mußten vor diesen übereinstimmenden Zeugnissen verstummen. Es konnte daher nur eine vollkommene Freisprechung der Ursinus erfolgen.

Am 23. Januar 1801 starb zu Charlottenburg, nach einem kurzen Krankenlager, die Tante der Ursinus, die unverehelichte Frau Witte.

Nach ihrem Tode kam niemand der Verdacht, daß sie vergiftet worden sein könnte. Aber als man nach der Verhaftung der Ursinus alle diesen Tod begleitenden Umstände zusammenfaßte, erstand plötzlich ein solcher Verdacht, und die mit äußerster Sorgfalt geführte Untersuchung bestätigte ihn. Nachdem man die Leiche ausgegraben und sich ihrer Identität versichert hatte, ergab die durch den Obermedizinalrat Welper und den Stadtchirurgus Röseler vorgenommene Obduktion, daß die Leiche, die vom 27. Januar 1801 bis zum 23. März 1803 vergraben lag, noch nicht verwest, sondern nur zusammengetrocknet war.

Nachdem die Obduzenten nach den gemachten Wahrnehmungen auf die höchste Wahrscheinlichkeit einer durch Arsenik erfolgten Tötung geschlossen hatten, ergab die von ihnen mit Zuziehung Klaproths und Roses bewirkte chemische Untersuchung folgendes: Zwar habe in den Eingeweiden kein Gift mehr gestanden, es hatten sich aber nach deren Reinigung im Magen unverkennbare Kennzeichen einer Entzündung mit Brandflecken gefunden; die dünnen Gedärme wären größtenteils entzündet gewesen und in Brand übergegangen, so daß sie mit der größten Wahrscheinlichkeit annehmen könnten, daß die Witte durch Arsenik getötet worden sei.

Auch hier behaupteten die Ärzte, die die Witte in ihrer Krankheit behandelten, nach ihren Wahrnehmungen sei der Verdacht einer Vergiftung ausgeschlossen; aber diesen Ärzten wohnte nicht die wissenschaftliche Autorität der drei obengenannten bei.

Hiernach konnte der Tatbestand der Vergiftung in diesem Falle, bei dem nicht entkräfteten Gutachten der Obduzenten, mit Sicherheit angenommen werden. Auch die Täterschaft der Ursinus ist, sowohl aus ihren eigenen Aussagen als aus anderen Anzeigen und selbst durch die möglichen Motive, der rechtlichen Vermutung nähergerückt.

In ihren ersten Auslassungen sagte sie, sie habe ihre Tante, die sie von allen ihren entfernten Verwandten am meisten geliebt hatte, am 16. Januar 1801 in Charlottenburg besucht. Da die Tante über Kopfweh und einen verdorbenen Magen klagte, habe sie sich entschlossen, einige Tage bei ihr zu bleiben. Schon am nächstfolgenden Tage habe aber die Witte sich erbrechen müssen und über Kopfweh, Durst und Hitze geklagt. Da sich die Krankheit auch am dritten Tage nicht vermindert hätte, habe sie, die Nichte, den Chirurgus Pohl rufen lassen. Sie habe sich damals bei der kranken Tante sehr unglücklich und beängstigt gefunden und sei dadurch auf den Gedanken gekommen, sich selbst ums Leben zu bringen.

Um dies unbemerkt ausführen zu können, und damit die geschickten Ärzte von Berlin ihrem Leben nicht gegen ihren Willen zu Hilfe kämen, habe sie den Vorsatz gefaßt, in Charlottenburg Gift zu nehmen. Sie habe deshalb von dem Chirurgus Pohl welches gefordert, und als sie am 19. Januar auf einige Stunden nach Berlin gefahren sei, habe sie neun Portionen Arsenik bei dem Apotheker Thiemann bestellt. Von beiden habe sie Gift erhalten und dieses immer bei sich geführt, außer einmal, wo sie es auf dem Waschtisch der Tante habe liegengelassen. Obgleich im Besitze des Giftes, habe sie doch keinen Gebrauch davon gemacht.

Inzwischen sei der Zustand der Tante immer bedenklicher geworden. Auf ihr, der Ursinus, vieles Bitten habe sie sich entschlossen, am 23. Januar den Professor Gönner kommen zu lassen. Dieser habe die Krankheit für unbedeutend erklärt, aber sie habe sich nach seiner Entfernung verstärkt. Sie habe nun die ganze Nacht bei ihrer Tante gewacht, die in dieser Nacht gestorben sei.

Auch hier hatte die Ursinus abermals die letzte Nacht allein mit der in Vergiftungskrämpfen hinsterbenden Tante verbracht.

Nachdem sie vier Tage bei ihr in Charlottenburg gewesen war, schrieb sie an den Apotheker Thiemann, er möchte ihr eine gute Portion Gift, etwas stärker als das letzte Mal, zur Vertilgung der Ratten, die ihre Tante habe, schicken. Er möge es jedoch so einpacken, daß niemand errate, was darin sei. Sie erhielt darauf ein halbes Lot Arsenik und führte es in Charlottenburg bei sich.

Aber es ist erwiesen, daß im Hause ihrer Tante keine Ratten waren. Der Vorwand, unter dem sie das Gift forderte, war also falsch.

Inzwischen hatte sie sich vorsichtigerweise sogleich nach einer anderen Ausflucht umgesehen. Sie schob ihren Lebensüberdruß vor und behauptete, sie habe sich selbst ermorden wollen und deshalb das Gift angeschafft. Bald nach dem Tode ihres Mannes sei ihr die Welt ganz verändert vorgekommen, selbst ihre Hausgenossen hätten das gewohnte Betragen gegen sie geändert. Darüber sei sie in Schwermut verfallen und habe gedacht: Du tust besser, wenn du deine Glücksgüter andern läßt, die sie besser brauchen können, und still aus der Welt gehst. Dieser Gedanke sei zum Entschluß gereift, als sie bei ihrer Tante gehört habe, daß ihre Schwester, die Hofrätin Haacke, ihrer Tante Vorwürfe über deren Zuneigung zu ihr, der Ursinus, gemacht hätte.

Diese Schwermut und der angebliche Vorsatz, sich selbst umzubringen, spielen in ihrem Prozeß eine Hauptrolle. Sie spielte dabei die Empfindliche. So gibt sie sich selbst in ihren Briefen, so schildert sie der alte Heim in seinem Gutachten. Sie wollte, auch als sie jene Nebenabsicht noch nicht haben konnte, krank erscheinen, sie wollte bedauert, bewundert, zart und aufmerksam behandelt sein, weil das Gesundsein ihr zu gemein, als Zeichen einer gewöhnlichen Natur dünkte. Aber sie war so gesund von Körper als konsequent in der geistigen Verkehrtheit.

Weder ist ihre Schwermut bewiesen noch auch nur ein Anzeichen davon da, daß sie wirklich an einen Selbstmord gedacht habe. Mit allem Scharfsinn sah und griff sie nach allen Mitteln und Wegen, wo Rettung für Leben und Ehre nur entfernt in Aussicht stand, und leugnete, ohne sich zu verwirren, ohne zu erröten, auch auf die Gefahr hin, als Lügnerin überwiesen zu werden. Aber nicht wie eine gemeine Verbrecherin, die alles und jedes in Abrede stellt und in frechem Trotz fordert: Beweist es mir! Von vornherein gab sie das zu, was sich nicht leugnen ließ, ohne gegen jeden gesunden Menschenverstand zu verstoßen. Sie gab zu, was die Klugheit sie lehrte und was sich nicht bestreiten ließ, baute aber sogleich auf dieses Eingeständnis selbst eine neue Verteidigung. Weil die zugestandene letzte Tat, die Vergiftung des Bedienten, so durchaus sinn- und zwecklos erscheint, das ungelöste Rätsel des ganzen Prozesses, so vermeinte sie damit, ihren verwirrten Gemütszustand, vielleicht ihre Unzurechnungsfähigkeit beweisen zu können.

Im Gegenteil, die Ursinus war ursprünglich gesund, wie ihr Arzt, der alte Heim, in einem gründlichen Gutachten versichert. Sie heuchelte nur eine Nervenkrankheit. Die Betrübnis über den Tod eines solchen Ehemannes, der ihr nichts war als ein Aushängeschild, ein Werkzeug, das sie nach Belieben gebrauchte, konnte ihr Gemüt unmöglich sehr erschüttern, zumal er ihr das, was ihr am wertvollsten an ihm war, Rang, Ansehen in der Welt, vornehme Bekanntschaften und Vermögen, hinterließ. Die geistvolle, durch ihre körperlichen Vorzüge, ihre geselligen Talente und ihre Toilettenkunst imponierende Frau, die in allen Gesellschaften gesucht wurde und selbst ein glänzendes Haus machte, stand als reiche Witwe ebenso bedeutend da, wenn nicht noch bedeutender als die Gattin des kränklichen, tauben Geheimrats Ursinus. Zudem sehen wir sie bald darauf ihre Blicke nach einer anderen Heirat umtun.

Sie hatte kein Motiv, sich selbst ums Leben zu bringen. Dagegen ist ein aktenmäßig erwiesenes Motiv da, ihre Tante ums Leben zu bringen; sie war berechtigt, ein beträchtliches Vermögen von ihr zu erwarten.

Bei der Untersuchung des Todes ihres Gatten war sie der Überzeugung, daß die Umstände dieses drei Jahre zurückliegenden Ereignisses nicht aufzuklären seien. Bei dem näherliegenden der Tante, wo ihre Forderung um Gift an zwei Personen nachweislich war, mochte auch eine Ursinus auf Augenblicke ihre Festigkeit verlassen. Und in diesen schwachen Augenblicken, wo sie alles verloren vor sich sah, gestand sie wiederholt ein, »daß es möglich sei, daß sie in Schwermut der Tante Gift gereicht haben könne«.

Das Gericht entschied, daß alle diese Umstände die gesetzlichen Anzeigen dermaßen verschärften, daß sie eine außerordentliche Strafe rechtfertigten.

Das dritte Verbrechen, die Vergiftung des Bedienten Klein, ist tatsächlich auf das bestimmteste erwiesen: durch die Übereinstimmung der eigenen Aussage der Ursinus, die des Klein und verschiedener Zeugen sowie durch die chemischen und anderen Untersuchungen der Sachverständigen.

Nur das Motiv ist im Dunkel geblieben.

Die Ursinus will durch die Beschäftigungen, die ihr der Tod der Tante gegeben, und dann durch die Ablenkungen, die die Teilung des Nachlasses veranlaßt, einstweilen von der Idee, sich selbst zu ermorden, abgebracht worden sein. Erst nach zwei Jahren, Anfang 1803, sei der Gedanke abermals in ihr erwacht. In dieser Absicht forderte sie von ihrem Hausarzt, dem General-Chirurgus Laube, Gift, angeblich für einen entfernten Gutsbesitzer, und erhielt auch wirklich Anfang Februar vier Lot Arsenik von ihm.

Da klagte ihr Bedienter Klein über Übelkeit und wollte ein Brechmittel haben. Laube gab ihm statt dessen ein Abführungsmittel.

Klein klagte der Ursinus am 25. Februar beim Mittagstisch, daß ihm das nicht helfe und er zu brechen wünsche.

Sie befahl ihm darauf, eine Tasse zu holen, und als er die Obertasse gebracht, schickte sie ihn nach der Untertasse, füllte aber währenddessen die Obertasse mit Fleischbrühe und tat etwas Arsenik hinein. Sie sagte, er solle das trinken, dann werde er sich sicher erbrechen. Er trank, und sie füllte ihm die Tasse noch einmal.

Klein hatte sich erbrochen. Er klagte über Hitze, Leibschneiden und Halsschmerzen. Er wünschte sich gern noch einmal zu übergeben. Die Ursinus gab ihm deshalb am 28. Februar einige Rosinen, von denen sie eine mit Arsenik gefüllt hatte. Er erbrach sich danach und hatte Leibschmerzen und Kopfweh.

Am folgenden Tag gab sie ihm Milchreis, worin sie ebenfalls Arsenik getan hatte. Da Klein aber einen Widerwillen zeigte, warf sie die Speise in den Abtritt.

Am 3. März endlich brachte sie ihm sechs bis acht Pflaumen, eine davon mit Arsenik. Klein nahm sie, aß sie aber nicht, sondern ließ sie durch die Kammerjungfer Schley in die Apotheke bringen, wo die Entdeckung erfolgte.

Alles dies steht vollkommen fest. Auch fehlen von den vier Lot Arsenik 90 Gran, die sie zur Vergiftung des Klein gebraucht haben muß. Klein wurde krank und immer kränker, und der General-Chirurgus Laube, der ihn als Arzt behandelte, erklärte, daß die Krankheit die Wirkung eines Giftes sei. Welper bemerkte bald die Existenz eines Giftes. Klein starb indessen nicht und erholte sich noch während der Untersuchung so weit, daß bei Abfassung des Urteils erklärt werden konnte: Die Ursinus habe ihm durch Arsenik eine langwierige, seinem Leben gefährliche Krankheit zugefügt, die jedoch wahrscheinlich keinen bleibenden Nachteil verursachen werde.

Das ärztliche Gutachten bewährte sich auch durch den Erfolg. Der Bediente Klein starb erst im Oktober 1826, also dreiundzwanzig Jahre nach der Tat. Eine Pension, die ihm die Ursinus hatte aussetzen müssen, wurde Klein vom kurmärkischen Pupillenkollegium monatlich ausgezahlt. Wenn er sie sich holte, pflegte man scherzhaft zu sagen: »Da ist der Mann, der vom Gifte lebt.«

Die Ursinus sagte bei den ersten Vernehmungen, einen vernünftigen Grund zu dieser Handlung könne sie nicht angeben. Sie habe ihm zuerst das Arsenik in der Bouillon nur darum gereicht, um seinem Wunsche zu brechen zu willfahren. Dann, als sie gesehen, daß es wirkte und Klein jedoch mit der Wirkung noch nicht zufrieden war, hätte sie auch die Rosinen, den Reis und die Pflaumen vergiftet, hier jedoch schon mit der Nebenabsicht, bei dieser Gelegenheit zu sehen, wieviel Gift sie zur Selbsttötung nötig habe.

Aufmerksam gemacht auf die Unwahrscheinlichkeit und die inneren Widersprüche in ihren Angaben, erklärte sie, sie habe gedacht, du willst einmal probieren, welche Wirkungen Gift hervorbringt; du hast gehört, daß es in kleiner Quantität nicht schadet – du wirst sehen, ob das wahr ist. Ist es nicht wahr, so kannst du ja alle Hilfsmittel brauchen, daß es ihm keinen bleibenden Nachteil verursacht, und in beiden Fällen wirst du ja sehen, welche Portion du nehmen mußt, um zu sterben.

Sie gestand ein, daß ihr Betragen mit der Natur eines vernünftigen Menschen nicht vereinbar sei, behauptete aber, in ihrer damaligen Stimmung und in ihrem damaligen Kopfe sei es sehr vereinbar gewesen, und nie habe sie die Absicht gehabt, den Klein zu töten. Sie wollte also ihre Entschuldigung auf eine Unzurechnungsfähigkeit bei ihren damaligen geistigen Vermögenszuständen gründen. Dieser Beweis ist aber nicht allein nicht geführt, sondern durch das Gutachten aller Zeugen und Sachverstandigen zum Gegenteil ausgeschlagen.

Der Apotheker Thiemann hatte ihr gesagt, daß schon 1/4 Lot Arsenik hinreiche, eine halbe Kompanie zu vergiften, und durch den General-Chirurgus Laube wußte sie, daß so viel Arsenik, wie ein Gerstenkorn beträgt, tödlich sei. Dennoch gab sie dem Klein mehrere Male eine Messerspitze voll Arsenik. Auch beobachtete sie keineswegs die Wirkungen des Giftes, sondern ging an den Tagen, wo sie ihm eine Portion gegeben, aus dem Hause, und erst nach der Rückkehr sah sie ihn einige Augenblicke, um ihm ihre Teilnahme zu versichern.

Wäre es ihr nur darum gegangen, die Wirkungen zu studieren, so hätte sie ihn keinen Augenblick aus den Augen verlieren dürfen. Wollte sie ihn aber töten, so wird ihr anscheinend gütiges Betragen gegen ihn erklärbar. Sie heuchelte Güte, um ihn sicher zu machen, und empfahl dem Arzte die größte Sorgfalt, um allen Verdacht abzulenken und ungestörter ihrem Plane nachzugehen.

Als ein Beweggrund dieser letzten Absicht erscheint aber folgender: Klein hatte ihr Vertrauen. Sie wünschte sich wieder zu verheiraten. Er wußte dies. Sie hatte ihm gesagt: »Es gibt doch so viele in Berlin, die heiraten wollen, und ich habe Vermögen und bin nicht häßlich.« Sie hatte ihn als Kundschafter über die Verhältnisse ihrer Liebhaber gebraucht. Er hatte sich aber mit ihr gezankt und wollte jetzt ihren Dienst verlassen.

Die Ursinus war aber eine eitle, ehrgeizige Frau. Die Besorgnis, daß

Klein das ihm geschenkte Vertrauen mißbrauchen, daß er ihre Schwächen ausplaudern, sie lächerlich vor der Gesellschaft machen könne, mochte sich paaren mit dem Zorn gegen einen Diener, der im Besitz dieses Vertrauens sich lästige Vertraulichkeiten gegen seine Herrin erlaubte.

Was man im Publikum sich erzählt, daß die Ursinus mit ihrem Bedienten in einem Liebesverhältnis gestanden und ihn aus Rache oder Vorsicht umbringen wollte, ist ein Gerücht, wovon die Akten keine Spuren liefern.

Mit besonderer Sorgfalt ist die Untersuchung über die vorgeschützte Geistesverwirrung und die angebliche Unzurechnungsfähigkeit der Verbrecherin geführt worden. Die richterlichen Personen richteten darauf beim Prozeß ein besonderes Augenmerk, und mehrere Ärzte gaben ein Gutachten ab.

Das Zeugnis, das uns über den Charakter der merkwürdigen Frau das deutlichste Licht gibt, ist das Gutachten Heims, das wir hier ganz mitteilen, denn es schildert nicht allein die Ursinus, sondern auch den bedeutenden Arzt in seiner ganzen Eigentümlichkeit und wurde zugleich Anlaß zu einem der seltsamsten Zwischenspiele, die je in einem so ernsten Kriminalprozeß vorgefallen sind.

»Meine erste Bekanntschaft mit der Frau Geheimrätin Ursinus war im Jahre 1797. Ein holländischer Hauptmann namens Ragay logierte damals bei selbiger, der an der Schwindsucht krank lag und den ich mit dem Herrn Professor Zenker gemeinschaftlich zu behandeln hatte. Bei diesen Besuchen konnte es mir nicht an Gelegenheit fehlen, diese Frau kennenzulernen. Sooft ich diesen Kranken sah, war Frau Geheimrätin Ursinus fast immer gegenwärtig und nahm an allem, was den Kranken betraf, fast ebensoviel, wenn nicht noch mehreren Anteil, als nur immer eine Frau für ihren Gatten oder ihren Geliebten nehmen kann. Ich kann nicht leugnen, daß diese große Menschenliebe von einer verheirateten Frau mir damals sehr aufgefallen ist.

Nach der Zeit, da dieser Ragay verstorben war, habe ich selbige nur selten zu sehen bekommen. Vor einigen Jahren aber, da ihr eigentlicher Hausarzt, der Herr General-Chirurgus Laube, krank war, habe ich selbige als Arzt zu behandeln gehabt und so auch noch letztvergangenes Jahr. Im ganzen habe ich selbige dreimal von acht Tagen bis vier Wochen tagtäglich besucht. Einmal hatte selbige ein ordentliches Flußfieber und die anderen beiden Male Nervenzufälle. Voriges Jahr, da selbige ein Flußfieber hatte, war sie wirklich krank, die anderen beiden Male aber, wo sie Nervenzufälle zu haben vorgab, glaube ich kaum, daß sie wirklich krank gewesen ist.

So viel muß ich wenigstens, meiner innigsten Überzeugung nach, sagen, daß selbige niemals so krank war, als sie vorgab, und daß sie in diesem Punkte die größte Verstellungskunst verstand. So wollte selbige mir oft glauben machen, sie liege in einer Ohnmacht oder sie sei doch so schwach, daß sie die Augen nicht öffnen und den Mund zum Reden nicht bewegen könne, wo ich doch an ihrem Puls und an anderen Umständen bald merkte, daß dies alles gar nicht so sein könne. Solange ich bei ihrem Bette saß, spielte sie so ihre Rolle fort, sobald ich aber, und wenn es noch so leise geschehen wäre, aufstand, um mich von ihr zu entfernen, so fing sie an, sich zu bewegen, winkte mir mit scheinbar schwacher Hand zu bleiben, und wenn ich mich stellte, keine Notiz davon zu nehmen, so fing sie zu reden an und konnte nachher, besonders wenn wir allein waren, recht gut, ja oft laut und verständlich genug sprechen, hielt mich fest bei der Hand und wollte mich, wenn ich keine Zeit hatte, länger zu bleiben, meines Sträubens ohnerachtet, oft nicht los- noch weggehen lassen.

Ein andermal, wie ich mich noch gut besinne, gab selbige vor, sich oft erbrechen zu müssen. Mir wurde auch das angeblich Ausgebrochene gezeigt, was aber gar nicht so aussah, als wenn es aus dem Magen gekommen sei. Ich äußerte ihr deshalb den Wunsch, sie selbst brechen zu sehen. Bald darauf, als ich selbige einmal ganz stille, als wenn sie eine Ohnmacht oder Krämpfe hätte, im Bette liegen sah, tat sie, als wenn sie sich erbrechen müßte, spuckte auch wirklich Speise und Getränke aus, es kam aber nicht aus dem Magen, sondern sie hatte beides vor meiner Ankunft in den Mund genommen und spuckte es nur mit einem ähnlichen Manöver, als beim Erbrechen geschieht, weg. So wollte selbige gleichfalls auch einmal Blut ausgebrochen oder doch ausgehustet haben; man zeigte es mir, es sah zwar rot aus, es war aber sicher kein Blut.

Was selbige zu dergleichen Verstellungen, die im eigentlichen Verstande doch nur Betrügereien waren, bewogen haben mag, weiß ich nicht. Frau Geheimrätin Ursinus wurde hier in einigen angesehenen Häusern, wo ich Arzt bin, geschätzt und wegen ihrer Krankheit sehr bedauert, und da der Arzt sich so manches von seinen Kranken gefallen lassen und das schöne Geschlecht besonders schonen muß, so mußte ich auch diese Verstellungen der Frau Geheimrätin Ursinus mir gefallen lassen und sie vor dem Publikum verschweigen.

Bloß der Frau Geheimen Justizrätin Suarez, die so vielen Anteil an der Ursinus nahm und sich ihretwegen so sehr ängstigte, dieser habe ich es freiheraus gesagt, daß das Betragen der Frau Geheimrätin Ursinus nichts als Verstellung sei.

Jetzt aber, da ich von ihren Richtern aufgefordert werde, mein pflichtgemäßes Gutachten über ihre physische und geistige Beschaffenheit zu geben, so glaube ich, daß es meine Schuldigkeit sei, dies alles der Wahrheit gemäß sagen zu dürfen. Frau Geheimrätin Ursinus hat übrigens allerdings einen zarten Körperbau, ist sanguinisch-cholerischen Temperaments, und ihre Nerven sind äußerst reizbar. Es gibt indessen mehr Menschen von gleicher physischer Konstitution, die doch dabei recht gute moralische Menschen sind. Schwachheit des Verstandes oder überhaupt Geistesverwirrungen habe ich niemals bei der Frau Geheimrätin Ursinus bemerkt, im Gegenteil ist selbige eine Frau, der es gar nicht an einem ausgebildeten Verstande und noch weniger an ausgebreiteten Kenntnissen fehlt. Stolz, Eitelkeit und, ob eine wirkliche oder nur affektierte, Wollust sind, soweit ich selbige beurteilen kann, die Hauptschwächen in ihrem moralischen Charakter. Ob auch noch ein guter Teil von Falschheit und Bosheit diesem zugrunde liegen möge, dies getraue ich mir nicht zu behaupten, sondern muß die Untersuchung davon ihren scharfsichtigen Richtern überlassen.

Heim«

Die Ursinus war über dies Gutachten sehr erzürnt und erklärte es für unbegreiflich, wie Heim solche Tatsachen niederschreiben könne, da ja er gerade sie beständig mit der teuersten Medizin geplagt und ihr sogar einmal gesagt habe, daß die Spezies zu einer Arznei, die er ihr verschrieben, in ihrer gewöhnlichen Apotheke nicht gut zu finden wäre, und sie veranlaßt habe, diese in einer anderen Apotheke machen zu lassen.

Er, der sie tagtäglich zweimal besucht, oft zu ganz ungewöhnlicher Zeit, und ihren Domestiken mehrere Male gesagt habe, daß sie gefährlich krank sei, kurz, der sie als einen seiner gefährdetsten Patienten behandelt habe, könne entweder das, was er jetzt sage oder was er damals zu ihr gesagt, vor Gott und Menschen nicht verantworten, und sie verlangte, daß man ihn ihr gegenüberstelle, vielleicht gebe er doch dann der Wahrheit die Ehre.

Ihr Wunsch wurde erfüllt, sie wurde mit Heim konfrontiert. Dieser erklärte in ihrer Gegenwart: Alles, was die Ursinus gesagt, hat seine Richtigkeit. Ich handelte absichtlich so, weil ich wußte, daß es ihr Trost brachte, wie ich es noch heute mit mehreren Personen tue, die ich als Arzt behandle, welche ebensowenig krank sind als die Ursinus.

Im übrigen sind meine Angaben bis auf den kleinsten Umstand wahr. Die Ursinus schalt ihn: Es sei nicht recht, daß er gegen seine Überzeugung gehandelt habe. Möglich, daß sie sich damals für kränker gehalten, aber verstellt habe sie sich nie. Heuchelei liege nicht in ihrem Charakter.

Auch fuhr sie bei Verlesung des Protokolls auf und erbat sich über eins Auskunft: »Wie haben Sie das verstanden, daß ich Wollust affektiere? Ich kann mir sehr gut denken, daß Weiber so tief sinken, um wollüstig zu sein, aber wie es möglich ist, daß jemand Wollust affektiere, das kann ich mir nicht denken.«

Heim antwortete: »Wie kann Sie das in Verwunderung setzen, Frau Geheimrätin? Sie haben mir zwar nie gesagt, daß Sie wollüstig wären und daß die Befriedigung des Geschlechtstriebes Bedürfnis bei Ihnen sei; aber ich habe bei vielen Gesprächen, die ich mit Ihnen gepflogen habe, namentlich über die Ehe, gemerkt, daß Sie gern über Ehe und Geschlechtstrieb sprechen hörten, und Sie haben mich sehr oft glauben machen wollen, daß Sie Empfindungen für diesen Trieb hätten, auch nicht abgeneigt wären, diesen Trieb in einer zweiten Ehe zu befriedigen. Ich gestehe Ihnen aber offenherzig, ich habe im Grunde immer geglaubt, daß Sie auch diese Empfindungen affektierten, das heißt nicht hätten; denn Ihre Miene, Ihre Augen, Ihr ganzes Wesen, in welchen besonders der Arzt sprechen hört, haben mir jene Überzeugung verschafft.«

Nach unserem Dafürhalten gibt dieses Heimsche Gutachten erst den psychologischen Schlüssel, wenn nicht zu der Tat, doch zum Charakter der Verbrecherin.

Verstandeskräftig, geistig gebildet, war sie trotz aller Erregbarkeit ihres Nervensystems immer die freie Herrin ihrer Handlungen. Sie war weder im allgemeinen unzurechnungsfähig noch weniger in den Momenten, wo sie mit gutem Vorbedacht vergiftete, in einem zerrissenen Seelenzustande, der ihre Hand oder ihren Willen irren ließ.

Eine kräftige, blühende Jungfrau, war sie an einen kränklichen, tauben Geschäftsmann fürs Leben gebunden. Sie war durch lange Jahre seine treue Pflegerin. Vielleicht, daß erst bei ihrer Versetzung nach Berlin der jungen Frau das Mißverhältnis ins Auge fiel. Sein Rang, sein Vermögen ersetzten ihr nicht den Mangel geistiger und körperlicher Befriedigung. Sie schwärmte, was man schwärmen nannte, das heißt, sie wollte irgendwo Befriedigung, Ersatz. Es sollte in der Liebe sein, die sie vielleicht noch nicht gekannt, die sie auch vielleicht im Augenblicke, wo sie den Holländer zu lieben vorgab, noch nicht kannte. Aber die Reminiszenzen der Wertherschen Empfindsamkeitsperiode waren in den neunziger Jahren des vorigen Jahrhunderts noch lebendig. Es dünkte sie interessant, so wie sie Lotte hieß, auch eine Lotte zu spielen, von einem fremden, interessanten Jüngling geliebt zu werden und durch die Ehe gefesselt zu sein an einen kranken Geschäftsmann. Darum verbarg sie ihre Leidenschaft nicht, sie trug sie zutage, daß es dem Arzte auffiel.

Daß die Ursinus Ragay wirklich geliebt und den ihr untertänigen Ehemann als Kuppler und Liebesboten benutzt habe, wäre an und für sich wohl glaublich, doch haben wir die Vermutung, daß das Ganze nur ein Spiel ihrer Sinne war. Dafür spricht ihr Zurschautragen dieser Leidenschaft, Ragays Krankheitszustand, seine kühle Antwort, sein Zurückziehen und seine Abreise; dafür der sentimentale Brief, den sie ihm durch ihren Ehemann schreiben ließ, und endlich Heims Beobachtungen, der statt einer wirklichen nur eine affektierte Wollust in ihr bemerkt haben will.

Soviel ist gewiß, das Verhältnis zu Ragay gewährte ihr keine Befriedigung. Das Verlangen, interessant zu sein und zu erscheinen, suchte nach anderen Gegenständen, nach einer anderen Art der Befriedigung. Wie sie in diesem Verlangen zur Giftmischerin geworden, darüber sind uns keine Anzeigen gegeben, nur Vermutungen erlaubt.

Liebe für ihren Gatten war nie da, nur Achtung. Mußte sie aber nicht bis auf die letzte Spur verschwunden sein, wo der Gatte sich zu solchen Briefen gebrauchen ließ? Dachte sie vielleicht schon an eine andere Verbindung, als sie das wertlose Werkzeug aus der Welt zu schaffen beschloß? Aus Liebe nicht; sie suchte eine neue Heirat. Aber gewiß mit einem Manne, der ihr mehr wäre als Ursinus. Nein, von einer zärtlichen Seelenstimmung war gewiß keine Spur mehr vorhanden; Ansehen, Glanz, Bewunderung in der Welt, die sie gekostet hatte, wollte sie ganz genießen. Er war tot, ihr Werk war geglückt, vollständig geglückt, denn niemand hatte die leiseste Ahnung, und die trauernde, tugendhafte Witwe empfing die Beileidsbezeigungen der achtbaren Gesellschaft.

Wir wissen es aus Hunderten von Fällen, die Gesamtgeschichte der Kriminalistik verbürgt es, daß ein glücklich unentdeckt vollbrachtes Verbrechen zur Fortsetzung lockt. Eine alte, einsame Tante stand ihr nicht im Wege; aber sie war ein geeigneter Gegenstand, ihrem Kitzel eine Befriedigung, ihrer neu erworbenen Kunst neue Beschäftigung zu verschaffen. Sie konnte an ihrem Krankenbett neuen Lorbeer für ihre liebevolle Pflege ernten, und zugleich war diese Tante vermögend, und ihre Erbschaft vermehrte ihre unabhängige, glänzende Stellung in der Welt.

Daß sie bei diesen glücklichen Vergiftungen nicht bisweilen auch an die Möglichkeit gedacht haben sollte, sie gegen sich selbst anzuwenden, haben wir nicht bestritten. Daß endlich eine glückliche Giftmischerin auch auf den Gedanken kommen mag, gleichgültigere Personen, wie einen unverschämten Bedienten, durch Gift aus dem Wege zu räumen, erscheint, wie grauenvoll und unnatürlich an sich, doch durch die Erfahrung als möglich und ist oft vorgekommen.

Ihre Rolle des Interessantseins war ausgespielt. Sie war interessant über ihren Wunsch hinaus geworden, und das Schicksal hatte ihr nun eine andere Rolle zugeteilt: ihr Leben und ihren Ruf zu verteidigen. Hier konnte sie ihre ganze Geisteskraft entwickeln, und sie tat es nicht allein in ihrer Verteidigung vor Gericht, sondern durch ihr Benehmen in einem dreißigjährigen Leben, das ihrer Verurteilung folgte.

Die Brinvillier, die Zwanziger, die Gottfried erklärten sich angesichts ihrer Missetaten für überführt, die Ursinus zog es vor, ihr zu trotzen und bis auf ihr Totenbett die Heroine zu spielen.

Welche seltenen Verstandeskräfte ihr gegeben waren, bewies sie durch ihre Verteidigungsschrift. Die Ursinus war in den Gesetzen so bewandert, daß sie ihre Richter in Erstaunen setzte. Das preußische Landrecht schien ihre Lieblingslektüre. Unzufrieden mit der Verteidigungsschrift ihres Verteidigers in zweiter Instanz, verfaßte sie selbst einen Aufsatz, den sie als für ihre Verwandten niedergeschrieben bezeichnete.

Es dürfte für unsere Leser von Interesse sein, eine Giftmörderin auch als Schriftstellerin und Rechtsgelehrte kennenzulernen, weshalb diese Schrift in ihrem ganzen Umfange hier zitiert wird.

»Kaum vermag ich mich jetzt ohne Zerrüttung meines Verstandes und ohne völlige Zerstörung meines ganzen Wesens an die Beschuldigung des Gatten- und Mutterschwester-Mordes zu erinnern. Mit Empörung meines Innersten denke ich an die schrecklichen Augenblicke zurück, in denen mich alle Schauder des Todes an den offenen Gräbern meiner geliebten Verwandten ergriffen, alle Qualen der kalten Grausamkeit umschwebten und alle Furien des tausendstimmigen Vorwurfs verfolgten, die so sanft in meinen Armen Entschlummerten meuchlings gemordet zu haben! Wäre damals der Wunsch meines Herzens erfüllt und von der Vorsicht die Stimme meines übermenschlichen Jammers erhört worden, so hätte sie durch ihre Allmacht in diesen Momenten mit der Vernichtung meines Lebens auch meine Leiden geendigt und dennoch alle die Beweise meiner

Unschuld ans Licht gebracht, durch die jetzt die Unwahrheit jener grausigen Mordbeschuldigungen dargetan ist.

Aber nicht so war es beschlossen. Die Vorsicht hat mich härteren Prüfungen unterworfen und mir den Trost, nunmehr die Schreckensvorwürfe vernichtet zu sehen, erst jetzt, nach zehnmonatigem Leiden, gewährt, die ebenso unaussprechlich empfunden als unbeschreiblich schmerzhaft gewesen sind. Ich danke aber der Allmacht diese Befreiung von der öffentlichen Schmach mit gerührter Seele. Durch weise, einsichtsvolle Männer ist mit Kraft und überwiegender Gelehrsamkeit dargetan, daß meine Mutterschwester durch kein Gift ihr mir so teures Leben verloren hat.

Wer mich zuerst als Mörderin unserer Verwandten auf Tod und Leben angeklagt hat und welche Anzeigen dieser unerhörten Anklage der Art zu den Akten gekommen sind, die einen solchen Grad von Wahrscheinlichkeit haben konnten, mich so ungeheuren Untaten fähig und juristisch-verdächtig zu halten – das ist mir noch jetzt ebenso unbekannt, als es mir unbegreiflich bleibt, wie die Meinung der gerichtlichen Ärzte, welche in ihrem über den Befund der Leicheneröffnung erstatteten Gutachten aus zum Teil den bisherigen Prinzipien der gerichtlichen Arzneikunde geradezu widersprechenden Gründen behauptet haben,

daß meine Mutterschwester wahrscheinlich an Gift gestorben sein könne,

als rechtlicher Entscheidungsgrund in der ersten Sentenz angenommen und auf diese Wahrscheinlichkeit eine Gewißheit gegründet worden, daß dennoch

die Verstorbene vergiftet und ich, wegen des Verdachts, ihr Gift gegeben zu haben, strafbar sei –?

Gern bescheide ich mich, daß diese Entscheidung, deren inneren Zusammenhang ich nicht einsehe, dennoch der pflichtmäßigen Überzeugung meiner Richter gemäß war; ebenso gewiß wird aber auch das Gefühl meiner Unschuld und mein Bewußtsein, daß nie der Gedanke eines Mordes meine Seele befleckt hat, gegen das Urteil jedes Sterblichen ewig, fest und unerschütterlich bleiben.

Jene Wahrscheinlichkeit ist aber nach dem Zeugnis und der Entscheidung der höchsten Behörde gar nicht vorhanden, und sie kann daher selbst nach den Formen des positiven Rechts nicht die geringste weitere Rücksicht verdienen. Auf mein wiederholtes Bitten und den Anträgen meines Herrn Defensors gemäß sind sämtliche Untersuchungsakten einem hochpreislichen Ober-Collegio medico et sanitatis vorgelegt, sorgfältig geprüft und nach einstimmiger Beurteilung vom 4. Dezember als unabänderliches Resultat festgesetzt worden,

daß aus den bei der Leicheneröffnung meiner am 24. Januar 1801 verstorbenen Mutterschwester vorgefundenen physischen Erscheinungen, bei der gänzlichen Abwesenheit des Gifts, und folglich bei dem absoluten Mangel eines Corpus delicti eine Vergiftung zwar möglich, aber nicht als wahrscheinlich angenommen werden könne und daß also durch die Untersuchungen, welche die Obduzenten und einige der geschicktesten Chemiker mit dem Leichnam derselben angestellt haben, die Wahrscheinlichkeit einer Vergiftung auf keinerlei Weise begründet werden könne.

Vergeblich bin ich daher mit dem Vorwurf jenes schändlich schrecklichen Verbrechens zehn Monate lang in allen peinlichen Formen der strengsten Kriminalprozedur verfolgt, gequält, erschüttert, an Seele und Körper zerrüttet und der Schmach des Publikums preisgegeben worden – dessen Wahrscheinlichkeit, die jetzt mit der höchsten moralisch-rechtlichen Gewißheit erwiesen ist, nie vorhanden war. Vergeblich sind die Gräber meiner Lieben geöffnet, die Reste der Toten zerstört und Auftritte veranlaßt worden, die in der ersten Residenzstadt Europas im Jahrhunderte der Bildung und Humanität unter den Augen des liebreichsten, menschenfreundlichsten Monarchen beispiellos bleiben und bei der nächsten Nachwelt keinen Glauben mehr finden werden. Vergeblich bin ich Unglückliche von unmenschlichen Schriftstellern als ein Ungeheuer anderen zum schrecklichen Beispiel aufgestellt, tausendfach gemordet und noch in Gemälden mit den schwärzesten, giftigsten Farben zur Warnung der Zeitgenossen und Nachkommen zum ewigen Gedächtnis überliefert worden.

Ich beweine mein Schicksal, wie die Beschränkung und Verworrenheit des menschlichen Wissens, das in dieser traurigen Geschichte meiner Leiden und Vergehen bei unstreitig sehr verschiedenen gerechten und unrechtlichen Absichten bisher überall die Wahrheit nicht erforschte und sich durch Meinungen einer Wahrscheinlichkeit täuschen ließ, von denen jetzt gewiß ist, daß sie auf keinerlei Weise begründet werden konnte, und die nach physischen Erscheinungen und Untersuchungen der geschicktesten gerichtlichen Ärzte und Chemiker nicht stattfand.

Wenn mich bisher das traurige Gefühl der Kränkungen, die ich durch die Beschuldigung der nicht einmal wahrscheinlichen Vergiftung meiner Mutterschwester erlitten habe, und der Gedanke, daß mir dadurch alles entrissen ist, was mir im Leben lieb, wert, geachtet und heilig war, zu einer kühnen und in meiner Lage zu heftigen Sprache verleitet haben sollte, so möchte ich nun auch Worte finden für das Bekenntnis meiner Schuld und Ausdrücke für die Reue und Zerknirschung meines Innersten, mit der ich es freiwillig, vor der Überführung, ablegte. Nie ist der Gedanke eines Mordes in meiner Seele entstanden; nie habe ich die Idee eines Totschlags ohne Schauder denken können, und doch beruht es in der Wahrheit, daß ich meinem Bedienten Gift geben wollte, ohne die Absicht, ihm zu schaden, und ohne den Willen, sein Leben und Gesundheit zu zerstören, wirklich Gift gegeben habe.

Vergeblich werden sich Richter, Psychologen und Philosophen bemühen, bei dieser unseligen Begebenheit überlegte Vorsätze, durchdachte Pläne, berechnete Motive und konsequente Absichten darzutun. Alle Voraussetzungen, Hypothesen, Konjekturen und Probabilitäten werden und müssen in ihre eigene innere, unhaltbare Nichtigkeit zusammenstürzen, weil auch hier die Wahrheit ihr Recht behauptet und ihr zum Trotz der menschliche Witz und Scharfsinn in einer Begebenheit keinen Zusammenhang erschaffen kann, der nicht vorhanden war, und den Zweck einer Handlung nicht festzustellen vermag, wo kein Zweck gedacht wurde. Wo keine Besonnenheit stattfand, wo Beschränkung des Willens, Befangenheit der Urteilskraft und Krankheit des Seelenorgans die einzigen Bedingungen der Möglichkeit sind, eine Handlung zu begehen, da können auch sie allein nur hinreichende Gründe sein, die Wirklichkeit der Handlung zu begreifen, und die wahre Entschuldigung solcher Vergehen ist die wahre Geschichte ihrer Entstehung.

Dies ist mein unglücklicher Fall. Meine zerstörte Gesundheit, meine exaltierte Gemütsstimmung, meine beständigen körperlichen Leiden, die durch das reizbarste empfindlichste Nervensystem verursacht und schmerzlich vergrößert wurden, hatten das auf Idiosynkrasie gegründete, durch überspannte Phantasie erhöhte Gefühl des Lebensüberdrusses in mir erweckt und befestigt. So war ich aus der Bahn des vernünftigen Handelns gewaltsam herausgeworfen, und so verlor ich die Sicherheit meiner moralischen Existenz. Mein Verstand flatterte, meine Vernunft konnte dem Druck der Leiden nicht widerstehen; ich fühlte Widersprüche in mir, die ich nicht lösen konnte, deren Auflösung ich jenseits erwartete – und doch zu erwarten kraftlos, zu unmutig und zu ungeduldig geworden war. Gefühle des Schmerzes, des Mißmuts und der Traurigkeit in der Gegenwart, Ahnungen, Wünsche und Hoffnungen in der Zukunft wogten und wechselten in meiner schwachen Seele und beherrschten willkürlich mein Gemüt und meinen Geist. Die Last des Daseins wurde mir unerträglich, die Sehnsucht, sie abzuwerfen, siegte, ich beschloß, im stillen ein Leben zu endigen, das ich geräuschlos geführt hatte. Gift sollte mir das Mittel sein, diesen Entschluß auszuführen – und der Besitz dieses Mittels (von dessen wahrer Beschaffenheit und Wirkung nach verschiedenen Modifikationen ich eigentlich nur einen dunklen Begriff hatte) ist der Grund meines Verderbens geworden.

In einem Augenblick, wo ich keiner Besinnung fähig war, habe ich die Tat begangen, deren Strafbarkeit ich fühle und deren Folgen zu meiner einzigen Beruhigung von der waltenden Allmacht nicht so gefährlich geworden sind, als es anfänglich schien. Nach dem Gutachten des Physikus und Obermedizinalrat Herrn Welper

hat der Genuß des Giftes (die schon durch Blutsturz und Anlage zu Kolikschmerzen zerstörte) Gesundheit des Bedienten Klein auf eine schmerzliche Art angegriffen und ihm bei seiner offenbar individuellschwächlichen Körperkonstitution dennoch weder einen bleibenden Nachteil noch sonst eine schädliche und gefährliche Verletzung seiner Organe zugezogen.

Es ist vielmehr nach ebendiesem, durch die Entscheidung des hochpreislichen Ober-Collegio medico et sanitatis in der Hauptsache bestätigten Gutachten –

den vorhandenen Merkmalen zufolge und da sich die Zeichen seiner Gesundheit nach und nach wieder eingestellt, seine Kräfte auch beträchtlich zugenommen und seine Krankheitsanfälle nachgelassen haben – seine gänzliche Genesung und die völlige Wiederherstellung seiner zerrütteten Gesundheit dergestalt zu erwarten, daß er in der Mitte oder zu Ende des künftigen Sommers, spätestens aber in Jahresfrist, als ganz geheilt wird betrachtet werden können.

Meines Ideenganges bin ich mir in den Momenten des Vergehens nicht bewußt gewesen. Meine Angaben in den Akten sind einzelne, abgerissene, isolierte, vielleicht ganz, vielleicht zum Teil unrichtige

Reminiszenzen vieler schnell vorübergegangener flüchtiger Gedanken, deren Entstehung und Zusammenhang ich ebensowenig angeben als meine aktenmäßigen Angaben speziell zurücknehmen, abändern und berichtigen kann.

Ich kann nur so viel in mein Bewußtsein zurückrufen, daß mich die schaudervollen Beschuldigungen des Mordes meiner geliebten Verwandten völlig betäubt, zerstört, vernichtet und jeder Erinnerung und Überlegung unfähig gemacht hatten, so auch, daß ich nicht imstande war, einen Zusammenhang in meinem Gedächtnisse zu finden und mir bei den Antworten die Vergangenheit zu vergegenwärtigen, was doch notwendig gewesen wäre, wenn ich die Gewißheit der Geschichte des Ideenganges bei meinem Vorgehen mit eigener zuverlässiger Überzeugung von der Richtigkeit meiner Erzählung bekunden sollte.

Den Willen, die Wahrheit hierüber zu sagen, habe ich jederzeit gehabt; ob mir aber meine Ideen, so wie ich sie auf Befragen nach meinen damaligen dunklen verworrenen Erinnerungen angab, in jenen unglücklichen Augenblicken wirklich vorgeschwebt haben – das vermag ich jetzt nicht zu beteuern, und deshalb weiß ich nicht, ob die Wahrheit meines Ideenganges in meinen Angaben enthalten ist oder ob mich selbst meine Geisteszerrüttung dabei getäuscht habe.

Den Vorsatz, meine Richter und meine Mitmenschen über meine wahre Schuld zu täuschen, habe ich nie gehabt. Wie aber meine Angaben erklärt, welche Folgerungen aus ihnen gezogen und welche sich geradehin widersprechende und gegenseitig vernichtende Beschuldigungen der widernatürlichsten Absichten wiederum auf diese Erklärungen und Folgerungen gegründet sind, ergeben die Gründe des ersten Urteils. Weder die Absicht, Versuche über die Wirkungen des Arseniks zu machen, noch Beobachtungen über die Todesart und das Sterben der Arsenik-Vergifteten in der Todesstunde anzustellen, sind in irgendeinem psychologischen Zuzammenhange mit der Geistesstimmung einer entschlossenen Selbstmörderin denkbar; und daß äußere Motive mich nicht zur Tat bestimmt haben, ist durch den erwiesenen Mangel dieser Motive zugleich dargetan.

Weder Haß noch Rache, noch Furcht, noch irgendeine andere Leidenschaft konnte mich zu dieser Tat veranlassen, und da dies aktenmäßig ausgemittelt ist, so steht die Voraussetzung der Absicht,

den Bedienten aus dem Wege zu schaffen,

im Urteil erster Instanz mit der wahren Geschichte der Tat und allen sie begleitenden Umständen im Widerspruch. Sie kann daher ihre Entstehung nicht erklären und ebendeshalb sich selbst nicht rechtfertigen. Hätte ich diese Absicht (bei deren bloßem Gedanken ich zittre) je gehabt, so läßt sich nicht denken, daß ich sie so, wie die Geschichte des Vergehens ausgemittelt ist, ausführen konnte und wollte.

Ein großer Teil meines Vermögens war in solchen an jeden Inhaber zahlbaren Papieren, die ich überall selbst mitnehmen oder durch andere einziehen konnte. Nichts hielt mich ab zu fliehen. Mein Entschluß zu sterben war fest und unerschütterlich – und war von Dauer, die an Unsterblichkeit und Wiedervergeltung glauben, kann denken, daß ich mich in den letzten Augenblicken habe mit einem Morde beflecken wollen und auch nur diesen Gedanken zu fassen imstande gewesen sei? – Juristisch steht nunmehr fest,

daß ich von dem Verdachte, die nicht einmal wahrscheinliche Vergiftung meiner Mutterschwester verübt zu haben, bei dem absoluten Mangel eines Corpus delicti völlig freigesprochen werden muß.

Über mein wahres Vergehen erwarte ich mit stiller, reuevoller Ergebung von der Gerechtigkeit, Einsicht und Milde meiner künftigen Richter und von der Gnade des Königs Majestät mein Endurteil.«

Die Ursinus wurde durch das Urteil des Kriminalsenats des Kammergerichts vom 12. September 1803 von der angeschuldigten Vergiftung des holländischen Offiziers Ragay sowie von der ihres Ehemanns völlig freigesprochen; dagegen wegen Vergiftung ihrer Tante, Christiane Sophie Regine Witte, sowie wegen wiederholt versuchter Vergiftung des Bedienten Benjamin Klein zu lebenslangem Festungsarrest verurteilt.

Den büßte sie auf der Festung Glatz ab. Im Kommandanturgebäude der Festung konnte sie sich ein Zimmer einrichten. An dem einen Fenster, das schießschartenartig durch die dicke Kasemattenmauer auf eine kleine Öffnung hinausging, stand ihr Schreibtisch, und jede Art geistiger Beschäftigung, die der Ort ihr zuließ, war ihr gestattet. Auch fehlte es ihr nicht an Umgang; denn außer einer Gesellschafterin, die anzunehmen man ihr erlaubt, erhielt sie wenigstens in späterer Zeit von den durchreisenden Fremden Besuch. Sie verweigerte nicht, sich ihnen zu zeigen; im Gegenteil suchte sie wohl die Gelegenheit, diese Leute zu überzeugen, besonders wenn es einflußreiche Personen waren, denen sie ihr Unglück in lebendigen Farben schilderte, ihre Unschuld beteuerte und um ihre Verwendung bat. Aber viele meinten, daß das Los dieser Giftmischerin, die im Schleppkleide von Atlas über die Festungswälle rauschte, im Vergleich zu den Sträflingen, die vielleicht wegen einer Tat, im Jähzorn begangen, in schwere Ketten, an Karren geschmiedet, mit über die Stirn ragenden Eisenhörnern, in den tiefen Gräben arbeiteten, keines sei, das um seiner Grausamkeit willen eine Fürsprache zur Menschlichkeitspflicht mache.

Gegen dreißig Jahre hatte die Ursinus in der Festung schon verbracht. Als sie das siebzigste Jahr überschritten hatte, wurde ihr vergönnt, bis zu ihrem Tod innerhalb der Stadt und Festung Glatz zu leben. Hier spielte die Greisin ihre Rolle fort, nicht als Giftmischerin, sondern als unschuldige Frau, als vornehme Dame. Sie machte bei den bedeutenden Einkünften ihres vom Pupillenkollegium zu Berlin verwalteten Vermögens eine Art Haus und gab Gesellschaften, die besucht wurden. Ja, so mächtig war noch die Eitelkeit in ihr, daß sie es zur Ehrensache machte, angesehene Fremde in ihre Zirkel zu ziehen.

Ein Charakterzug wird als gewiß versichert. Bei einer Abendgesellschaft soll eine Dame, als auf dem Salat einige Zuckerkörner ihr entgegenflimmerten, unwillkürlich gezuckt haben. Die Ursinus bemerkte es mit ihrem scharfen Blick und sagte spöttisch lächelnd: »Seien Sie unbesorgt, es ist kein Arsenik.«

Eine andere Anekdote wird von glaubwürdigen Männern auch als Wahrheit erzählt. Als die Ursinus, kaum aus der Festung entlassen, in die Stadt Glatz gezogen war, lud sie eine große Kaffeegesellschaft zusammen. Ein Kaffee bei »der Giftmischerin« – wie sie in Glatz bei alt und jung, in den Häusern und auf den Gassen genannt wurde – war der Gegenstand der Neugier, die Losung des Tages. Ein ungenannt Gebliebener erlaubte sich einen grausamen Spaß. Er hatte Mittel und Wege gefunden, in den Zuckerguß der Kuchen, heimlich verschiedenartig wirkende Essenzen zu praktizieren.

Man mag sich das Entsetzen denken, als die Eingeladenen zu Hause die Wirkungen der beigegebenen Brech- und Abführmittel zu spüren begannen und die Nachricht sich durch die Stadt verbreitete: Alle leiden auf gleiche Weise, alle, die bei ihr waren, sind vergiftet.

In ihr Inneres hat niemand geblickt. Dem Geistlichen, der an ihrem Totenbett stand, hat sie, nach einem dreijährigen schmerzvollen Krankenlager, diese Blicke nicht verstattet. Von hohem Interesse wäre es, ihre Äußerungen über die Bremerin Gottfried zu wissen, da die weitverbreitete Kunde von dieser Giftmischerin auch zu ihren Ohren gedrungen sein muß. Auch Privatbriefe der Ursinus an ihre Angehörigen geben nur einen Aufschluß: als eine unschuldig Verfolgte, als eine Märtyrerin zu erscheinen.

Sie starb am 4. April 1836 und wurde am 7. April beerdigt. Sie selbst hatte sich schon ein Jahr vor ihrem Tode einen schönen eichenen Sarg beim Tischler bestellt. Ihre Hülle in einem weißen Überrock, ein tiefes Häubchen mit blaßblauem Bande auf dem Kopfe, die Hände in weißen Handschuhen, am Finger ein Ring mit dem Haare ihres verstorbenen Gemahls, sein Gemälde auf ihrer Brust, so lag sie, als ob sie schliefe, Ruhe und Friede über ihre Züge ausgegossen, die sich bis zum Verschließen des Sarges ganz ähnlich geblieben waren. Es waren die buchstäblichen Anordnungen der Verstorbenen.

Fünf Wagen mit Freunden und Bekannten waren der Leiche gefolgt, das Grab war durch freundliche Hände mit grünem Moos, Aurikeln, Tulpen und Immortellen ausgeschmückt, als wäre es eine Blumenkammer.

Als der Geistliche seine Rede gehalten, traten sechs arme Knaben und sechs arme Mädchen, für die die Ursinus im Leben gesorgt, an das offene Grab und sangen:

»So ruhe wohl, Gott hat an Dich gedacht und es sehr wohl gemacht.
Schlaf, müder Leib! Schlaf wohl, zu guter Nacht, weil Jesus Dich bewacht.
Verschlaf die hier erlitt'nen Schmerzen,
Du stehest fest in unserm Herzen.
So ruhe wohl.«

Die Totengräber hatten keine Arbeit. Die Hände der Freundinnen und der vielen Armen, denen sie wohlgetan, füllten die Grube mit Erde und wölbten den Hügel darüber. Es war ein bitterkalter Morgen, und doch faßte der Kirchhof kaum die Menschenmenge.

Von ihrem Vermögen, welches gegen 40.000 Taler betrug, erhielten ihre weitverzweigten Seitenverwandten, die es wohl bedurften, nur die Hälfte. Mit juristischer Genauigkeit entwarf und detaillierte sie die Erbfolge nach Stämmen und nicht nach Köpfen. Die andere Hälfte zersplitterte in vielen Vermächtnissen und frommen Stiftungen, bei denen man nicht umhin kann, an ein Verhalten zu denken, das den Zweck hatte, ihren Namen durch Wohltätigkeit zu reinigen, ja durch die Erinnerung seltener Dankbarkeit die Welt in Erstaunen zu setzen. So erhielt der Hauswart der Hausvoigtei, der sie als Gefangene schonend behandelte, 500 Taler, dessen Tochter ein Fortepiano, das Berliner Bürger-Rettungs-Institut, ein Institut zur Belohnung treuer Dienstboten in Breslau und andere Anstalten, die ihrem Gesichtskreis ganz entfernt lagen, bedeutende Legate.

DIE VERGIFTETEN MOHRRÜBEN

Als die aus Frankreich vertriebenen Bourbonen in der napoleonischen Zeit, von Land zu Land ziehend und ihre Asylorte
nach den politischen Konjunkturen wählend, 1804 das damals preußische Warschau zum vorübergehenden Wohnsitz machten,
wurde ein Mordanschlag auf die königliche Familie offenbar. Ludwig
XVIII., seine Gemahlin, der Herzog und die Herzogin von
Angoulême und andere Personen der königlichen Tafelrunde, sollten
vergiftet werden. Hinter dem schändlichen Komplott zu stecken, wurde kein anderer als Napoleon bezichtigt. Er sollte gehofft haben, sich
seiner Gegner durch einige vergiftete Mohrrüben zu entledigen.

Im »Londoner Courier« vom 21. August 1804 fand sich ein Artikel
über das Attentat gegen die flüchtige Königsfamilie, in dem es hieß:
»Seit Ludwig XVIII. in Warschau wohnt, hat die französische
Regierung dorthin einen gewissen Galon Boyer unter dem Titel eines
Handelsbeauftragten gesandt. Bemerkenswert, daß vorher von fran-
zösischer Seite kein derartiger Vertreter in Warschau war. Die engli-
schen Zeitungen haben entsprechend berichtet. Obwohl die französischen Emigranten bereits zwei Berichte über dieses neue Attentat des
Monsieur Bonaparte veröffentlicht haben, schweigt die französische
Seite. Wir fordern die Herren Redakteure der englischen Zeitungen
und die Journalisten des Monsieur Bonaparte auf, die Echtheit der
Tatsachen, die wir bringen, zu bestreiten. Wenn die französischen
Zeitungen es wagen sollten, den Monsieur Bonaparte wegen dieses
neuen Verbrechens zu rechtfertigen, so wollen wir es übernehmen,
ihm zu beweisen, daß er der wahrhaftige Urheber ist.«

Die vergifteten Mohrrüben und Napoleons Attentat verschwanden
bald unter den Zeitereignissen. Auch bot Napoleon nach seinem Sturz
den Royalisten überreichlich andere dunkle Flecken, um ihre Wut an

ihm auszulassen. Erst 1824, also volle zwanzig Jahre nach dem Attentat, zog man es wieder aus seiner Versenkung, um noch einen Stein auf das Grab des Heroen zu werfen. Ein royalistischer Schriftsteller in Paris wärmte die vergifteten Mohrrüben in einer Lebensbeschreibung Ludwig XVIII. zum Staunen des Publikums wieder auf. Dennoch schien das Gericht so unschmackhaft, daß die Geschichtsschreibung von diesem Beitrag des Herrn Alphons de Beauchamps keine Notiz nahm. Beauchamps' Mitteilungen sind in Kürze folgende:

Ludwig XVIII. war gerade mit den Vorbereitungen seiner Abreise nach Grodno beschäftigt, als ein abscheulicher Mordanschlag auf ihn entdeckt wurde. Zwei Abgesandte Napoleons hatten vor diesem Anschlag in Warschau nach einem Menschen gesucht, der der Tat fähig wäre. Ein gewisser Coulon schien ihnen dazu besonders geeignet. Als Franzose, der früher im Dienst eines adligen Emigranten gestanden hatte, in Warschau Zutritt zur Dienerschaft Ludwigs besaß und eine hoch verschuldete Kaffee- und Billardwirtschaft besaß, glaubten sie, daß er der Bestechung am zugänglichsten sei.

Ausführlich erzählt nun Beauchamps, wie sie den Mann zu bearbeiten versuchen: Sie schenken ihm Punsch über Punsch und Branntwein über Branntwein ein, und Coulon stellt sich, als ob er bereit sei. Es wird ein Rendezvous verabredet. Kaum ist Coulon frei, stürzt er zu seinem ehemaligen Herrn, dem Baron von Milleville, dem Stallmeister der Königin, und teilt ihm alles mit. Über Milleville erfährt es der Graf d'Avary, Minister Ludwig XVIII.. Coulon erhält den Befehl, sich zu stellen, als ob er auf das Ansinnen eingehen wolle. Die Emissäre sagen ihm, während der Champagner fließt, seine Aufgabe sei, sich in die königliche Küche zu schleichen und mit Geschick ein Päckchen, das ihm zugestellt werden würde, in den Kochtopf zu werfen. Coulon willigt ein, fordert aber Geld. Der eine der Männer verspricht ihm 400 Louisdor. Nun hat aber der Champagner auch einen der Emissäre umnebelt. Der sagt zu seinem Gefährten, ob Boyer – Napoleons Beauftragter – denn einer solchen Summe zustimmen würde? Der Gefährte entgegnet, Boyer sei jetzt auf dem Lande und käme in zwei Tagen zurück.

Coulon besteht nun erst recht auf seinem Geld und wird deshalb zum anderen Morgen nach Nowawies, außerhalb der Stadt, bestellt. Auf dem Wege dahin sieht er einen Mann ihm folgen. Aus einem Kornfeld springt noch ein zweiter. Beide halten ihn an. Sie geben ihm das angekündigte Päckchen und eine Korbflasche mit Likör, mit dem er sich vor der Tat stärken soll. Das Päckchen solle er nicht schütteln, denn es befänden sich drei ausgehöhlte Mohrrüben darin, mit einem Pulver gefüllt. Man zahlt ihm einige Taler und verspricht ihm die 400 Louisdor und nach der Tat Zuflucht in Frankreich, droht ihm aber mit dem Tode, wenn er die Verschwiegenheit breche.

Der König wohnte in Lazienki, eine Viertelstunde von Warschau. Dorthin eilt Coulon zu Herrn von Milleville und übergibt ihm alles. Der Graf d'Avary und der Erzbischof von Reims versiegeln das Paket, doch die preußische Polizeibehörde, bei der sich die Emigranten in aller Form melden, weigert sich, eine Untersuchung gegen Coulon und die beiden Emissäre einzuleiten und sie zu verhaften.

Ludwig, von dem Attentat in Kenntnis gesetzt, zeigte für seine Person keine Furcht, um so mehr für seine Angehörigen. Er schrieb sofort an den preußischen Kammerpräsidenten von Hoym in Warschau und bat ihn zu einem Gespräch nach Lazienki. Hoym antwortete so wenig, wie er zum König kam, endlich ließ er wissen, er lehne die Untersuchung ab, weil sie in die Zuständigkeit der Polizeibehörde falle. Der in seiner Autorität verletzte König drang nun feierlich darauf, daß man erstens Coulon und seine Frau verhafte und zweitens Sachverständige bestimme, die zusammen mit seinem Leibarzt die vergifteten Gegenstände untersuchten. Doch die preußischen Behörden stellten sich aus Furcht, Bonaparte als Urheber des Komplottes zu entlarven, taub.

Da von der preußischen Justiz keine Unterstützung kam, berichtet Beauchamps weiter, begab sich Graf d'Avary mit dem Leibarzt des Königs zu einem der berühmtesten Warschauer Ärzte, Doktor Gagatkiewicz. Hier wurden in Gegenwart des Doktors Bergonzi und des Apothekers Guidel die Siegel von dem Päckchen entfernt und darin drei hohle, vollkommen frische Mohrrüben gefunden, die mit einer Paste aus drei Giften, nämlich weißem, gelbem und rotem Arsenik gefüllt waren. Sofort wurde das Corpus delicti mit einem Protokoll und der erneuten Bitte, die Sache zu verfolgen, dem Polizeipräsidenten der Stadt, dem Herrn von Tilly, eingereicht. Tilly antwortete unverständlicherweise, die Sache ginge ihn nichts an und gehöre in das Justizressort.

Dem Minister des Königs, d'Avary, blieb nun nichts anderes übrig, als die Sache selbst in Gegenwart des Hofes zu untersuchen. Sie vernahmen Coulon, der, ohne zu schwanken, bei seinen Aussagen blieb und alle Anwesenden durch seine Festigkeit von der Wahrheit seiner Geständnisse überzeugte. Da Preußen nicht helfen wollte, gab Ludwig seine Sache in die Hände des Himmels, schreibt Beauchamps.

»Die öffentliche Meinung, auf dem Kontinent unterdrückt, sprach sich um so freier in England aus. Die Weigerung der preußischen Beamten, die Anzeige anzunehmen – was sie zum Handeln genötigt haben würde –, vermehrte den Verdacht. Es gab fast keine englische Zeitung, die Bonaparte nicht beschuldigt hätte, das Verbrechen anbefohlen zu haben, dessen Wirkung der Himmel gnädig abgewendet«, so die Geschichte des Herrn von Beauchamps. Die royalistische Lüge Beauchamps' hätte sich in die Geschichtsbücher einschleichen können, wenn sich nicht glücklicherweise in den Akten des Kriminalsenats des Berliner Kammergerichtes das Urteil gegen den ehrlichen Coulon noch fände, das auf der Basis einer gründlichen Untersuchung zustande kam, und nicht nur das Attentat, sondern die damit verbundenen Anzeigen vollständig aufklärt. Die dokumentierten Tatsachen zeigen zugleich, wie falsch und aus der Luft gegriffen die Anschuldigungen der Emigranten gegen die preußischen Behörden waren.

Der flüchtige Ludwig XVIII. hielt sich im Jahre 1804 in Warschau unter dem Namen eines Grafen de l'Isle auf. Sein Unglück hatte, wie man weiß, sein königliches Selbstbewußtsein nicht gebrochen, doch auch seine Ansprüche nicht gemindert. Er war von Schmarotzern umgeben, die hochmütig, anspruchsvoll und eitel, die Anteilnahme, die man dem Unglück zollt, verspielten und es zu einem Segen werden ließen, wenn diese Unbelehrbaren weiterzogen. Trotz des Incognito hielt Ludwig Hof und umgab sich mit stolzen Namen, die die Illusion früherer Größe aufrechterhielten. Ludwig versicherte Napoleon, er wolle lieber schwarzes Brot essen, als dem Thron seiner Väter entsagen, was ihn aber von den gewohnten Tafelfreuden nicht abhielt. Im Juli 1804 nötigten ihn dann die Verhältnisse, nach Rußland zu übersiedeln.

Auf seinem Weg begleiteten den Hof überall die sorgfältig gepflegten Erinnerungen an das alte Frankreich und noch in den herbsten Mißgeschicken hielt er an der Hoffnung fest, daß die Bourbonen im Triumph wieder nach Paris zurückkehren würden. Inwiefern die Intrige – auf sie bauten sie ihre Hoffnung, nicht auf die Geschichte, die ihnen später mit einer unvorhergesehenen Wendung für einige Zeit den Thron zurückgab – von der königlichen Familie und nicht nur von den Höflingen angezettelt wurde, spielt hier nicht die Hauptrolle. Sicher aber ist, daß die Bourbonen den Zeitpunkt ihrer Abreise aus Warschau für geeignet hielten, eine der Flatterminen loszulassen, von denen sie hofften, damit Napoleons Thron in die Luft zu sprengen.

In Warschau lebte damals ein gewisser Jean Coulon, angeblich der Sohn eines Lyoner Kaufmanns. Um zu wissen, mit wem man es zu tun hat, genügt, was er während der Untersuchung bekannte.

Schon als Neunjähriger entlief er seinem Vater, ging unter eine Schauspielergesellschaft, verließ sie heimlich, trat dann bei einem Perückenmacher in Dienst, ernährte sich drei Jahre in Barcelona von diesem Handwerk und wurde spanischer Soldat. Coulon desertierte, nahm Dienst in der republikanischen französischen Armee, trat nach der Schlacht bei Novi zur berüchtigten Armee des Kardinal Ruffo über und kehrte nach Spanien zurück, als sich Ruffos Truppe auflöste. Dort nahm er wieder Dienst und wurde nach Indien eingeschifft. Das Schiff wurde bei der Insel St. Lucia von einem englischen Geschwader genommen und Coulon als Gefangener nach Plymouth gebracht. Nach zwei Jahren tauschte man ihn als Gefangenen in Deutschland aus. In Wildungen, wo die Gräfin de l'Isle wohnte, nahm ihr Stallmeister, der Baron de Milleville, Coulon in seine Dienste. Mit Milleville kam Coulon im September 1803 nach Warschau. Hier heiratete er, gab seinen Dienst bei Milleville auf, mietete ein Billard und fing an, eine Kaffeewirtschaft zu betreiben. Der Hauptteil seiner Gäste bestand aus der Dienerschaft des emigrierten Hofes.

Coulon, damals 32 Jahre und der französischen, italienischen und spanischen Sprache mächtig, war ein Glücksritter der niedrigsten Art. Charakter- und gewissenlos, aber, obwohl er weder lesen noch schreiben konnte, mit äußerer Politur und der Macht der Rede, wie sie Franzosen und Italiener beherrschen.

Der französische Handelsagent Galon Boyer findet sich nicht in den Gerichtsakten. Nicht aus Furcht vor Napoleon, sondern weil die preußischen Behörden diesen Vertreter Frankreichs nicht unnötigerweise in ein Spiel hineinziehen wollten, das ihm, wie die Untersuchung ergab, völlig fremd war. Allerdings trifft zu, daß sich die Emigranten an die preußischen Behörden wandten und diese sich zurückhielten. Man wußte aus Erfahrung, mit wem man es zu tun hatte und hatte keine Lust, blindlings in die ausgelegte Schlinge zu gehen.

Der Graf d'Avary vertraute am 23. Juli sehr geheimnisvoll dem Kammerpräsidenten von Hoym an, daß mehrere Franzosen zusammen mit nicht weniger als zwölf bis fünfzehn Polen seinem königlichen Herren nach dem Leben trachteten. Herr von Hoym zweifelte. Am Abend um 8 Uhr stürzte der Graf zu ihm und sagte, er habe Dinge von größter Wichtigkeit zu entdecken. Der Präsident fragte, was es denn sei, doch der Graf beantwortete seine Frage nicht. Es wurde eine spätere Zusammenkunft verabredet, auf der der Graf sprechen wollte. Um 10 Uhr in der Nacht teilte er dann dem Präsidenten mit, der Billardwirt Coulon sei von zwei verdächtigen Fremden nach Nowawies bestellt worden, um dort Gift für die Tötung des Grafen de l'Isle zu empfangen. Die Sache klang dem erfahrenen Beamten unwahrscheinlich. Auch hätten Polizisten, wenn sie sich auf den Weg nach Nowawies gemacht hätten, den Ort erst nach der verabredeten Zusammenkunft erreicht. Hoym erschien ratsamer, nach Coulon zu suchen, doch der Graf wußte oder wollte dessen Wohnung nicht angeben.

Am nächsten Tag suchte der Graf den Präsidenten Hoym mit zehn bis zwölf in Papier gewickelten Mohrrüben auf, die Coulon von den Fremden erhalten haben wollte. Er bat Hoym, das Papier zu siegeln und eine Notiz über die Versieglung zu unterschreiben, die der Graf mitgebracht hatte.

Herr von Hoym erklärte sofort, die Sache erscheine ihm verdächtig. Es fehlten alle Beweise, man wisse nicht, von wem Coulon die Rüben erhalten habe. Versieglung und Unterschrift kämen daher nicht in Frage. Hoym bat jedoch um eine Beschreibung der verdächtigen Fremden und ließ seine Polizeibeamten in der Stadt und ihrer Umgebung nach ihnen suchen. Man fand aber nur wohlbekannte Gesichter und nirgends etwas Verdächtiges.

Als nächster erschien der Marquis de Bonay beim Präsidenten, überbrachte einen Brief des Grafen de l'Isle und bat ihn in seinem Namen, einer Untersuchung der Rüben durch Sachverständige beizuwohnen. Herr von Hoym nahm den Brief an, lehnte aber die Teilnahme an der Untersuchung ab. Einige Zeit später, am 26. Juli, erhielt der Polizeipräsident von Tilly vom Grafen de l'Isle und d'Avary ein Gutachten, nach dem vier Sachverständige in Gegenwart des Herzogs von Pienne und d'Avarys drei Mohrrüben und eine Flasche Likör chemisch untersucht und die Mohrrüben mit Arsenik vergiftet gefunden hätten.

Die Warschauer Beamten hielten die Sache weiter für so fragwürdig, daß sich auch ein Notar weigerte, ein Schriftstück zu beglaubigen, das Coulons Aussage enthielt. Erst als sich nach der Abreise des Grafen de l'Isle am 30. Juli das Gerücht verbreitete, Coulons Frau habe von einem Gewürzkrämer vergeblich Gift kaufen wollen, wurde sie verhaftet. Sie sagte aus, das Gift, ohne Wissen ihres Mannes, zur Vertilgung von Ratten und Mäusen gefordert zu haben. Coulon wurde nun ebenfalls verhaftet und räumte ein, daß er es gewesen sei, der ihr das Gift zu kaufen aufgegeben hätte. Unter Übersendung der von den französischen Emigranten gefertigen Protokolle wurde von den Warschauer preußischen Behörden nach Berlin über die Vorgänge berichtet, und sie erhielten von dort den Auftrag, die Sache mit aller Konsequenz zu untersuchen.

Von Coulon war zu Protokoll gegeben worden: Am 20. Juli wären zwei ihm Unbekannte in seine Billardstube gekommen und hätten sich mit ihm über seine schwierige finanzielle Lage und den Grafen de l'Isle unterhalten. Sie wüßten ein Mittel, wie er alle seine Schulden mit einem Male loswerden könne, er müsse aber schweigen, sonst koste es ihn das Leben. Nachdem er dies gelobt, sagten sie ihm, da er Zutritt zum Hause und der Küche des Grafen de l'Isle hätte, würden sie ihm etwas übergeben, das er in den Suppentopf werfen solle. Wenn es gelänge, sei sein Glück gemacht und versprachen ihm 400 Louisdor und eine sichere Zuflucht in Frankreich. Die Männer entfernten sich eilig, wobei einer in Italienisch sagte: »Wir müssen fort, wir haben keine Zeit zu verlieren.«

Am Abend des nächsten Tages sei ein anderer Unbekannter zu ihm gekommen, habe ihn aus der Billardstube gerufen und sei so lange mit ihm durch die Stadt gestreift, bis er, Coulon, sich endlich in einer ganz unbekannten Gegend befunden hätte. Dort wären sie in ein Haus gegangen, in dem einer der beiden Unbekannten des Vortages wartete. Der habe gefragt, ob er sich weiter zutraue, den Streich auszuführen? Mit einem Handschlag sei sein »Ja« bekräftigt worden. Nun sei ihm gesagt worden, er solle in die Küche gehen und den königlichen Koch, den er kenne, bitten, ihm etwas zu braten und den Koch dabei zu einem Schnaps einladen. In einem günstigen Augenblick müsse er dann das, was man ihm geben werde, in den Topf werfen. Bei dem Gespräch mit den Unbekannten sei einiges an Champagner getrunken worden, und er, Coulon, hätte nach den 400 Louisdor gefragt.

»Ich weiß nicht, ob Boyer so viel geben wird«, habe einer der Männer gesagt. Sein Kamerad, der nüchterner war, sei rasch eingefallen: »Was redest du denn da, Boyer ist verreist und kommt erst in einigen Tagen zurück.«

Für den nächsten Abend um elf Uhr war nun ein Treffen in Nowawies verabredet worden. Dort wollte man ihm übergeben, was am nächsten Tag in die Suppe geworfen werden sollte. Um ein Uhr morgens sei er durch entlegene Gassen nach Hause geführt worden und habe auch noch einen Dukaten für den Schnaps bekommen.

Nach Coulons Aussage folgte ihm am anderen Abend auf dem Wege nach Nowawies ein Mann, zu dem ein zweiter kam, der plötzlich aus einem Kornfeld sprang. Die Männer verlangten von Coulon noch einmal die Bekräftigung seines Entschlusses und übergaben ihm ein Paket mit der Warnung, es nicht zu schütteln. Es enthalte ausgehöhlte Mohrrüben und ihr Inhalt dürfe nicht verschüttet werden. Als Coulon 6 Taler gegeben wurden, forderte er mehr, erhielt aber zur Antwort, noch habe er ja die Tat nicht ausgeführt. Es würde allerdings sein Unglück sein, wenn er versuchen würde, die Männer zu hintergehen.

Coulon wurde angewiesen, sich nach der Tat nach Sochaczew, der ersten Poststation in Richtung Berlin, zu begeben. Dort werde der Postmeister für ihn sorgen, und auch sie würden sich mit den 400 Louisdor einfinden und mit ihm nach Frankreich gehen. Für jede Person des Hofes, die binnen Jahresfrist sterben würde, solle er weitere 100 Louisdor haben. Käme er aber nicht, wäre er am anderen Tage tot.

Coulon wurden auch Verhaltensmaßregeln für den Fall des Mißlingens gegeben. Unter dem fünfundvierzigsten Baum hinter dem Schlagbaum von Nowawies wollten die Männer ein Taschentuch verscharren. Der Saum rage etwas heraus. Glücke die Sache nicht, solle er das Taschentuch herausziehen. Coulon wurde Mut zugesprochen und ihm eine kleine Flasche gegeben, um sich daraus vor dem Gang in die Küche zu stärken.

Coulon behauptete, nachdem die Männer gegangen seien, wäre ihm übel geworden. Ein preußischer Offizier, der ihm glücklicherweise begegnet sei, hätte ihm Riechwasser gereicht und ihn nach Hause bringen lassen. Zum Schluß des Protokolls gab Coulon noch eine genaue Beschreibung der Unbekannten.

In der von den preußischen Behörden gegen ihn eröffneten Untersuchung bestätigte Coulon den Inhalt des von den Franzosen aufgenommenen Protokolls, tat aber als pfiffiger Betrüger hier und da Einzelheiten hinzu, um die Sache noch glaubwürdiger zu machen und sich in ein besseres Licht zu stellen. So sollte am Morgen der ersten Unterredung mit den Unbekannten, einer der beiden ihn aufgefordert haben, ein Pulver zu kaufen, um damit die Mäuse zu töten, die seinen Kameraden in seinem Zimmer belästigten. Er habe in der Apotheke auch einen rötlichen Teig bekommen, doch als der Unbekannte ihn gesehen, habe er gesagt, das sei nicht der rechte. »Sehen Sie zu, daß Sie Pulver bekommen. Sagen Sie dem Apotheker, daß Sie den Teig verloren haben.«

Seine Frau hätte das Pulver von einem Kaufmann holen wollen, doch es ohne ein Rezept nicht bekommen. Endlich hätte er das Pulver aus einer Apotheke beschafft und es den Unbekannten bei dem Treffen gegeben. Danach sei alles geschehen, wie im Protokoll angegeben, er habe aber noch am selben Abend dem Baron von Milleville alles entdeckt (nur nicht den Mäusegiftkauf). Der Baron wollte am nächsten Morgen nach Lazienki fahren und den Grafen de l'Isle unterrichten. Ihm sei befohlen worden, sich gegen die Unbekannten zu stellen, als sei er zu dem Auftrag bereit, weil dies der sicherste Weg sei, an weitere Nachrichten zu kommen. Coulon habe den Baron nach der Rückkehr von Lazienki gebeten, die Sache gleich der Justiz anzuzeigen, aber der Herr von Milleville hätte gesagt, es fehle an Beweisen. Man müsse in Besitz des Paketes und des Geldes sein. Hierauf folgte die ganze Geschichte, wie sie Coulon schon zu Protokoll gegeben hatte.

Coulons zungenfertig vorgebrachte Mitteilungen trugen mit ihren Ausschmückungen so sehr das Gepräge des Unwahrscheinlichen, daß der Richter sich genötigt fühlte, Coulon ernste Vorhaltungen zu machen. Er solle bedenken, daß er eine Reihe von Personen, vor allen Dingen aber den französischen Handelsvertreter Boyer, nachdrücklich beschuldige und dies allerstrengste Nachforschungen auslöse. Wenn seine Aussagen sich als falsch erwiesen, werde dies streng geahndet werden müssen. Coulon geriet in starke Erregung. Er hatte diese Wendung nicht erwartet. Aber schnell sich fassend, erklärte er frech, wie auch immer er sich entscheiden würde, sähe die Sache für ihn schlimm aus, das beste wäre noch, er bliebe bei der Unwahrheit.

Man fragte ihn, was er damit meine, und hielt ihm vor, wenn seine Aussagen unwahr wären, käme er milder davon, wenn er offen gestände, er habe sich durch eine falsche Anzeige nur aus seinen dürftigen Umständen aufhelfen wollen.

Coulons Antwort kam rasch. »Ja, so ist es. Ich habe die Gelegenheit, daß der Graf de l'Isle abreist, nutzen wollen, mir eine Belohnung zu verschaffen, um meine Schulden zu bezahlen. Ich hoffte, 100 Dukaten zu erhalten.«

Dies war nicht die volle Wahrheit. Coulon hatte sich auf die ihm gebotene Notbrücke mit der Hast eines Flüchtigen gestürzt. Die neue Geschichte schmückte er in den nächsten Terminen mit lebhafter Phantasie aus. Eine Schuldenlast von 37 Dukaten hätte ihn gedrückt und zugleich hätte er um seinen Erwerb gefürchtet, denn mit der Abreise des Hofes wären natürlich auch alle seine Diener fortgegangen und andere Kunden habe er nicht gehabt. Da sei er auf den Vergiftungsanschlag gekommen. Anfangs habe er nur vorspiegeln wollen, daß ihm unbekannte Franzosen Geld geboten hätten, um in den Suppentopf des Königs Gift zu werfen. Damit sei er zu seinem ehemaligen Herrn, dem Baron von Milleville, gegangen und der habe es zu Protokoll genommen. Am nächsten Tage, als man auf ihn eindrang, Näheres noch zu erfahren, habe er das Nachtgespräch in dem unbekannten Haus, die Verabredung zur Giftübergabe in Nowawies und das Angebot, sich nach Frankreich zu retten, hinzuerfunden.

Coulon erklärte, er hätte die Sache gern dabei belassen, doch der Baron de Milleville habe ihn aufgefordert, nach Nowawies zu gehen, das Gift in Empfang zu nehmen und einen der Unbekannten nach Möglichkeit in die Küche zu locken, damit er dort festgenommen werden könne. So sei er gezwungen gewesen, die Erfindung fortzuspinnen, so sauer ihm das auch angekommen sei. Mit bloßen Worten sei es nun nicht mehr getan gewesen, er hätte etwas Handfestes vorweisen müssen. Deshalb habe er sich das Gift verschafft, und da er gewußt habe, daß jeden Tag einige ganze Mohrrüben in den Suppentopf des Königs kämen, habe er drei ausgehöhlt und mit Gift präpariert. Dann sei er nach Nowawies gegangen und habe ein Taschentuch unter einem Baum verscharrt, um die Todesdrohung beweisen zu können. Am nächsten Tage sei er mit den Mohrrüben, der Flasche Schnaps und dem Dukaten als Beweismittel bei Milleville erschienen und habe ihm erzählt, was sich im Protokoll finde.

Milleville habe ihm gesagt, Präsident von Hoym glaube die Sache nicht, sondern halte sie für eine Erfindung Coulons. Ihm seien nun ernste Befürchtungen gekommen, besonders wenn nach den Unbekannten gesucht werden sollte. Er habe darum lancieren wollen, sie seien geflüchtet und seiner Frau vorgespiegelt, die Unbekannten hätten in der Nacht mit einem Nachschlüssel vergeblich versucht, in das Haus einzudringen und bei ihrem Abgang gesagt: »Der Streich ist mißglückt. Wir müssen Boyer davon benachrichtigen und fliehen!« Ihm sei alles über den Kopf gewachsen, erklärte Coulon, und er hätte sich aus dem Staub gemacht, wenn ihn Milleville nicht überredet hätte, zu bleiben, da sonst die ganze Sache auf die Begleiter des Grafen de l'Isle zurückfallen würde. Nun habe man ihm seine Aussagen vorgelegt, die an einigen Stellen allerdings verändert waren, und ihn aufgefordert, ihrer notariellen Beglaubigung zuzustimmen und sie nötigenfalls vor Gericht zu beeiden. Als er sich damit einverstanden erklärte, sei er plötzlich mit seiner Frau von der Herzogin von Angoulême bei freier Wohnung, Holz und Licht und monatlich 6 Dukaten in Dienst genommen worden.

Die zweite Aussage Coulons, mit der er die erste widerrief, erschien kaum wahrscheinlicher als diese, doch gab sich Coulon dort selbst als Urheber einer falschen Beschuldigung aus Gewinnsucht aus und bestätigte den Verdacht, daß andere die Sache zu ihren Gunsten genutzt hätten. Die Überprüfungen der zweiten Aussage hatten gerade begonnen, als Coulon den Verhörbeamten zu sprechen verlangte und mit derselben Festigkeit, mit er seine zweite Aussage gemacht hatte, sie widerrief. Wahrscheinlich war er von außen dazu gebracht worden. Coulon brachte einige Ergänzungen vor. Das Gift wollte er sich nun beschafft haben, um sich damit zu töten, wenn seinen Auftraggebern bekannt geworden wäre, daß er sich Milleville offenbart habe.

Milleville habe großen Wert darauf gelegt, dem protokollierten Anschlagsplan größte Publizität zu geben und dabei geäußert, man müsse ihn der ganzen Welt bekannt machen, die Situation in Frankreich würde dadurch vielleicht ganz verändert werden. Als der Notar die Beglaubigung ablehnte, habe ihm Herr von Milleville aufgetragen, schleunigst zu dem gerade im Abreisen begriffenen Erzbischof von Reims zu laufen und ihm zu sagen: »Der Coup ist mißglückt.« Coulons Erzählungen erweckten den Eindruck, daß der geplante Giftanschlag eine Erfindung war, und es fragte sich bei der Untersuchung eigentlich nur, ob die Sache von ihm allein ausgegangen oder er das Werkzeug anderer gewesen war?

In der ersten Aussage beschuldigte er unbekannte Personen, den Mordanschlag geplant und ihn dabei als Werkzeug benutzt zu haben. In der zweiten Aussage beschuldigte er sich selbst, und in der dritten nahm er im wesentlichen die erste wieder auf, fügte jedoch Verdächtigungen gegenüber den Emigranten hinzu. Wenn sie die ganze Sache nicht von Anfang geplant hätten, so bestünde doch die Möglichkeit, daß sie sie für ihre Zwecke benutzt hätten und er das Opfer einer Kabale sei. Dem Vergiftungsplan Wahrheit beizumessen, schied nach Lage der Dinge aus. Kam die Angelegenheit allein aus Coulons Kopf, oder gab es noch andere Urheber? Die Akten verzeichnen eine Reihe von Tatsachen, die vermuten lassen, daß einer oder mehrere in der Umgebung des Grafen de l'Isle den Betrug geleitet, wahrscheinlich ersonnen haben. Aus Mitleid gegenüber den Emigranten wie aus politischen Rücksichten, die über die Sphäre der Kriminalistik hinausgehen, wurde die Untersuchung nicht weitergetrieben. Baron von Milleville hatte beispielsweise eingestanden, schon vor seiner Anzeige des Vergiftungsanschlages Coulon eine monatliche Pension von 6 Dukaten ausgesetzt zu haben. Für solche Großzügigkeit gab es keinen Grund, außer daß Coulon zum Werkzeug einer politischen Intrige dienen sollte. Auf jeden Fall muß es merkwürdig erscheinen, daß die aristokratischen Emigranten an einem Mann wie Coulon ein solches Interesse zeigten.

Erwähnt sei auch, daß der Graf de la Chapelle, der als Bevollmächtigter der Anzeiger in Warschau zurückgeblieben war, in einer Note am Schluß der Untersuchung mitteilte, die Veröffentlichungen in der englischen Presse, die Napoleon und seinen Handelsvertreter Boyer für den Mordanschlag verantwortlich machten, gingen auf Informationen der Emigranten zurück.

Das Kammergericht in Berlin, dem der Urteilsspruch übertragen worden war, kam zu der Auffassung, daß Coulon, in Gemeinschaft mit einigen Personen aus dem Gefolge des Grafen de l'Isle, aus Gewinnsucht und höchstwahrscheinlich fälschlich und wider besseres Wissen, den französischen Handelsagenten Boyer eines Mordanschlages auf Grafen de l'Isle beschuldigt habe. Es verurteilte Coulon zu einer vierjährigen Festungsarbeitsstrafe. Das Appelationsgericht bestätigte das Urteil. Coulon wurde zur Verbüßung seiner Strafe auf die Festung Cosel gebracht.

DIE MÖRDERINNEN EINER HEXE

Die Ehefrau des Grundbesitzers Nicolaus Miszewski in Jastrembie unweit des pommerschen Stargard, Marianna, geborene Prabucka, stand in ihrer Gegend im Verdacht, eine
Hexe zu sein. Von der unglücklichen Marianna wissen wir nicht mehr,
als daß sie vierundzwanzig Jahre alt, von guter Gesundheit und Gestalt
war, und daß es sie verdroß, für eine Hexe gehalten zu werden.

Am Morgen des 22. Juli 1819 fand man sie kurz nach Sonnenaufgang
erhängt in ihrem Kuhstall. Ein Dienstjunge hatte sie entdeckt. Der
Ehemann, der hinzukam, schnitt seine Frau los, aber alle Bemühungen, sie ins Leben zurückzurufen, waren fruchtlos. Am nächsten Tage
wurde die gerichtliche Obduktion vorgenommen und festgestellt:
»Daß der Tod durch Erhängen und dadurch herbeigeführter
Erstickung verursacht sei, daß aber, weil an dem ganzen Körper keine weitere Verletzung als ein rot aussehender, ein viertel Zoll breiter,
sich um den ganzen Hals ziehender Eindruck vorkomme, nicht anzunehmen sei, daß die Erdrosselung durch fremde Gewalt bewirkt
worden wäre. Die Tote müsse als Selbstmörderin gelten.« Einen
Selbstmord anzunehmen, waren aber keine Gründe vorhanden. Nach
allen Aussagen hatte Marianna mit ihrem Mann zufrieden gelebt und
nie war an ihr Trübsinn zu spüren gewesen. Als einziges klagte sie darüber, daß man ihr nachsage, eine Hexe zu sein. Das könne sie nicht
aushalten.

Ein Jahr lang ruhte der Fall, ehe er bestimmter Gerüchte wegen wieder aufgenommen wurde. Auf Grund des Obduktionsbefundes
verfaßte die wissenschaftliche Deputation des Medizinalwesens im
Ministerium der Medizinalangelegenheiten in Berlin ein neues
Gutachten: »Daß bei den bedeutenden Verletzungen am Hals, welche
sich die Tote wohl nicht selbst beigebracht habe, die Erhängung

höchstwahrscheinlich durch fremde Gewalt geschehen sei. Es sei aber nicht mit Bestimmtheit zu sagen, daß die Frau an den Folgen des Erhängens gestorben sei. Sie könne auch durch die vorher erlittene Gewalt am Halse getötet worden sein. Schließlich komme in Betracht, daß sie dadurch nur betäubt wurde und am Leben geblieben wäre, wenn nicht das Erhängen hinzugekommen wäre. Eine Betäubung wäre auch aus dem Grunde anzunehmen, da sonst das Erhängen nicht ohne Gegenwehr hätte erfolgen können.«

Vier Frauen aus der Gegend wurden in den Gerüchten bezichtigt, die Mörderinnen der Miszewska oder wenigstens am Mord beteiligt gewesen zu sein. Sie sollten sie umgebracht haben, um sich wegen ihrer Hexereien zu rächen und sie als eine gefährliche Hexe aus der Welt zu schaffen. Das Gerücht bestätigte sich, und die Aussagen der bald zum Geständnis gebrachten Verbrecherinnen lauteten dann auch ziemlich gleich.

Katharina Zigowska, eine der am Mord Beteiligten, war ein Mädchen von achtzehn bis zwanzig Jahren. Sie war nie zur Schule gegangen und hatte auch keinen Religionsunterricht erhalten, kannte aber die zehn Gebote und wußte, daß es etwas Böses sei, einen Menschen umzubringen. Sie leugnete ihren Anteil an dem Verbrechen nicht. Bei ihrer Krankheit im vorigen Sommer – sie litt an Geschwüren – habe ihr ein zwölfjähriges Mädchen, das damals bei der Miszewska diente und Anna Scharafin hieß, gesagt, ihre Herrin sei nicht nur ein böses Weib, sondern auch eine Hexe. Als sie, die Katharina, darauf die Miszewska ohne Umschweife gefragt habe, ob sie eine Hexe sei und von ihr die Krankheit komme, habe die Miszewska die Frage mit einem trockenen »Ja« beantwortet. Ob das aber Ernst oder Spaß gewesen, wisse sie nicht. Später hätten ihr zwei Frauen bestätigt, was schon das zwölfjährige Dienstmädchen sagte: Die Miszewska verursache in Jastrembie Krankheiten an Menschen und Vieh. Die Frauen seien Schwestern und hießen Victoria Baretzka und Eva Krainska.

Katharina Zigowska war nach dem Gespräch mit diesen beiden Frauen viel zusammen und will von ihnen gedrängt worden sein, die Hexe aus der Welt zu schaffen. Die Frauen hätten ihr vorgeschlagen, die Miszewska beim Krebsfangen ins Wasser zu stoßen und sie zu ersäufen oder sie aufzuhängen oder auch, weil sie sehr kitzlig war, sie zu Tode zu kitzeln. Sie aber, die Zigowska, hätte sich zu einer solchen Tat nicht hergeben wollen. Da aber besonders die Eva Krainska ihr keine Ruhe gelassen und sie in vierzehn Tagen wohl zwanzigmal aufgefordert habe, etwas zu unternehmen, habe sie sich dann endlich doch zu der Tat entschlossen.

Zugleich mit ihr sei noch ein anderes Mädchen, die Josephina Baretzka, von den Frauen zu der Tat aufgefordert worden. Am Abend vor dem Mord habe die Eva Krainska zu ihnen gesagt: »Morgen am Maria-Magdalenentage ist die beste Gelegenheit, die Miszewska früh im Stall zu überfallen, weil an dem Feiertage die anderen Leute lange schlafen und sie daher euch nicht bemerken. Bringt sie mir nur auf irgendeine Art ums Leben und hängt sie nachher auf. Es heißt dann, sie hat sich selbst erhängt.«

Sie hätten sich dann verabredet, wer zuerst am nächsten Morgen aufwache, solle die andere zu der Tat wecken.

Katharina wurde zuerst wach, weckte die Josephina und ging mit ihr zum Stall der Miszewska. Die Miszewska war noch nicht zum Melken gekommen, worauf die Mädchen sich hinter einer Wand versteckten und auf sie lauerten. Als sie dann die Frau melken hörten, ging die Josephina in den Stall, während die Katharina draußen wartete. Nach ihrem Bekunden hörte sie dort, wie die Josephina zur Miszewska sagte: »Du hast mein Kind krank gemacht. Nimm die Krankheit von ihm ab.« Darauf hätte die Miszewska geantwortet: »Warte, ich werde sie dir gleich abnehmen.«

Durch die offene Tür war zu sehen, wie beide in diesem Moment aufeinanderlosgingen und zur Erde fielen. Die Miszewska lag über Josephina, und die Josephina rief um Hilfe. Da sei sie herbeigesprungen und habe die auf der Josephina liegende Miszewska von ihr heruntergerissen. Sie habe sie dazu unter die Arme gefaßt, und die Josephina sei dann wieder auf der Miszewska zum Liegen gekommen. Gleich darauf habe die Miszewska leblos dagelegen. Ob sie wirklich tot gewesen sei, davon habe sie sich in ihrer Angst nicht überzeugen können. Auch wisse sie nicht, ob die Josephina sie erwürgt habe, oder ob die Miszewska nur in Ohnmacht gefallen sei, wozu sie sehr neigte. Das aber wisse sie, daß sie keine weitere Hand an die Miszewska gelegt, außer daß sie die Frau von der Josephina heruntergeworfen habe.

Nun habe sie, wie vorgenommen, einen Strick aus dem Stall geholt und ihn mit zitternder Hand zweimal um den Hals der Miszewska geschlungen. Weil sie damit nicht zurechtgekommen sei, habe Josephina ihn ein drittes Mal fest der Miszewska um den Hals gelegt, und sie selbst dann den Strick, auf der Futterkrippe stehend, an eine der Bodenstangen befestigt. Die Josephina hielt dabei den Körper so lange hoch, bis er frei am Strick schwebte. Josephina Baretzka war mit 25 Jahren etwas älter als Katharina, hatte aber als Kind von Bettlern keine bessere Erziehung als Katharina genossen. Auch sie ließ sich von der Eva Krainska einreden, daß die Miszewska eine Hexe sei. Das Aufhängen hätten ihr die beiden Frauen ganz besonders anempfohlen, und die Eva gesagt: »Ihr werdet sicher im Stall einen Strick finden. Sollte dort aber keiner sein, dann bindet ihr den langen, leinenen Lappen, den sie um ihren kranken Fuß gewickelt hat, um den Hals.«

Die eigentliche Katastrophe berichtet die Josephina Baretzka fast mit denselben Worten wie die Katharina Zigowska. Ihre Rolle beim Aufhängen schwächt sie ab. Sie redet die Frau beim Melken wie berichtet an, ergänzt nur die bekannte Aufforderung, ihr Kind wieder gesund zu machen, um den Satz: »Denn ich kann wegen der Krankheit meines Kindes nicht meinen Unterhalt verdienen.« Die Miszewska antwortet darauf: »Wart, ich werde dir gleich die Krankheit abnehmen.« Darauf die Prügelei. Als sie unter der Miszewska liegt, ruft sie die Katharina mit den Worten zu Hilfe: »Jetzt muß es entweder mein oder der Miszewska Tod sein«, worauf die Katharina die Miszewska herunterreißt. Dann will sie die Miszewska nur noch einmal am Arm berührt und dabei bemerkt haben, daß sie leblos war. Wodurch ihr Tod bewirkt worden, weiß sie nicht, denn sie habe sie nur mit ihren bloßen Händen gefaßt. Auch habe sie die Miszewska nicht gewürgt oder ihr die Brust bekniet.

Noch einmal erklärten die beiden jungen Mörderinnen, daß sie nur im Auftrag der beiden anderen Frauen gehandelt hätten. Katharina Zigowska hatte die Miszewska zwei Jahre vor der Tat kennengelernt und seitdem in ihrem Hause ohne die geringste Feindschaft gewohnt. Ja, ihr Verhältnis sei immer freundschaftlich gewesen, sagte sie. Ähnlich war es mit der Josephina Baretzka, nur daß beide glaubten, es sei keine Sünde, eine Hexe zu töten.

Nach einigem Leugnen gestanden auch die Anstifterinnen der Tat ihre Schuld im wesentlichen ein. Eva Krainska war eine Frau von 55 Jahren und ebenso roh und unwissend wie die eigentlichen Mörderinnen. Die Krainska war zudem die Schwiegermutter der Ermordeten. Victoria Baretzka, ihre Schwester, war eine Frau von 26 Jahren und Mutter von fünf Kindern.

Die Krainska haßte von Anfang an ihre Schwiegertochter. Das Gerücht, daß sie eine Hexe sei, war bald nach der Hochzeit entstanden. Wer es zuerst aufgebracht hat, ist im Dunkeln geblieben, aber ihr Sohn sagte aus, daß sie es geflissentlich verbreitete. Auch die zwölfjährige Anna Scharafin, die auf dem Hof der Miszewska diente, trug es herum. Vor Gericht sagte die Dienstmagd, die Schwiegermutter ihrer Herrin habe sie beredet, es zu verbreiten. Zur Belohnung habe die Frau ihr Milchmus und Kartoffeln geschenkt.

Der Gerichtsbote Matthias von Ossowski erklärte, er habe schon mehrere Jahre vor der Tat auf Anraten der Eva Krainska mit der Miszewska die Schwimmprobe vorgenommen, um zu ermitteln, ob sie eine Hexe sei. Hexen bleiben immer über Wasser. Die Miszewska aber habe die Probe damals bestanden, denn sie sei untergegangen.

Eva Krainska gestand, mit den beiden Mädchen geredet und sie glauben gemacht zu haben, daß ihre Schwiegertochter eine Hexe sei. Aufhängen hätten sie die Miszewska allerdings nur dann sollen, wenn sie sich weigerte, die Krankheit vom Kind der Josephina zu nehmen. Möglich schien ihr auch, wenn sie sich auch nicht entsinne, der Josephina für die Tat ein Beet Kartoffeln versprochen zu haben.

Victoria Baretzka, die jüngere Schwester der Eva, versuchte sich mit einiger Schlauheit aus der Affäre zu ziehen. Sie räumte ein, Zeugin der Gespräche über die Miszewska gewesen zu sein, auch zur Zigowska gesagt zu haben, die Frau sei eine Hexe und müsse beseitigt werden, wobei sie es für keine Sünde gehalten habe, eine Hexe zu töten. Nur sei es so gewesen, daß sie den Mordanschlag für einen Scherz gehalten und nicht an seine Ausführung geglaubt habe. Die des Mordes beschuldigten beiden Mädchen widerriefen später ihre Aussagen. Als sich herausstellte, daß dritte Personen ihnen durch Einschüchterung diesen Widerruf in den Mund gelegt hatten und ihnen ernste Vorstellungen durch das Gericht gemacht wurden, kehrten sie wieder zu ihren ursprünglichen Geständnissen zurück. Schwierig war die juristische Bewertung des Punktes, ob die der Anstiftung zur Tat beschuldigten Frauen, den Mädchen einen konkreten Auftrag oder einen unverbindlichen Rat gegeben hätten. Diese Unklarheit ist nicht ohne mildernden Einfluß auf das Urteil geblieben. Die Eva Krainska wurde mit einer fünfjährigen Zuchthausstrafe belegt, die Victoria Baretzka aber in letzter Instanz freigesprochen. Die Todesursache der Miszewska hatte nicht mit völliger Gewißheit festgestellt werden können. Wahrscheinlich sei ihr Tod durch das Erhängen bewirkt worden, jedoch bestünde auch die Möglichkeit, daß die Verletzungen, die sich die Miszewska bei dem Überfall im Stall zugezogen hatte, die Todesursache waren.

Wenn der wahrscheinlichere Fall, Tod durch Erhängen, angenommen wird, hätten die Mädchen, eine Bewußtlose, von der sie meinten, sie wäre tot, aus Gründen der Täuschung aufgehängt. Sie hätten, als sie morden wollten, nicht getötet, und, als sie nicht töten wollten, gemordet. Der Kriminalsenat des Königlichen Kammergerichtes in Berlin entschied: Absichtlich haben beide Mädchen, wie durch Beweis und Geständnis ermittelt ist, die Miszewska ermorden wollen. Sie haben demnach ein vorsätzliches Verbrechen begangen. Sie haben das Verbrechen wirklich vollbracht, indem sie die Miszewska durch die Gesamtheit der Handlungen, um ihr Leben brachten. Also trifft sie die Strafe des vorsätzlichen Verbrechens.

Da der objektive wie der subjektive Tatbestand des Mordes gegeben war, verurteilte das Berliner Kammergericht Katharina Zigowska und Josephina Baretzka zum Tode. Der Appellationsrichter erkannte auf die mildere Strafe von 25 Jahren Zuchthaus, da sich für ihn in ihrem Hexenglauben eine beschränkte Zurechnungsfähigkeit aussprach.

EXNER

In Schlesien und den benachbarten Ländern war der Räuber Exner zu Anfang dieses Jahrhunderts überall bekannt und gefürchtet. Seines Handwerks ein Wollspinner und aus Sulzbach in der Oberpfalz gebürtig, war er schon in seiner frühesten Jugend ein berüchtigter Dieb. Wegen mehrerer gewaltsamer Diebstähle, die er in Schlesien noch als halber Knabe verübte, wurde er mehrfach festgesetzt, zur Untersuchung gezogen und bestraft. Aus dem Zuchthaus zu Jauer entsprang er, gesellte sich mehreren Diebesgenossen zu, die ihn zu ihrem Anführer wählten, und beging als ihr Hauptmann noch achtzehn gewaltsame Diebstähle und Einbrüche. Zwar wurde er oft ergriffen; er entfloh aber ebensooft mit der größten Verwegenheit, ehe die langwierigen Untersuchungsprozesse zum Abschluß gekommen waren. Zuletzt auf den Festungen von Glatz und Silberberg, der durch ihre Lage festesten in Schlesien, eingesperrt, machte er auch da noch Versuche zu entspringen. Er entledigte sich der schwersten Fesseln, brannte große Öffnungen durch die Dielen und ließ sich einmal 40 Fuß hoch an einem von Bettüberzügen zusammengeknüpften Seile herab.

Im Jahre 1802, etwa 35 Jahre alt, war er schon zu lebenslänglicher Strafarbeit verurteilt. Er mußte angeschmiedet werden, weil sonst angeblich sein Entweichen nicht zu verhindern sei. Aber auch da, an der tief in die Mauer verankerten Kette, schien er seinen Wächtern nicht sicher genug.

Es herrschte damals ein allgemeiner Schrecken in den preußischen Staaten vor der großen Menge von Räubereien, Brandstiftungen und Diebstählen, die in den letzten zehn Jahren vorgefallen waren.

Man hoffte, durch Deportation der gefährlichsten Verbrecher dem Unheil beizukommen. Preußen hatte noch keine Kolonien, wohin sie hätten geschickt werden können. Deshalb wandte man sich an den russischen Hof nach Petersburg, der sich einverstanden erklärte, eine Anzahl preußischer Bösewichter in den sibirischen Bergwerken zu beschäftigen. Die von Nertschinsk, im äußersten nordöstlichen Asien, wurden dazu bestimmt, und in sämtlichen preußischen Festungen und Zuchthäusern ward nun eine Nachsuchung nach den gefährlichsten Verbrechern angestellt, die ihr Vaterland auf ewig verlassen sollten.

Eine Kette von 58 Verbrechern wurde aus den verschiedenen Straforten nach Pillau in Ostpreußen transportiert, dort unter starker Bewachung auf einem dazu besonders eingerichteten Schiff eingeschifft. Sie kam am 18. Juni 1802 zu Narva an, wo sie vom dortigen russischen Kommandanten zur weiteren Beförderung nach Sibirien übernommen wurde.

In einer Schrift, die zu diesem Zeitpunkt erschien, wurde dem Publikum erklärt, daß es von gefürchteten Verbrechern befreit, daß Nertschinsk von Narva 7123 3/4 Werst entfernt und die tägliche Marschroute der Sträflinge auf 25 Werst bestimmt sei. Bei ununterbrochenen Tagesmärschen würden diese Leute wenigstens 285 Tage brauchen und wahrscheinlich erst im April des nächsten Jahres (1803) an ihrem Bestimmungsort angelangt sein. Nur wenigen Reisenden selbst sei es bisher gelungen, bis in diese entfernten Gegenden zu dringen, da Wüsten, Seen und Gebirge die Reise dorthin unendlich erschwerten.

An ein Entlaufen von hier sei nicht zu denken. Wer nordwärts entfliehe, werde von den streifenden Tataren aufgegriffen und zurückgeliefert, wenn nicht Wölfe oder Eisbären einen kurzen Prozeß mit ihm machten. Wer aber nach Süden zu den Chinesen entlaufe, werde auch von diesen zurückgebracht. Sollte endlich ein einzelner den Chinesen, Tataren, Wölfen oder Eisbären bei seinem Ausbruch entkommen und von den mitleidigen russischen Bauern aufgenommen werden, so würde er doch bald darauf, aus Unkunde der Sprache und des Weges, umkommen, und es sei kein Beispiel vorhanden, daß ein Verbrecher aus Sibirien den Rückweg in die Heimat gefunden habe. Nun könnten die preußischen Untertanen doch sicher und ruhig sein. Unter den 58 Verbrechern befand sich an der Spitze der Kette der Wollspinner Exner.

Die Provinzen, in denen Exner sein Wesen getrieben, atmeten auf, von einem Alp befreit. Er, für den keine Mauer zu stark, kein Eisen zu fest war, war nicht allein aus ihrem Gesichtskreis entfernt, sondern auch in solche halb mythische Regionen entrückt, aus denen kaum die Sage nach Europa drang. So war denn die Furcht beseitigt, aber es blieb eine gewisse Achtung vor der Größe zurück, die diese Furcht einzuflößen gewußt hatte. In Glatz zeigte man mit Scheu und Staunen die Mauer über der senkrechten Felsenwand, an der Exner, nachdem er aus seinem Kerker ausgebrochen war, sich mit einem Besen, auf dem er ritt, indem er ihn mit Riesenkraft an die senkrechte Fläche drückte, herabließ. Zuvor hatte er ein kaum minder schwieriges Werk in der Durchbrechung der mehrere Ellen starken Festungsmauer vollbracht. Mit keinem anderen Werkzeuge als einem Nagel und Geduld hatte er Stein um Stein abgelöst und wieder eingesetzt. Den Staub hatte er durch eine Federpose hinausgeblasen. Was ihm bei dieser langen Arbeit, zu der nur ein Gefangener auf Lebensdauer Geduld hat, am beschwerlichsten fiel, war, wie er später aussagte, daß er jeden Tag so oft aufhören und wieder anfangen mußte, denn da er alle drei Stunden kontrolliert wurde, mußte er in der Zwischenzeit die Steine herausnehmen und wieder einsetzen, so daß ihm zur eigentlichen Arbeit oft nur eine halbe Stunde Zeit blieb. Er kam glücklich auf seinem Besen herunter, nur beim letzten Absatz brach er sich ein Bein. In diesem Zustande kletterte er über Felsen, durch Sümpfe und Gräben, bis er gefunden und zurückgebracht wurde. Dabei soll er noch den Mut gehabt haben, dem Kommandanten, der ihm mit Schlägen drohte, zu antworten: »Die erlaubt Ihnen das Gesetz nicht.«

Exner wurde als großer Räuber bewundert, und es erschienen daher seinerzeit mehrere Lebensbeschreibungen, die, auf die große Menge berechnet, ihren Zweck nicht verfehlt haben mögen, Staunen, Schrecken und eine gewisse Bewunderung über seine körperliche Stärke und mechanische Geschicklichkeit zu erregen, aber nichts von Zügen enthalten, die großartig genannt werden können. Romanhaft klingt es allerdings, wenn man hört, daß der entsprungene, verfolgte Räuber in einer Dorfschenke mit seinen Gesellen einen Ball veranstaltet habe, zu dem die Burschen und Mädchen, ja sogar ein Kammermädchen der Gutsherrschaft, zuliefen, vom Kitzel des Wunderbaren und Abenteuerlichen angelockt, denn es ging die dunkle Kunde herum: Es sind der Exner und seine Gesellen, die den Ball geben. Aber der Gutsherr und der Landrat kamen auch hinzu und störten die Lustbarkeit, die der Räuberhauptmann mit einem »Ei, guten Abend, Herr Landrat!« verließ, einem Gruß, den der Landrat mit einem derben Backenschlag erwiderte.

Nach dem Urteil eines scharfblickenden Juristen finden sich in der Geschichte seiner Verbrechen allerdings viele Beweise von außerordentlicher Kraft, Verschlagenheit und Ausdauer, von Gewandtheit,

List, Unerschrockenheit, Trotz und Verwegenheit; aber es sind weder Spuren von einem wirklich durchdringenden Verstand, von ausgezeichneten Fähigkeiten und glücklichen Anlagen, als von einer geistigen Erhebung über das gewöhnliche Seelenniveau gemeiner Verbrecher zu entdecken.

Unfähig einer Idee, ja vielleicht auch nur großmütiger Regungen, erscheint er als ein gemeiner Bösewicht, der nur, um von der Beute zu leben, raubt und stiehlt. Bei völliger Unbildung, gröbster Roheit und gänzlicher Unempfänglichkeit für irgendeinen andern als den gemeinsten Genuß erhebt ihn keines seiner zahllosen Verbrechen über die Grenze des Einbruchs und des gewaltsamen Diebstahls.

Exner gelangte nicht durch seine Taten, sondern durch sein Ende zur Ehre eines dauernden Platzes in der Kriminalistik. Sein Ende aber war nicht, wie man erwartet, in den sibirischen Bleigruben; er verkam nicht in den Steppen der Tataren, noch fiel er den Bären in die Klauen oder den Chinesen in ihre Schlingen, sondern er erscheint ebenso unerwartet als wunderbar da, wo man am allersichersten vor ihm zu sein glaubte, und sein Tod gab zu einer der wichtigsten, immer wiederkehrenden Fragen der Kriminalistik Anlaß.

Die Mühle von Harpersdorf im Glogauischen liegt einsam auf dem Felde, drei viertel Stunden vom Dorfe. Selbst das nächste, auch ganz verlassen gelegene Büdnerhaus ist noch um hundert Schritt davon entfernt. Der Zustand der Gegend im Jahre 1805 war, was die öffentliche Sicherheit betrifft, nicht zufriedenstellend. Ungeachtet der Deportation so vieler gefährlicher Verbrecher, die vor drei Jahren in Ketten nach Sibirien abgeführt worden waren, wurde gestohlen, geraubt und eingebrochen, besonders auf dem Lande. Man schrieb diese neue Unsicherheit auf Rechnung der unruhigen Zeiten und der großen Kriegsheere, die sich aus Westen und Osten nach Deutschland zusammenzogen.

Auch die Müller auf der Harpersdorfer Mühle teilten diese Besorgnis und waren nicht ohne Vorsicht. Sie hatten in der Nacht vom 13. auf den 14. Juli die drei zum Vermahlen bestimmten Säcke nicht auf einmal, sondern nur nach und nach eingeschüttet, um durch das Klappern der Mühle desto öfter geweckt zu werden.

Als der Mühlgehilfe Renner, der beim Müller Meschter in Diensten stand, in der Nacht eben wieder Korn aufschütten wollte, bemerkte er hinter dem Fenster, wo der Kasten stand, aus dem das Korn geholt wurde, einige Bewegungen und eine unheimliche, zerlumpte, halb gespensterhafte Gestalt. Er selbst erklärte, er habe diese Gestalt anfänglich für seinen Schatten gehalten. Bald aber bewegten sich

Menschenhände und Arme zum Fenster. Er erkannte, es war ein Dieb, der einbrechen wollte.

Aber im inneren Mühlenraum befand sich außer dem Mühlgehilfen auch Karl Bufe, der Schwiegersohn Meschters. Renner weckte ihn und machte ihn darauf aufmerksam. Bufe sah scharf zu und sah ebenfalls deutlich die Hände und Arme. Er eilte auf der Stelle nach der Stube des Müllers, weckte ihn und sagte, was es gebe. Als Bufe in die Mühle wieder hinaufstieg, sah er statt der Hände und Arme deutlich einen ganzen Mann, der sich in seiner Beschäftigung durch alle die Bewegungen in der Mühle keineswegs hatte stören lassen, sondern das kleine Fenster schon fast ganz herausgebrochen hatte.

Bufe stürzte nochmals hinunter und rief den Schwiegervater an, daß er schnell zu Hilfe käme. Meschter war dann auch aus dem Bett gesprungen, ergriff den Hirschfänger, der immer neben seinem Bette stand, und ging mit seinem Schwiegersohn in die Mühle hinauf.

Alle diese Vorbereitungen waren nicht in der Stille, sondern ganz laut, ja sogar unter Geschrei vor sich gegangen; dies hatte die unbekannte Gestalt nicht im geringsten von dem Werke abgehalten. Vielmehr hatte der Einbrecher jetzt, als der Müller ankam, das Fenster völlig herausgebrochen, und die drei in der Mühle sahen, daß sie es nicht mit einem Diebe zu tun hatten, hinter ihm bemerkten sie die Köpfe von noch etwa vier bis fünf Leuten. Während er mit dem Vorderkörper durch das Fenster klettern wollte, glaubten Renner und Meschter ein Terzerol in seiner Hand gesehen zu haben.

Meschter schrie ihn an: »Racker, was willst du hier?« Er ging auf das Fenster los, ohne zugleich auf den Eindringenden selbst losgehen zu können; denn gerade vor dem Fenster stand der zwei Ellen breite Mehlkasten, der die unmittelbare Annäherung verhinderte.

Der Dieb sah drei Männer vor sich in der Mühle, zum Teil bewaffnet, aber auch dies bewog ihn sowenig als der Lärm umzukehren. Vielmehr packte er den Müller, als dieser auf der linken Seite des Kastens an ihn herankam, mit aller Gewalt beim Arme. Der Griff war so stark, daß Meschter sich nicht losmachen konnte. Die Spuren des Anpackens waren an seinem Arme noch einige Tage nachher sichtbar. Er mußte daher befürchten, entweder den Dieb selbst in die Mühle hineinzuziehen oder von ihm hinausgezogen zu werden.

So seltsam es klingt, daß ein durchs Fenster einbrechender Dieb den Eigentümer des Hauses durchs Fenster hinausziehen soll, fürchteten Meschters Leute doch gerade dies – ein Beweis von der Kraft des Einbrechenden. Karl Bufe hielt deshalb seinen Schwiegervater fest, eine andere Hilfe gestattete der große Mehlkasten nicht. Meschter selbst aber stieß mit seinem Hirschfänger in dieser außerordentlichen Gefahr auf den Unbekannten ein, ohne bestimmt zu sehen, wohin. Auch da noch ließ der Dieb seinen Arm nicht sogleich los. Es kostete die ganze Kraft des Müllers, um sich loszumachen, und erst als er frei war, rutschte oder schob sich der Dieb rückwärts zum Fenster hinaus.

Die drei in der Mühle sahen aus dem Fenster und gewahrten in der Dunkelheit, daß mehrere mit einem auf der Erde liegenden Menschen beschäftigt waren. Sie wagten nicht hinauszugehen und hielten sich eine Weile ruhig. Als es draußen still blieb, meinten sie, die Räuber hätten sich fortgeschlichen, und traten behutsam aus der Tür des Gebäudes. Hier aber sahen sie deutlich, daß fünf Personen noch immer mit einem auf der Erde Liegenden beschäftigt waren. Plötzlich sprang aus dem Dunkel noch ein Sechster vor und, den Säbel in der Faust, auf sie los. Eiligst flüchteten sie in die Mühle und schlossen die Tür.

Die Müllersleute waren in ihrer eigenen Mühle belagert, von einer gewiß sehr gefährlichen Bande, die selbst die Verwundung oder Tötung ihres Anführers und ein vollständig abgeschlagener erster Angriff nicht zum Weichen brachte. Die unheimliche Stille der Feinde im Dunkel machte ihre Lage noch peinlicher. Was beabsichtigten die Räuber noch, die doch wußten, daß drei rüstige Männer wach und auf ihren Angriff vorbereitet waren? In das entfernte Dorf konnten die Müller kein Notzeichen geben. Ihre Hoffnung auf Beistand war nur auf das einsame Häuslergebäude gerichtet, das hundert Schritt von der Mühle entfernt lag und von einem einzigen verabschiedeten Soldaten namens Grüttner bewohnt wurde.

Renner sprang jetzt auf den Boden der Mühle und rief aus Leibeskräften in diese Richtung: »Feuer! Es sind Diebe da!«

Grüttner wurde aufgeschreckt. Ein beherzter Mann, sprang er im bloßen Hemde, nur mit einem Prügel bewaffnet, auf die Mühle zu. Als er in den Müllergarten kam, sah er beim Abtritt unter der Traufe fünf Menschen mit einem andern, der auf der Erde lag, beschäftigt. Er, auf freiem Felde allein, wollte unternehmen, was die drei in der Mühle nicht gewagt hatten, den Feind anzugreifen und zu verscheuchen. An ein Gebüsch sich lehnend, hielt er seinen Prügel wie ein gefälltes Schießgewehr vor sich und brüllte, wenn sie nicht augenblicklich die Flucht ergriffen, ließe er Feuer geben. Zugleich tat der alte Soldat, als habe er ein größeres Gefolge, sie möchten nur herankommen und die Kerle gut aufs Korn nehmen; mit den paar Leuten würden sie schon fertig werden.

Die Drohung wirkte, doch nur zum Teil. Die Räuber sprangen zurück, aber nur um die Mühle herum, und man darf sich wundern, wenn behauptet wird, daß dieser Auftritt etwa sechs Minuten gedauert habe. Entweder glaubten sie an das Anrücken einer größeren Zahl, vor der sie die Flucht ergreifen mußten, oder sie erkannten die Kriegslist, in diesem Falle wäre es allerdings ein leichtes gewesen, über den einen herzufallen.

Inzwischen benutzten die Belagerten den glücklichen Moment und ließen das Hilfskorps schnell durch die Tür in die Mühle.

Als die Räuber sich wieder gesammelt hatten, postierten sie sich der Tür gegenüber, und statt zu weichen, tobten und drohten sie, alle drinnen zu töten. Die Gegenwart des Soldaten gab den Belagerten indessen Mut. Notdürftig bewaffnet, machten sie mit lautem Geschrei einen Ausfall, und die Räuber, die dies nicht erwartet hatten, zogen sich ins dunkle Feld zurück. Die Müllersleute dachten nicht daran, sie zu verfolgen, aber sie benutzten den günstigen Augenblick, und Renner lief ins Dorf, um Hilfe zu holen.

Bis sie kam, verging eine geraume Zeit, in der die Belagerten zwar keine verdächtigen Bewegungen der Räuber bemerkten, doch getrauten sie sich auch nicht, die Mühle zu verlassen. Erst als gegen Morgen die bewaffneten Bauern mit den Gerichten ankamen, besichtigte man den Kampfplatz.

Der Leichnam eines kräftigen Mannes wurde seitlich der Mühle, unter der Traufe liegend, gefunden, genau an der Stelle, wo Grüttner die Räuber mit dem Verwundeten oder schon Getöteten beschäftigt gesehen hatte. Der Stich mit dem Hirschfänger war in das linke Auge bis ins Gehirn gedrungen. Die zwei Zoll zwei Linien tiefe Wunde wurde später von den Obduzenten für absolut tödlich erklärt. Unter dem Fenster, das der Räuber ausgebrochen hatte, lagen ein Terzerol und ein Meißel. An seinem Körper befand sich ein Wehrgehenk mit einer leeren Scheide.

Der Getötete war den Bauern und Gerichtspersonen gänzlich unbekannt. Bei der Untersuchung seiner Kleider ergab sich, daß kein ehrlicher Mann besser als der unbekannte Räuber durch Pässe und Atteste legitimiert sein konnte. Er führte einen österreichischen Gesandtschaftspaß aus Petersburg vom 13. Mai 1804, mit dem Namen Johann Friedrich Ferdinand bei sich, gebürtig aus Bielitz im österreichischen Oberschlesien. Ein anderes Attest war in russischer Sprache und ein drittes in französischer ausgestellt, von einer Comtesse de Rochechouan, Kaminiecz, d. d. 5. Oktober 1804, das besagte, daß er vier Monate bei ihr gedient und sich stets en parfait honnete homme aufgeführt hatte. Auf Grund des Passes war er, wie die Atteste der Ortsbehörden bekundeten, durch russische, österreichische und preußische Provinzen gereist. Desgleichen fand sich eine Kundschaft der Tuchmacherinnung zu Greiffenberg, d. d. 11. Mai 1805, in der er unter dem obigen Namen genannt wurde.

Andere Gerätschaften, die man in seinen Taschen fand, sprachen indes gegen diese Urkunden und charakterisierten nur zu deutlich den wahren Beruf des Toten. Es handelte sich um eine Spille, die zu einem Dietrich umgeformt war, drei Krähenaugen, einige Faden Schwefel und drei Wachslichter. Schwarze Pulverflecken an seiner rechten Hand machten es wahrscheinlich, daß er das Terzerol eben erst geladen hatte, und Eindrücke über den Handgelenken ließen auf langes Tragen von Fesseln schließen.

Als der Kreisphysikus Raschke zur Obduktion ankam, verschwand jeder Zweifel. Er erkannte auf den ersten Blick, daß der Tote der berüchtigte Räuber Exner sei, der vor drei Jahren nach Sibirien geschickt worden war. Er hatte ihn früher im Gefängnis behandelt; er nannte mehrere Merkmale, die sich am Körper des Toten befinden müßten. Alle diese Zeichen fanden sich. Nun rief man, den Akten zufolge, Exners ehemalige Geliebte herbei. Sie erkannte ihn an den eingebogenen Beinen, einer Narbe am rechten Becken, vom Hufschlag eines Pferdes, einem Leistenbruch auf der rechten Seite und einem Fell auf dem linken Auge, das er in den Blattern bekommen hatte.

Ohne Zweifel war der Tote der berüchtigte Exner. Man erfuhr jetzt, daß seit einiger Zeit schon das Gerücht umging, er sei aus Sibirien geflohen. Bei näherer Nachforschung fand man aber keinen anderen Grund als die wiederholten, gefährlichen, tollkühnen Einbrüche und Diebstähle, die die Umgegend in Unruhe versetzt hatten. Das Erstaunen war groß, zumal das des Müllers Meschter, daß er den gefürchtetsten und berühmtesten Räuber Schlesiens getötet hatte.

Wie war Exner zurückgekommen? Von woher? Die letzte amtliche Notiz über ihn war das Übergabeprotokoll von Narva. War ihm geglückt, was damals für unmöglich galt? Oder war er schon auf dem Wege entsprungen? Hatte er vielleicht den russischen Befehlshaber, der nur seine Kopfzahl liefern mußte, dazu gebracht, ihn gegen einen anderen Verbrecher auszutauschen? Über alle diese Fragen hat man, soviel bekannt wurde, keine bestimmte Auskunft erhalten. Nur seine Pässe verraten, daß er über Petersburg und Polen unter fremdem Namen den Rückweg fand. Die Justiz – nachdem versäumt worden war, den Komplizen des Räubers nachzusetzen, die auch darüber hätten Aufschluß geben können – die Justiz sah es nicht als ihre Sache an, die letzten Lebenswege eines toten Verbrechers zu verfolgen, und um auf diplomatischem Wege Erkundungen einzuholen, war die Zeit nicht angetan. Nur das Resultat stand fest, daß auch die Verbannung nach Sibirien kein sicheres Mittel für Preußen war, seine Verbrecher loszuwerden.

Exners Tod erregte ungemeines Aufsehen. Abgesehen von dem kriminalistischen Nachtstück und dem romanhaften Zufall, daß ein zufällig in die Nacht hinausgeführter Stich, der kein anderes Ziel hatte, als eine Gefahr abzuwenden, bewirkte, was weder Gesetze noch Verordnungen, noch die Deportation zu bewirken imstande gewesen war, trat nun die Frage nach der Rechtmäßigkeit der Tat auf. Für das Publikum war sie klar, nicht aber für die preußischen Juristen.

Das preußische Landrecht enthielt keine klaren Festlegungen über das Recht der Notwehr. Im Bewußtsein, in einem vollkommen verwalteten Staate zu leben, war man der Ansicht, daß der Bürger zur Wahrung seiner Rechte nichts selbst tun, sondern alles vertrauensvoll seiner Obrigkeit überlassen solle. Das Bewußtsein, der Staat habe das Recht, jede Handlung und Äußerung zu kontrollieren, die aus dem Kreise der Gedanken und dem innersten Heiligtum des Familienlebens ins öffentliche Dasein übergehe, war so zu Fleisch und Blut geworden, daß die Juristen – und nicht diese allein – dem Zweifel Raum geben konnten, ob nicht Meschter etwas getan habe, wozu er kein Recht hatte.

Das Publikum folgte dem natürlichen Gefühl und begriff nicht, daß der Müller ein Verbrechen begangen haben sollte, weil er bei der Verteidigung seines Lebens und seiner Habe einen frechen Dieb niederstach.

Eine Untersuchung wurde eingeleitet. Ein Justizkommissarius in Löwenberg veröffentlichte sogar einen Aufsatz, in dem er das Publikum unterrichtete, daß es zweifelhaft bleibe, ob die Handlung Meschters als eine rechtmäßige Notwehr betrachtet werden könnte, sosehr man dies auch wünschen und so dringend man auch die künftigen Richter bitten müßte, ihm die Befreiung der Provinz von einem gefährlichen und allgemein gefürchteten Diebe als Milderungsgrund seiner Strafe anzurechnen.

Die Stimme der Juristen drang dieses Mal ins Volk und weckte eine Furcht und Scheu vor dem Gesetz. Daß Meschter nicht bestraft, ja, daß er ausdrücklich freigesprochen wurde, konnte diese unbegründete Scheu nicht verscheuchen; denn weit verbreitet war das Gerücht noch in späteren Jahren: Der Müller, welcher nichts getan als einen Dieb niedergestochen, der ihn töten wollte, sei dafür, und zwar von

Rechts wegen, zu zwei Jahren Zuchthaus verurteilt und nur infolge der königlichen Begnadigung freigesprochen worden. Daß ein solches Gerücht unter dem Volke entstehen und Wurzeln fassen konnte, war nur die Nemesis, die jeder Justiz anhaftet, die, und wenn sie die beste ist, sich vom Volke isoliert und ihm, keine Einblicke in ihren Mechanismus gewährend, nur durch ihre Urteilssprüche imponieren soll.

Der Kriminalsenat zu Glogau erkannte als Tatbestand, daß der Müller einen Menschen, der des Nachts, zwecks gewaltsamen Einbruchs, bewaffnet in seine Behausung habe eindringen wollen, durch Drohungen versuchte abzuwehren; als er aber sich nicht nur nicht habe abweisen lassen, sondern ihn selbst gewaltsam am Arme ergriffen, dabei auch mit einem Terzerol versehen war, habe er ihn durch einen Stich mit seinem Hirschfänger getötet.

Demnach stehe Totschlag fest. Der Täter aber verweise auf den Notstand, in dem er sich befunden habe und daß seine Tat als eine rechte Notwehr angesehen werden müsse. Die Bestimmungen des preußischen Landrechts darüber lauteten: daß jedem die Befugnis zustehe, die ihm oder den Seinigen drohende Gefahr einer unrechtmäßigen, durch eigenmächtige Gewalt zugefügten Beschädigung, wenn obrigkeitliche Hilfe zur Abwendung der Gewalt nicht zu erlangen sei, aber durch diese Sache nicht wieder in den vorigen Stand gesetzt werden könne, alsdann selbst, durch der Sache angemessene Hilfsmittel, abzuwenden.

Dem Ermessen des Richters werden dabei folgende nähere Bestimmungen gegeben: daß das zur Abwendung des Schadens angewandte Mittel mit dem Schaden selbst im Verhältnis stehe; daß die Notwehr nicht weitergehe, als sie zur Abwendung des Übels nötig sei; daß endlich lebensgefährliche Beschädigungen nur dann erlaubt seien, wenn die Person des Angegriffenen nicht anders geschützt werden, der Angegriffene sich auch ohne Gefahr dem Angriff nicht entziehen könne.

Das Gericht erkannte, daß alle diese gesetzlichen Bedingungen im Falle des Müllers Meschter gegeben waren: eine sehr unrechtmäßige und eigenmächtige Gewalt des Einbrechenden; die Drohungen dreier Männer konnten ihn nicht zurückschrecken; er war in Begleitung mehrerer, zum Teil bewaffnet; die Mühle lag entfernt vom Dorfe; weder von daher noch von der Obrigkeit war Hilfe zu erlangen; mit tödlichen Waffen versehen, hatte der Räuber schon einen persönlichen Angriff auf den Müller gewagt; für ihn war es in doppelter Hinsicht gefährlich, entweder zog er den Räuber hinein, wo ihm dann seine

Spießgesellen gefolgt wären, oder er wurde von ihm hinausgezogen, wo die Räuber dem Müller auf der Stelle den Garaus gemacht hätten; die Gefahr war drohend, die Wiederherstellung des Gefährdeten konnte durch die Obrigkeit nicht erfolgen, es ging an Leib und Leben; es sei somit unbedingt der Fall einer gesetzlichen und gerechten Notwehr eingetreten.

Es frage sich daher nur, ob nicht die gesetzlichen Grenzlinien überschritten worden waren. Gegen einen mit tödlichen Waffen Angreifenden blieb nichts übrig, als sich selbst auch mit Waffen zu versehen. Der Müller ging nicht mit der Absicht zu töten auf ihn los, sondern redete ihn anfänglich nur an: was er wolle. Erst als der Dieb nicht wich und ihn im Gegenteil, die Waffe in der Hand, gefährlich angriff, bediente er sich auf die natürlichste Weise der eigenen. Es stand Leben gegen Leben und Schade gegen Schaden. Indem sich der Müller aber mit einmaligem Zustechen begnügte, selbst als der andere ihn darauf noch festhielt, trieb er die Notwehr nicht weiter, als die Notdurft forderte.

Zwar scheint die »lebensgefährliche Beschädigung« gegen den Angreifenden dann nicht gestattet, wenn der Angegriffene sich ohne Gefahr dem Angriffe hätte entziehen können; aber der Richter erkannte, daß in diesem Falle an Flucht gar nicht zu denken war. Auch könne diese mit Preisgebung des Eigentums nicht gefordert werden, um dadurch jeder Verantwortlichkeit wegen Tötung eines Räubers zu entgehen. Demnach erkannte das Gericht, daß der Müller Meschter wegen der in Notwehr geschehenen »Ertötung« des Exner von aller Schuld und Strafe und von Bezahlung der aufgelaufenen Kosten gänzlich freizusprechen sei.

Dem gesunden Menschenverstand muß diese ganze Beweisführung, durch die jemand freigesprochen wird von Schuld und Strafe, weil er nichts getan hat, als was jeder andere, einigermaßen beherzte Mann im gleichen Falle getan hätte, seltsam vorkommen. Und nicht nur dies; auch in den meisten zivilisierten Staaten, wo der Rechtsbegriff im Volke lebendig ist, würde man mit Verwunderung die gelehrte Erörterung lesen, wodurch etwas bewiesen werden soll, was sich von selbst versteht. Ein auf Tod und Leben Angegriffener darf sich auf Tod und Leben wehren. Es zeugt von einer schlimmen Verrückung der Verhältnisse, wo dieses Naturrecht in die engsten Grenzen eingeschlossen wird, aus Besorgnis, daß es übertreten werden könne. Es zeugt von einer solchen Entfernung von den natürlichen Zuständen, von einem auf die Spitze getriebenen Kontrollwesen und einer Bevormundung der menschlichen und bürgerlichen

Tatkraft, die den letzten Schatten der individuellen Freiheit im Staate vernichtet hat.

An Gründen fehlt es den Verteidigern freilich nicht; es sind aber dieselben Gründe, die eine jede Freiheit beschränken, ja unmöglich machen, weil ihr möglicher Mißbrauch schädlich werden könnte.

Jedoch schon in dem Preußen von 1805 regte sich bei dieser Gelegenheit die öffentliche Meinung. Es war, als ob gerade dieser Fall das lange schlummernde Bewußtsein eines entrissenen Rechts erweckt habe. Man wollte es nicht glauben, daß der Müller bestraft werden könne; man glaubte, es sei eine Spitzfindigkeit der Juristen, die aus dem Rechte etwas herausdrehen wollten, was nicht darin stünde, und wenn es stünde, so sei es kein rechtes Recht. So allgemein und laut wurde diese Stimme, daß selbst die Richter in ihrem Urteil »der für den Inculpaten im Publico entstandenen günstigen Stimmung« Erwähnung zu tun sich gezwungen sahen, ein bis dahin in der preußischen Justiz wahrscheinlich unbekannter Fall, eine Justiz, die, stolz auf ihre isolierte, eiserne Basis, nicht glaubte, mit dem Publikum zu tun zu haben, am wenigsten aber die Verpflichtung spürte, sich mit seinen Ansichten auseinandersetzen zu müssen. Daher wurde dann gleich hinzugefügt, daß die Stimmung im Publikum, die eine Strafmilderung fordere, auf das Urteil ohne allen Einfluß geblieben sei.

Allein, es - wurde nicht nur darüber geredet. Ein Schriftsteller von Geist und gleichzeitig Advokat, dessen scharfe Feder in mehreren Angelegenheiten sich Geltung verschafft hatte, der Dr. Grattenauer aus Breslau, schrieb damals ein Buch über die Notwehr unter dem Titel »Exners Tod«. Grattenauer tritt schon im Jahre 1806 als Gegner des Inquisitionsverfahrens und als Verteidiger der Geschworenengerichte auf.

Es wird für unsere Leser nicht ohne Interesse sein, die Ansicht dieses preußischen Juristen über den inquisitorischen Prozeß und das Geschworenengericht mit seinen eigenen Worten zu hören, Worte und Ansichten, die aber wahrscheinlich im Getöse der Waffen und den bald folgenden Kriegsdrangsalen völlig verhallten, auch traten andere Reformen ein, durchdringendere, aber notwendigere.

Was nicht öffentlich verhandelt und entschieden wird, hat im höchsten Sinn auch keinen öffentlichen Glauben, und wenn vollends das Resultat einer solchen Verhandlung der öffentlichen Meinung widerspricht, so läßt sich ein allgemeines Anerkenntnis seiner Wahrheit weder denken noch fordern. Hierin liegt der Grund, daß die Masse der Staatsbürger kein anderes Kriminalurteil mit lebhafter und freiwilli-

ger Überzeugung anerkennt als das einer Jury. Eine solche Anerkenn-
ung ist aber überall unmöglich, wo kein Geschworenengericht nach
öffentlicher Anklage und Verteidigung sein Schuldig oder Unschuldig
öffentlich und so ausspricht, wie es die menschliche Überzeugung in
ihrer natürlichen Lauterkeit und Reinheit fordert.

»Welches Geschworenengericht in der Welt hätte einen Augenblick
unschlüssig sein können, den Mann freizusprechen, der den furchtbarsten Räuber in der Provinz getötet hat? – Man darf's nur ausspre-
chen, und niemand kann's leugnen, denn wo die innere Überzeugung
nur gefühlt wird, da triumphiert sie. Wo man sie aber durch irgend-
ein Surrogat zu unterdrücken und zu ersetzen sucht, da wird das
Kriterium der Wahrheit im Menschen verleugnet, und wie das verletzte Gewissen sich zu beruhigen im stillen vergeblich bemüht ist, so
erhebt sich auch die Stimme der öffentlichen Meinung laut und kräftig wider jeden Angriff auf die letzte Schutzwehr gegen Willkür und
Unrecht. Daß dennoch die deutschen Kriminalrichter so wenig
Achtung vor der allgemeinen Stimme an den Tag legen, beweist mehr
noch die Barbarei der ihnen unterworfenen Bürger als ihre eigene
Unbildung, indem es zugleich die Trümmer jenes in seine eigene
Nichtigkeit versunkenen vormundschaftlichen Regierungssystems
bezeichnet, welche erst weggeräumt werden müssen, bevor der Grund
zum Gebäude einer wahrhaft vernünftigen Kriminalverfassung gelegt
werden kann.«

So schrieb ein preußischer Untertan schon im Jahre 1806.

DAS VERSCHWINDEN DES LORD BATHURST
IN PERLEBERG

Am Sonnabend, dem 25. November 1809, kamen in Perleberg um die Mittagszeit zwei Reisende in Begleitung eines Bedienten mit Extrapost an. Sie waren auf dem Wege von Berlin nach Hamburg. Im Posthaus bestellten sie für den davor abgestellten Wagen sofort Pferde zur Fortsetzung der Reise nach Lenzen.

Doch gleich darauf wurden die Pferde wieder abbestellt, und einer der Reisenden begab sich zum preußischen Kommandanten von Perleberg, Hauptmann von Klitzing, und erbat von ihm eine Schutzwache, »weil er sich im Posthause nicht sicher halte«. Der Bitte wurde stattgegeben und dem Reisenden zwei Mann Wache geschickt. Abends um sieben war der Reisende noch nicht abgefahren, aber auf sein Verlangen zog die Wache wieder ab. Die Reisenden blieben weitere zwei Stunden und bestellten gegen neun Uhr abermals Postpferde, um die Reise fortzusetzen. Während des Aufpackens, die Pferde waren schon angeschirrt, entfernte sich der eine Reisende und kam nicht wieder. Alles Warten, Suchen, Rufen war vergebens, er ist bis heute nicht wiedergekommen.

Die Reisenden hatten zum Unwillen des Postpersonals mehr als einmal Pferde bestellt und dann wieder abschirren lassen. In der Wirtsstube des Posthauses hielten sich außer den Reisenden zwei jüdische Kaufleute auf. Sie waren vor ihnen angekommen, reisten jedoch erst in der Nacht mit Extrapost nach Lenzen weiter.

Die Betreuung der Extrapost oblag dem Wagenmeister und Briefträger Schmidt, einem ehemaligen Unteroffizier. Der alte Mann ließ sich gewöhnlich durch seine Frau oder andere Familienmitglieder vertreten. Die Frau hatte es übernommen – die Trinkgelder für den

Extrapostdienst spielten für die Schmidts eine große Rolle –, die auf der offenen Straße stehenden Wagen zu bewachen. Wegen der immer neuen Verzögerung der Abfahrt der Reisenden übertrug sie die Bewachung dieses Wagens ihrer Tochter und ihrem Sohn August, der als Spieler und Herumtreiber galt. Schließlich bewachte den Wagen das Dienstmädchen Elisabeth Nagel, die für den alten Schmidt die Briefe austrug und die eigentliche Briefträgerin von Perleberg war.

Der verschwundene Reisende hatte sich, so ist die allgemeine Ansicht, vom Wagen entfernt, um noch ein Bedürfnis zu befriedigen. Ob er bereits im Wagen gesessen und wieder ausstieg, ob der Reisegefährte und der Bediente im Wagen waren oder nicht, ist unbekannt.

Nachdem alles Nachsuchen nach ihm ergebnislos geblieben war, ging sein Bedienter zum Kommandanten von Klitzing, um ihm den Vorfall anzuzeigen. Klitzing rief sofort die Bezirksvorsteher von Perleberg zusammen und beauftragte sie, die nötigen Nachforschungen anzustellen. Den anderen Reisenden logierte er mit dem Bedienten im Gasthaus »Zur Goldenen Krone« ein und stellte eine Wache von Kürassieren.

Die Bezirksvorsteher zeigten in der Angelegenheit den für sie charakteristischen Eifer. In ihr Amt waren sie durch die neue preußische Städteordnung vom November 1808 gekommen, dem ersten Gesetz, das auf eine kräftige Mitwirkung des Bürgertums zur Wiederherstellung des von grundauf zerrütteten Staates baute. Sie hatten sich in Perleberg zu einer Körperschaft konstituiert, die über die Sicherheit und Ordnung in der Stadt wachte. Die vier Bezirksvorsteher – Pfützenreuter, Wendt, Schulze und Teltow – hatten ihr Auge auf alles verdächtige Gesindel, auf Personen, deren rechtmäßiger Erwerb zweifelhaft war. Sie drangen nachts in verdächtige Häuser, zwangen, die Türen zu öffnen, Licht anzuzünden und setzten sich nicht nur Schmähungen, sondern auch Tätlichkeiten aus, die sie ab und an erwiderten. Ihre besondere Tätigkeit bedingten die Zeit- und örtlichen Verhältnisse.

Die französischen Truppen hatten gerade, bis auf die von ihnen besetzten Festungen, das Land verlassen, das sie 1806 niedergeworfen hatten. Der König und seine Familie waren in Königsberg und ihre Rückkehr in die Residenz Berlin wurde erwartet. Der ganze Staat stand vor einer Neuordnung und Neuorganisation. Es herrschte ein gewisses Vakuum. Die aufgelösten alten Verhältnisse und Heere hatten überall einen üblen Rest zurückgelassen. Brotloses Gesindel, Marodeure und Deserteure durchstreiften das Land und machten die

Straßen unsicher. Jeder Vagabund gab sich für einen Deserteur von der Macht aus, die in der jeweiligen Gegend bei der Bevölkerung auf die größte Ablehnung stieß. Perleberg lag nahe der an der Elbe verlaufenden Grenze des von Napoleon unter Einschluß bedeutender preußischer Provinzen im August 1807 gegründeten Königreiches Westfalen, das Napoleons jüngster Bruder Jérôme Bonaparte regierte. Die Region war von Gesindel überlaufen und selbst versprengte, entlassene Offiziere aus fremden Armeen und benachbarten Ländern hatten die Stadt zum Aufenthaltsort gewählt, ohne den Behörden plausible Gründe für ihre Anwesenheit zu nennen. Anlaß für die Polizei und die Bezirksvorsteher, tätig zu sein, gab es mehr als genug. Ein patriotischer Grund kam später noch hinzu. Die Unsicherheit auf den Straßen war so groß geworden, daß die französischen Behörden die preußische Regierung mit der Absicht bekannt machten, mobile Einheiten im Land einzusetzen, um die Vagabunden aufzugreifen. Um die fremde Einmischung abzuwenden, ließ das preußische Gouvernement an alle Magistrate selbst die dringendste Aufforderung ergehen, das Gesindel zu bekämpfen.

Mit dem fremden Reisenden mußten Dinge von großem Gewicht verbunden sein. Er hätte sich sonst nicht eine Schutzwache erbeten, der Kommandant sie ihm nicht sofort gewährt und bei der ersten Nachricht von seinem Verschwinden den zurückgebliebenen Reisenden und dessen Diener in militärische Obhut genommen. Wer die Reisenden waren, wußte man zunächst nicht, nur daß sie Ausländer waren und einem höheren Stand angehörten, als sie sich ausgaben. Der Verschwundene war als »Kaufmann Koch« auf der Reise von Berlin nach Hamburg aufgetreten. Sie waren mit vier Pferden angekommen und wollten mit vier Pferden weiter. Ihre Equipage, ihre Effekten entsprachen dem Bild reicher und vornehmer Fremder. Diese Effekten ließ Klitzing sofort durch ein Kommando Kürassiere in der Poststation sichern. Es fehlte nichts, bis auf ein oder zwei Pelze, nach denen ein Ordonnanzsoldat auf die Post geschickt wurde.

In der Nacht vom Sonnabend zum Sonntag beauftragte der Kommandant die vier Bezirksvorsteher mit der Suche nach dem verschwundenen Fremden. Der Befehl hatte eigentlich etwas Anomales, da er von einer Militärbehörde an die ihr nicht unterstehenden Unterbeamten des Magistrates ergangen war, doch die Bezirksvorsteher kamen der militärischen Anweisung bereitwilligst nach. Bei Nacht und Nebel durchsuchten sie die Gegend um die Post und die Stadt.

In dieser Nacht fand ein Ball des Landadels statt, an dem auch Klitzing teilnahm. Am Morgen (Sonntag, der 26.) traf der Bezirks-vorsteher Pfützenreuter den Kommandanten vor dem »Deutschen Kaffeehaus« und berichtete ihm, das die Suche bisher erfolglos ver-laufen sei. Klitzing teilte ihm mit, daß von den Effekten des ver-schwundenen Fremden ein kostbarer Pelz fehle. Die Bezirksvorsteher sollten versuchen, ihn zu finden.

Als Klitzing und Pfützenreuter sich mittags auf der Straße begeg-neten, rief der Kommandant den Bezirksvorsteher heran und erklär-te ihm, er verreise auf einige Stunden, doch sei er bis Mitternacht wie-der zu Hause. Was über den verlorenen Fremden einlaufe, könne bis zum anderen Morgen ruhen.

Der Sonntag verstrich, ohne daß etwas entdeckt wurde. Der Fischer Grave mußte die Stepenitz, die teils um, teils durch die Stadt fließt, absuchen, fand aber weder einen menschlichen Körper noch irgend etwas Verdächtiges. Am Montag begaben sich Pfützenreuter und Teltow zur Wohnung des Kommandanten, um weitere Anweisungen entgegenzunehmen, er war aber noch nicht zurück. Sein Diener trug ihnen noch einmal auf, nach dem Pelz zu suchen.

Klitzings Diener wußte ebensowenig wie sie, wie der Pelz aussah. Wenn etwas geschehen sollte, mußte dies rasch geschehen. Den Pelz kennen, mußte der Bediente des Verschwundenen und dieser Bediente saß – entweder bewacht oder gefangen – im Wirtshaus »Zur Krone«. Sie holten mit einem Polizeidiener den Bedienten, Nikolaus Hilbert, am Montagnachmittag zu einer Besprechung aller Bezirks-vorsteher bei Pfützenreuter und fertigten ein Protokoll über das Aussehen des Pelzes an. Hilbert wurde anschließend in das Wirtshaus zurückgebracht, wobei dafür gesorgt wurde, daß er mit niemand Kontakt aufnehmen konnte.

Montagabend gegen 7 Uhr war Klitzing wieder in Perleberg. Tags darauf wandte er sich mit einer heftigen Beschwerde über das eigen-mächtige Verhalten der Bezirksvorsteher an den Magistrat, in der er schrieb, »daß er mit dem größten Befremden vernommen, wie man während seiner gestrigen Abwesenheit gewagt, den von ihm arretier-ten und als Staatsgefangenen behandelten Bedienten des aus dem Posthause entwichenen Kaufmann Koch durch Gerichtsdiener aus dem ihn angewiesenen Gasthofe abholen zu lassen und ihn vor ein förmliches Verhör gestellt habe. Der Magistrat werde die Gesetzwi-drigkeit des Verfahrens anerkennen, und er ersuche, daß man die Urheber dieses Unternehmens, dessen nachteilige Folgen schwer zu berechnen seien, sofort anzeige, damit sie zur Verantwortung gezogen würden.« Klitzing erbat zugleich, das Verhörprotokoll ihm im Original zu übersenden.

Die Bezirksvorsteher entrüsteten sich – ein erstes Zeichen des Erwachens eines lange schlummernden Bürgersinns in kleinen preußischen Städten – und statt sich stumm der militärischen Autorität zu fügen, forderten sie Rechtfertigung. Bürgermeister Stappenbeck nahm sich kräftig und entschieden seiner Bezirksvorsteher an und sandte am Dienstag (28. November) auf der Basis ihrer Darstellungen ein ausführliches Schreiben an den Kommandanten. Die Bezirksvorsteher erklärten, wenn sie dem Auftrag des Kommandanten, nach dem Pelz zu suchen, ernsthaft hätten nachkommen wollen, habe die Nachforschung nicht bis zu seiner Rückkehr ausgesetzt werden können. Da weder vom Magistrat, noch den Stadtverordneten oder dem Kommandanten, eine Anweisung erteilt worden, an wen sie sich in seiner Abwesenheit hätten halten sollen, mußten sie selbst handeln. Übrigens zweifelten sie, ob der Bediente Nikolaus Hilbert sich im Arrestzustande befunden hatte. In einem solchen Fall hätte die Militärwache unmöglich ihnen Hilbert übergeben können. Auch würde es gegen die einfachsten Regeln einer Untersuchung verstoßen, zwei Personen, die der Teilnahme ein und desselben Verbrechens beschuldigt werden, im gleichen Raum festzuhalten. Sie hätten dadurch Gelegenheit bekommen, über alles und jedes Verabredungen zu treffen. Hilbert habe sich zudem frei im Hause bewegt. Es sei undenkbar, daß die Wache so gehandelt haben würde, wenn ihnen der Bediente und sein Herr, nicht nur als Arrestanten, sondern als Staatsgefangene anvertraut gewesen seien. Sei es aber so, müßte gegen die Soldaten, nicht aber gegen sie, die treu ihre Pflicht erfüllt hätten, eine Rüge ausgesprochen werden.

Der Wirt »Zur goldenen Krone« bestätigte, was die Bezirksvorsteher angegeben hatten. Sonnabendnacht war der Kommandant mit dem Begleiter des Verschwundenen in einer Extrapostkutsche vor der »Krone« vorgefahren. Auf dem Bock des Wagens saßen der Bediente und ein Kürassier. Klitzing nahm für den Herren und seinen Bedienten zwei Zimmer im zweiten Stockwerk. Der Diener bezog das Vorzimmer, beide hatten durch eine Tür Kommunikation. Der Kürassier blieb als Wache vor den Zimmern. Dem Wirt wurde nicht gesagt, daß sie Arrestanten seien. Der fremde Herr, der Fischer genannt wurde, verließ von seinem Einzug am Sonnabend bis zum Dienstag nicht das Zimmer. Der Bediente ging unbehindert von der Wache frei im Hause umher und trank in der Gaststube Kaffee. Dritte Personen besuchten unbehindert von der Wache die sogenannten

Arrestanten. Erst Montagabend, nach der Rückkehr des Kommandanten, war an die Wache ein entsprechender anderer Befehl ergangen. Der Wirt schloß daraus, daß die Wache ihnen bis dahin nur zu ihrer Sicherheit diente.

Die Bezirksvorsteher erklärten, sie von allen Aufträgen zu verschonen, bevor von Klitzing eine Antwort eingehe. Wenn sie jetzt die Untersuchung von anderen Diebstählen abbrächen, hätten es diejenigen zu verantworten, die sie in ihren Obliegenheiten behinderten. Sie gingen ihnen ganz ohne persönliches Interesse, bei Gefahr und Ruin ihrer Gesundheit nach.

Klitzing, Kommandant in einer Grenzstadt, Hauptmann, Edelmann und Soldat der alten Schule, schäumte vor Wut, daß bürgerliche Unterbeamte, die Schöpfung einer neuen Zeit, kleine Krämer, Handwerker, sich eine solche Sprache gegen das Militär erlaubten. Er schickte deshalb einen Bericht nach Berlin. Auch der Bürgermeister hatte wie die Bezirksvorsteher ein Schreiben verfaßt und man begreift kaum, wie alle diese Behörden in einer so kritischen Situation sich dafür Zeit nahmen.

Schon am Montagabend war eine wichtige Entdeckung gemacht worden. Der verschwundene Pelz sollte im Besitz der Familie Schmidt sein. Die Bezirksvorsteher glaubten, der Sache am besten auf die Spur zu kommen, wenn sie das Dienstmädchen der Schmidts, Elisabeth Nagel, *privatim* bearbeiteten. Sie versprachen ihr eine Belohnung von 5 Talern, wenn sie die entsprechenden Beweise erbringe. Auch ging das Gerücht um, ihr sei gedroht und sie sei geschlagen worden.

Mittwoch, den 29. November, wurde die Elisabeth Nagel durch einen Reiter vor den Kommandanten von Klitzing geladen. Er saß mit dem Leutnant von Zieten beim Mittagstisch. Klitzing erwartete von der Nagel nicht eine Aussage über den Pelz, sondern eine Beschwerde über die Bezirksvorsteher. Es ginge das Gerücht, sagte er ihr, daß sie bei der Vernehmung vor den Bezirksvorstehern geschlagen worden wäre und 5 Taler bekommen habe. Sie habe keine Schläge bekommen, erwiderte sie und zur Zeit auch noch keine 5 Taler. Klitzing drohte ihr, alles daranzusetzen, die Wahrheit zu erfahren. Er werde sie auf der Stelle ausziehen lassen, um zu sehen, ob sie noch Spuren oder Striemen am Leibe trage. Als diese Drohung nicht fruchtete, drohte er ihr, sie so lange peitschen zu lassen, bis sie gestehe, Schläge bekommen zu haben.

Vergebens redeten ihr der Hauswirt Klitzings und andere Personen zu, doch zu gestehen, da es ja zu ihrem Besten sei. Der Kommandant wolle nicht durchgehen lassen, daß sie von den Bezirksvorstehern geschlagen worden sei. Vergebens versicherte ihr auch der Leutnant von Zieten, Herr von Klitzing würde sie gewiß durchhauen lassen, wenn sie die Schläge nicht eingestände. Elisabeth Nagel blieb bei ihrer Ablehnung – und kam ohne Schläge davon.

Die Bezirksvorsteher zeigten den Vorfall augenblicklich beim Magistrat an, und der Bürgermeister nahm sofort am selben Tage darüber ein Protokoll auf. Wenn auch jede der Parteien der anderen Seite keinen Schritt Boden ohne Kampf einräumte, so ließ es doch jede für sich nicht an Eifer fehlen, den mysteriösen Fall zu klären, wenn auch ihre Gesichtspunkte dabei verschieden waren. Die bürgerliche Obrigkeit betrachtete den Fall als einen gewöhnlichen Polizeifall. Die Militärbehörde hatte Winke empfangen und Rücksichten zu nehmen. Es fragt sich nur, welche Grenzen ihr bei den Nachforschungen gezogen worden waren, wie weit ihre Unterrichtung reichte? Darüber ist nie etwas verlautbart.

Eine dritte Behörde in Perleberg, das Gericht, hätte sich noch der Sache annehmen müssen. Die Energie, mit der Militär- und Polizeibehörde auftraten, fehlte hier völlig. Man handelte nicht selbst, sondern wartete eine polizeiliche Anzeige ab und leitete dann die Untersuchung auf einen Seitenweg.

Daß es sich in dem Fall um andere Personen handelte, als einen Herrn Koch und einen Herrn Fischer, konnte schon damals niemand entgangen sein. Es waren Fremde auf der Flucht, vornehme Fremde, Engländer, Personen mit Staatsrang. Vor wem konnten sie fliehen, gegen wen eine Wache sich erbitten? Die preußischen Behörden, nach der Niederlage gegen Napoleon und dem Frieden von Tilsit gerade erst wieder im eigenen Land eingesetzt, zögernd unter französischem Druck tätig, verfolgten niemand gegen diesen Druck. Sie fürchteten die Franzosen und ihre Geheimpolizei, die ihre Späher überall im Lande hatte.

Klitzing hatte von dem zurückgebliebenen Reisenden erfahren, daß noch zwei Pelze im Posthaus wären. Noch in der Nacht sandte er eine Ordonnanz dorthin. Ihr wurde durch den Postsekretär gesagt, die Pelze oder den Pelz hätte die Wagenmeisterin Schmidt in ihre Wohnung mitgenommen. Die Ordonnanz klopfte an das Fenster der Wohnung, erhielt aber nur den Pelz Fischers und die Auskunft, von einem zweiten wisse man nichts. Dieser zweite sehr wertvolle Zobelpelz war aber bestimmt dagewesen. Lag ein Verbrechen vor, kam man ihm vielleicht durch die Ermittlung des Pelzes auf die Spur? Der verschwundene Reisende Koch hatte den Pelz nicht getragen, als er in den Postwagen einsteigen wollte und sich dann von ihm entfernte. Er hatte ihn wohl im Posthaus vergessen, vielleicht ein Zeichen, in welcher Befangenheit und Bestürzung die beiden Reisenden die Stunden vor der Abfahrt in Perleberg verbrachten. Die Befragung des Dienstmädchens Nagel durch die Bezirksvorsteher hatte ergeben, daß der Pelz im Besitz des Sohnes der Wagenmeisterin sei. August Schmidt wurde in einer Schenke beim Spiel aufgegriffen und leugnete nicht, im Besitz des Pelzes zu sein. Bei einer militärisch-polizeilichen Haussuchung fand man den Pelz in einem Sack im Holzkeller der Eltern, wo er unter Brennholz verborgen lag. August Schmidt wurde verhaftet und gegen ihn, seine Eltern und das Dienstmädchen eine Untersuchung wegen Diebstahls eröffnet.

Es stellte sich dabei heraus, daß in der Nacht zwischen eins und zwei, nachdem auch die jüdischen Kaufleute abgefahren waren, die liegengebliebenen Pelze bemerkt wurden. Die Wagenmeisterin, die anfänglich nur einen gesehen haben wollte, nahm ihn mit in ihre Wohnung, da derartige Dinge nicht in der Poststube liegenbleiben dürften. Der Postsekretär habe ihr gesagt, sie möge sie morgen früh wieder schicken, damit die Pelze dem Eigentümer mit der Fahrpost nach Lenzen nachgesandt werden könnten. Der Sekretär machte dabei die Bemerkung, daß von den Reisenden, die der Post, ohne zu zahlen, soviel Mühe, Verdruß und Zeitverlust gemacht hätten, denn doch etwas zurückbliebe, woran man sich notfalls halten könne.

Die Wagenmeisterin muß diesem Gedanken auf dem Heimweg nachgehangen haben, ihr Sohn beutete ihn dann aus. Als die Ordonnanz die Pelze in der Nacht verlangte, erhielt sie nur einen, den anderen brachte August Schmidt in den Keller. Er will ihn an einen Nagel aufgehängt haben, von wo er dann herabgefallen und von neu zugekommenen Holz überdeckt worden sei. Mit seiner Mutter übereinstimmend erklärte der Sohn, er habe gedacht, der Pelz gehöre einem der Juden. Er habe ihn in Erwartung eines Trinkgeldes aufheben wollen, wobei er nicht verheimlichte, gehofft zu haben, der Besitzer würde sich nicht melden. August Schmidt und seine Mutter wurden später zu einer achtmonatigen Gefängnisstrafe vom Berliner Kammergericht verurteilt, die sie aber wegen einer Amnestie nicht anzutreten brauchten.

Bei Übersendung des Urteils an das Perleberger Gericht forderte das Kammergericht am 20. Januar 1810 die Perleberger Behörde auf, »ihm sofort anzuzeigen, was es für eine Bewandtnis mit einem verschwundenen fremden Reisenden habe, ob derselbe wieder zurückgekommen oder ob er wenigstens tot aufgefunden und im letzteren Falle, wie sich solches zugetragen? Wenn das Gericht noch keine genaue Kenntnis davon haben sollte, so habe es sofort Erkundigung einzuziehen.« In Berlin und beim Kammergericht wird man am 20. Januar 1810 ziemlich unterrichtet gewesen sein, wie die Sachen standen.

In der Untersuchung war zwar festgestellt worden, daß August Schmidt den Pelz seinem Besitzer nicht vom Leibe raubte, aber sein Charakter gab Anlaß zu den schlimmsten Befürchtungen. Von Beruf Weißgerber, hatte er sich in aller Herren Länder ohne Beschäftigung herumgetrieben. In Perleberg lebte er von Trinkgeldern bei den Extraposten und lag in der Regel den Tag über, wenn keine Extrapost kam, in Bierhäusern und Schenken zu »seiner Aufheiterung« herum. Er hatte ein Alibi, daß er an jenem Abend nicht in der Nähe der Post gewesen war, sondern von Schenke zu Schenke zog. Aber wo ist das Verbrechen begangen worden? Schmidt hatte im Verhör ausgesagt: »Der Fremde, welcher sich hier verloren und dem der Pelz gehören solle, habe, wie er von seiner Mutter gehört, zwei Taschenpistolen bei sich gehabt, und seine Mutter habe ihm noch Schießpulver holen müssen. Er vermute daher, daß er sich selbst erschossen habe, da er und sein Reisegefährte wohl nicht reine Sache gehabt, denn sie hätten, dem Vernehmen nach, viel Geld bei sich getragen und der in Perleberg gebliebene Reisende sei ja dann auch mit seinem Bedienten von dem Herrn von Klitzing arretiert worden.«

Wie kam Schmidt zu diesen Vermutungen, diesen Äußerungen? Was hatte er seit Sonnabendmittag mit den Fremden zu tun gehabt? Die gerichtliche Untersuchung ging auf all dies nicht ein, sie war allein an der Aufklärung des Pelzdiebstahls interessiert. Das Gericht, den Konflikt zwischen Militär- und Polizeibehörden vor Augen, scheint geflissentlich alles vermieden zu haben, was ihm hätte Unannehmlichkeiten bereiten können. Selbst Klitzings Hinweis, Schmidt habe die Nacht, in der der Fremde verschwand, nicht zu Hause zugebracht, ließ es nicht über den Pelzdiebstahl hinausgehen. Auch die Aufforderung des Berliner Generalpostamtes, bei dieser Gelegenheit zu untersuchen, ob in der Umgebung von Perleberg nicht noch andere Postdiebstähle unter eventueller Beteiligung des August Schmidt vorgekommen seien, verfolgte das Gericht nicht. Es begnügte sich mit seiner Erklärung, daß er sich noch nie ein Vergehen gegen die Post habe zuschulden kommen lassen.

Am Donnerstag, den 30. November, erging durch den Kommandanten von Klitzing ein förmliches Ersuchen an den Magistrat, da der am Abend des 25. aus dem Posthause »fortgegangene« Kaufmann Koch von niemand seitdem gesehen worden, müsse er vermuten, daß derselbe nicht von dem Perleberger Territorium gekommen sei. Da das königliche Gouvernement auf seine Auffindung großen Wert lege und es den Polizeibehörden der Stadt leicht zum Vorwurf gemacht werden könne, daß ein Mensch verschwunden sei, ohne die geringste Spur von ihm zu finden, werde der Magistrat aufgefordert:

1. Durch kundige Leute solle die gesamte Feldmark in ihrem ganzen Umfange abgesucht werden, namentlich alle Gräben und Vertiefungen.

2. Alle Förster und Jäger sollten mit ihren Hunden das Terrain abspüren lassen.

3. Wenn auch bei dieser Nachsuchung nichts von dem Vermißten aufgefunden werde, müßte der Fluß Stepenitz abgelassen werden. Bei dieser Ablassung müßten die engsten Passagen besetzt werden, um zu verhindern, daß die Gewalt des Stromes den Körper mit sich fortreiße. Wenn er abgelassen sei, müsse der Boden Schritt für Schritt untersucht werden.

Die entstehenden Kosten werde er übernehmen. Ferner setze er eine Belohnung von zehn Talern für jeden aus, der den verschwundenen Reisenden Koch oder seine Leiche herbeischaffe. Die Stepenitz wurde durch den Mühlenmeister innerhalb von zwei Tagen abgelassen und von den Fischern mit Kähnen und zu Fuß durchsucht. Bürger, Bauern, Förster, Jäger durchstöberten bis in die ersten Dezembertage mit Hunden, Stöcken, Eisen die ganze Feldmark, Scheunen, Hecken, Gräben, den Wald, alles ohne Erfolg. Die Bezirksvorsteher forschten in der Stadt. Wo bekannt war, daß August Schmidt getanzt, getrunken, verkehrt habe, wurden Keller und Böden durchsucht. Im Ratskeller, im Posthaus jedes Gelaß durchstöbert, Kisten und Kasten geöffnet. Die Polizeibediensteten durchfuhren den Erdboden mit Visiereisen. Alle verdächtigen Häuser, alle Abzugsgräben, alle Brunnen wurden untersucht. Es wurde nicht die geringste Spur entdeckt. Auf die ausgesetzten 10 Taler Belohnung meldeten sich zwar verschiedene Personen, aber was sie zu sagen hatten, beruhte nur auf Vermutungen, oder es waren Dinge, die mit der Sache nichts zu tun hatten.

Bürgermeister Stappenbeck informierte den Kommandanten darüber am 6. Dezember und fügte dem Schreiben hinzu, daß die Möglichkeit bestünde, daß der Fremde erst später durch einen Zufall gefunden werde. Um in diesem Falle die Angehörigen des Verschollenen, dessen wahrer Name, Stand und sonstige Verhältnisse dem Magistrat nicht bekannt seien, benachrichtigen zu können, bitte er, ihn mit den erforderlichen Nachrichten über den Fremden zu versehen. Der Magistrat werde von ihnen keinen Mißbrauch machen, da er schon von Amts wegen zur Verschwiegenheit verpflichtet sei. Der Kommandant antwortete am 8. Dezember, sobald er höheren Ortes die Erlaubnis erhalte, werde er dem Magistrat die näheren Auskünfte über Koch mitteilen. Es scheint nicht, daß diese Auskünfte nach Perleberg gegeben wurden. Beigelegt wurden aber endlich die Differenzen über die Bezirksvorsteher, wenn auch mit sehr verschiedenen Urteilen.

Der Kreisdirektor von Rohr hatte schon in einem Schreiben vom 1. Dezember an den Perleberger Magistrat festgestellt, daß der Polizei selbständiges Handeln auch bei der Anwesenheit von Militär zustünde, »daß aber im vorliegenden Falle der von Klitzing höhern Ortes den Befehl erhalten, allein und für sich zu verfahren und alle Publizität sorgfältig zu vermeiden, weshalb er selbst ihm nicht einmal etwas habe über diese Angelegenheit mitteilen dürfen«.

Ganz anders lautete ein Bescheid des Generalgouvernements in Berlin vom 6. Dezember. Der General Lestocq stellte sich ganz auf die Seite Klitzings und mißbilligte das von den Bezirksvorstehern durchgeführte Verhör. Allerdings hatte schon Anfang Dezember sich der Präsident der kurmärkischen Regierung in Potsdam, Freiherr von Vinke, hinter die Bezirksvorsteher gestellt und auf einen zu erwartenden abschließenden Bescheid der Regierung verwiesen. Er erfolgte am 8. Januar 1810.

»Von Gottes Gnaden Friedrich Wilhelm König von Preußen. Wir lassen Euch bekannt machen, daß der Generalleutnant von Lestocq dem dortigen Kommandanten, Hauptmann von Klitzing, empfohlen hat, auf die Wahl seiner Ausdrücke gegen Euch und die Stadtverordneten künftig mehr Aufmerksamkeit zu richten. Ihr habt dies den Stadtverordneten und Bezirksvorstehern bekannt zu machen und nicht allein selbst in Eurem bisherigen rühmlichen Eifer fortzufahren, sondern auch die Bezirksvorsteher dazu aufzufordern.«

Am 9. Dezember fragte Klitzing schriftlich beim Magistrat an, ob er irgendwelche Forderungen an den »sich entfernt habenden« Kaufmann Koch habe, da sein Begleiter die Absicht habe, am folgenden Tag morgens 9 Uhr die Reise fortzusetzen. Es ist die einzige Erwähnung der mysteriösen Person, des »Herrn Fischer«, die sich seit dem 25. November in völliger Zurückgezogenheit, fast unsichtbar, bis zum 10. Dezember in Perleberg aufhielt. Ob aus Furcht?

Später sieht der Perleberger Bürgermeister im »Berliner Fremdenanzeiger«, daß ein »Kaufmann Krüger« aus Perleberg am 15. Dezember in Berlin angekommen sei. Sofort meldet er dorthin, daß eine solche Person in Perleberg gar nicht existiere und vermutet eine Betrügerei.

Der Berliner Polizeipräsident Justus Gruner bedankt sich für seine Aufmerksamkeit und teilt ihm mit, daß die Sache ihre Richtigkeit habe. Der Begleiter des in Perleberg verschwundenen Fremden sei in Berlin mit einem Passe des Kommandanten von Klitzing unter dem Namen eines Kaufmann Krüger angekommen.

Mit der Erwähnung des »Herrn Fischer« als »Kaufmann Krüger« verschwindet auch diese Person so spurlos aus den Akten, wie der »Herr Koch« aus Perleberg verschwunden ist.

Sechs Tage nach der Abreise des Begleiters des Verschollenen ging die Tagelöhnerfrau Wiede mit der Schuhmacherfrau Grundmann in das Quitzowsche Tannenholz, um Holz zu lesen. Bei einem sogenannten tauben Wege in Richtung Groß-Buchholz ging sie in eine kleine Kiefernschonung, um ein menschliches Bedürfnis zu befriedigen. Wenige Schritte vom Wege sah sie etwas auf der Erde liegen, das sie für das weggeworfene Kleidungsstück eines Bettlers hielt. Sie kehrte um und stellte fest, daß es ein paar gute Hosen waren. Ihr fiel ein, daß ja jetzt (es war der 16. Dezember) viel Nachsuchens nach einem, wie es hieß, erschlagenen Menschen wäre. Sie rief die Grundmann, und sie hoben die Hosen auf, die mit der nach außen gewendeten inneren Seite auf der Erde lagen –, als habe jemand sie absichtlich so hingelegt, erklärte sie später.

Als die beiden Frauen aus dem Wald waren, untersuchten sie die Hosen näher. In der einen Tasche, wohl in der Uhrtasche, steckte ein beschriebener Zettel, der, wie die Hose, völlig durchnäßt war. Die Taschen waren sonst leer. Sie kehrten die Hosen um und fanden, daß sie außen beschmutzt waren. Derjenige, der sie getragen hatte, mußte auf der Erde gelegen haben. Die Frauen fürchteten sich und suchten nicht weiter. Sie luden ihr Reisig auf und nahmen die Hosen mit zurück in die Stadt. Nachdem der Mann der Grundmann den Zettel gelesen haben soll, brachte die Wiede die Hosen mit dem Zettel dem Bezirksvorsteher Pfützenreuter, der sofort den Bürgermeister unterrichtete.

Die Wiede und die Grundmann wurden vernommen und machten übereinstimmende Aussagen. Die Wiede erinnerte sich, schon zwei oder drei Wochen vorher, ungefähr zur Zeit, als der Fremde verschwand, einen großen, schwarzen Pudel dort liegen gesehen zu haben. Sie erschreckte sich so sehr, daß sie davonlief. Die Hoffnung von den Frauen mehr zu erfahren, war vergeblich, denn besonders die Wiede hatte man in Verdacht, daß sie mehr wisse und es kein bloßer Hosenfund gewesen sei.

Bezirksvorsteher, die Sicherheitskommission, Hunde, Menschen, Jäger, Bürger, Polizeidiener zogen aufs Neue los und durchstreiften Tag und Nacht den Quitzower Tannenwald und die Umgebung – die ganze Quitzower Bauernschaft war aufgeboten und wurde für die Mühe mit nicht weniger als einer Tonne Bier und zehn Quart Branntwein entlohnt –, alles blieb fruchtlos. Man kam zu der Überzeugung, daß die Hosen dort nur hingelegt worden waren. Von welchen unbekannten Räubern und Mördern? Zu welchem Zweck? Wenn sie die anderen Kleidungsstücke des Opfers, das Opfer selbst, verschwinden ließen, warum dann die Ausnahme mit seiner Hose?

Waren es überhaupt die Hosen des Verschwundenen? Was stand auf dem Zettel aus der Uhrtasche? Man weiß es nicht. Die Quellen versagen. Daß man in Perleberg und anderswo die Hosen wirklich für die Hosen des Verschollenen gehalten haben muß, läßt sich aus gewissen Umständen schließen, wenigstens wird nirgends ein Zweifel dagegen ausgesprochen. Beide Frauen erhielten die ausgesetzte Belohnung. Man wird für ein einfach im Wald weggeworfenes Kleidungsstück den Findern nicht 2 Friedrichsdor und 2 Taler zahlen. Doch die Hosen sind nun verschwunden, es ist keine Rede mehr von ihnen. In den ausführlichen Protokollen über die Auffindung der Hosen findet sich keine Notiz zum Inhalt des Zettels. Es hat den Anschein, als habe sich Bürgermeister Stappenbeck vor höheren diplomatischen Rücksichten gebeugt.

Der Bürgermeister, die Wiede und die Grundmann sind tot, aber in Perleberg wird noch heute erzählt, daß die Hosen von zwei Kugeln durchlöchert waren. Doch in einer Weise, als wären die Kugeln erst in die ausgezogenen Hosen hineingeschossen worden. Man habe also die Hosen, um irgend einen Schein hervorzubringen, nach der Tat dort hingeschafft, wo sie gefunden wurden. Auch die Besichtigung des Fundortes ergab nichts, das auf einen Mord oder Kampf an dieser Stelle hinwies.

Inzwischen informierte die kurmärkische Regierung den Perleberger Magistrat, daß die Familie des Verschwundenen 500 Taler im Schicklerschen Handelshause in Berlin für zur Aufklärung des Falles führende Auskünfte hinterlegt habe. Der Magistrat möge dies ohne öffentlichen Aufruf bekannt machen. Bei der Bekanntmachung sei für den Verschollenen kein anderer Name als »Koch« anzugeben. Endlich findet sich in der Ankündigung des Perleberger Magistrats auch eine Personenbeschreibung. »Der verlorene Fremde war großer schlanker Statur, mit braunen Haaren, ungefähr 28 Jahre alt, mit schwarzgrauen Beinkleidern und wahrscheinlich einem kurzen grauen Rock mit Schnüren und einer Pelzmütze bekleidet.«

Völlige Straflosigkeit und die Belohnung von 500 Talern wurden auch dem zugesichert, der sich aus Gewinnsucht des Geldes und der übrigen Sachen des Toten bemächtigt habe, ohne von der Leiche Kenntnis zu geben. Straffreiheit werde auch demjenigen gewährt, der den Körper herbeischaffe, wenn er nicht in einen Totschlag verwickelt sei. Das Schreiben ging in mehreren Exemplaren bei den Schulzen und Ortsvorständen in der Prignitz umher, aber die 500 Taler erzielten keine größere Wirkung als die vorher gebotenen 10 Taler.

Ende Dezember tauchte noch einmal ein dritter unbekannter Fremder in Perleberg auf, von dem wir aus den Akten erfahren, daß er »wegen dieser Angelegenheit« gekommen war, im »Ernstschen Gasthause« logierte und dem Bürgermeister »in sehr verbindlichen Ausdrücken« auftrug, »den hiesigen Polizeibehörden wegen der angewandten Bemühungen in seinem Namen zu danken«. Er händigte dem Bürgermeister 36 Dukaten zu Verteilung an die bei der Nachsuchung Beteiligten aus und bat um eine Quittung für die Familie des Verschollenen. Wer war der Fremde? Wieder verschwindet er spurlos. In Perleberg wollte man wissen, er sei ein Mitglied der Familie Bathurst gewesen, denn daß der Verschwundene ein Bathurst sei, war mittlerweile aus den Zeitungen bekannt geworden. Doch in Wahrheit, war der Fremde der mit der Familie Bathurst bekannte deutsche Afrikareisende Röntgen, der später in Afrika den Tod fand.

Der Name Bathurst taucht in den Akten erstmals in einem eingehefteten Zeitungsblatt auf. Im »Hamburger Correspondenten« vom 23. Januar 1810 heißt es: »London, den 6. Januar. Sir Bathurst, außerordentlicher englischer Gesandter bei dem Hofe von Österreich, von dem eine deutsche Zeitung am 10. Dezember angab, daß er sich in einen Anfall von Wahnsinn umgebracht habe, befindet sich wohl an Geist und Körper. Seine Freunde haben Briefe von ihm vom 13. Dezember, die also von späterem Dato sind, als die Nachricht von seinem Tode.«

Der »Hamburger Correspondent« vom 6. Februar 1810 bringt einen mit dem 26. Januar datierten Korrespondentenbericht aus London: »Die Nachricht, welche ein Pariser Journal von dem Tode des Herrn Bathurst, gewesenen englischen Gesandten beim österreichischen Kaiser, enthielt (sagt die ›Times‹), scheint nur zu wahr. Dieser Artikel, der unter dem Datum ›Berlin, den 10. Dezember‹ publiziert wurde, meldete, daß Herr Bathurst bei seiner Reise durch Berlin Symptome von Wahnsinn zu erkennen gegeben, und daß er sich darauf in der Gegend von Perleberg selbst ums Leben gebracht habe. Inzwischen hat man Winke erhalten, welche sehr dahin gehen, den Tod oder das Verschwinden des Herrn Bathurst der französischen Regierung zuzuschreiben.

Es scheint, daß er vollkommen gesund an Geist und Körper Berlin verließ, versehen mit Pässen der preußischen Regierung. Er wollte sich nach Hamburg begeben, um von da nach England abzugehen. Er kam aber nicht in Hamburg an. Man vermutet, daß er von einem kleinen Detachement französischer Soldaten in einer westfälischen Grenzstadt aufgehoben worden. Man weiß nicht genau, was nachher geschah. Man fand seine Pantalons bei der Stadt, wo er aufgehoben wurde, mit einem Briefe an seine Gattin und nichts weiter. Als die preußische Regierung die Nachricht erfuhr, zeigte sie das lebhafteste Bedauern und setzte für die Auffindung seines Körpers eine ansehnliche Prämie aus. Allein diese ist bisher ohne Erfolg gewesen.«

Dem aus der »Times« wiedergegebenen Artikel ist ein Kommentar aus dem »Moniteur«, der offiziellen Stimme Napoleons, angefügt: »England allein erneuert unter den zivilisierten Völkern das Beispiel, daß es Räuber besoldet und zu Verbrechen ermuntert. Der Bericht aus Berlin erhellt, daß Herr Bathurst verrückt war. Es ist die Gewohnheit des britischen Kabinetts, die diplomatische Vertretung den törichsten Personen der Nation aufzutragen. Das englische diplomatische Corps ist das einzige, das solche Beispiele von Verrücktheit aufweist.«

Das ist nicht der Ton eines Zeitungsschreibers, das ist Napoleons eigene Stimme. So durfte nur er sprechen, so sollte der Vorfall von Perleberg gesehen werden. Der angebliche Bericht aus Berlin vom Selbstmord Lord Bathursts war die von ihm dekretierte Version des Geschehens. Abgesehen von allem anderen, muß schon dieser Artikel den Verdacht einer französischen Mitwirkung erwecken. Der Wille des Kaisers der Franzosen war klar ausgesprochen, daher mußten die, die seinen eisernen Arm spürten, ihm gehorchen. Aus diesem Grund die vorsichtigen Versuche, die Wahrheit zu ermitteln, wenn es nicht überhaupt Vortäuschungen waren. Zum erstenmal hatte man erfahren, wer der in Perleberg verschwundene Mann war. Er durfte fortan Lord Bathurst genannt werden. Doch er wird kaum noch genannt.

Am 10. März 1810 machte der Magistrat durch einen Anschlag an den drei Stadttoren und am Rathaus bekannt, daß sich ein Verwandter des am 26. November 1809 verschollenen Fremden in Perleberg befinde »und der gewissen Meinung sei, daß der Verschollene in hiesiger Gegend sich selbst entleibt habe«. Er wiederhole das Anerbieten,

500 Taler demjenigen bar auszuzahlen, der den Leichnam oder den Tod nachweise. »Bloß um diese Gewißheit sei es ihm zu tun, weil der Familie daran äußerst gelegen sei.« Jedermann werde aufgefordert, binnen vierzehn Tagen, »solange der fremde Herr noch anwesend sein wird«, zur Entdeckung des Toten mitzuwirken.

Die Angehörigen sollten also der Überzeugung gewesen sein, daß Lord Bathurst sich selbst getötet habe? Der Anschlag sagte es, es überzeugt uns aber ebensowenig wie der Artikel des »Moniteur«. Um ungestört von der Macht der Franzosen ihre Nachforschungen zu betreiben, mußte sich die Familie auf den Selbstmord einlassen. Sie tat es möglicherweise auch aus Klugheit. Wenn der Verschollene das Opfer von Raubmördern geworden war, wenn Helfershelfer die Belohnung erlangen wollten, so konnten sie mit mehr Sicherheit hervortreten, wenn von vornherein erklärt wurde, der Verschollene habe sich selbst umgebracht. Vielleicht hatte auch Bürgermeister Stappenbeck diesen Rat erteilt. Im Entwurf des Anschlages sieht man, daß die Worte über die Selbstentleibung erst nachträglich eingesetzt wurden.

Noch ein vierter namenloser Fremder ist also in der Stadt. Nach den Akten diesmal ein Verwandter des Verschollenen. Aus dem einen Fremden aber werden mehr: es werden Engländer daraus. Am 8. April teilt Bürgermeister Stappenbeck dem Landdirektor von Rohr mit, »daß auf Verlangen der jetzt hier zur Nachforschung wegen des verschwundenen Lord Bathurst anwesenden Engländer der Landrat von Petersdorf den Magistrat beauftragt habe, den Sohn des Wagenmeisters und Briefträgers Schmidt, August Schmidt, zu arretieren«. Dies sei gestern Abend geschehen.

Es werden noch andere Verdächtige genannt, deren Namen nicht zu lesen sind. Der Bürgermeister verspricht, vom Resultat Nachricht zu geben. Sie fehlt, man weiß von keinem Resultat. In Perleberg wird erzählt, August Schmidt habe in Ketten gesessen. Er scheint nicht verurteilt worden zu sein. Die Akten sind verschwunden.

Man weiß in Perleberg von einer Gerichtskommission aus Berlin, die Jahr und Tag nach dem Vorfall die Sache noch einmal ergebnislos untersucht und was noch an Dokumenten über den mysteriösen Fall vorhanden gewesen sei, mitgenommen habe. Die Engländer sollen in Perleberg sehr viel Geld ausgegeben haben, um Nachrichten aufzutreiben. Unter ihnen sei Lady Bathurst gewesen, die Gemahlin des Verschollenen. Einige erzählten, es sei nicht die echte Lady Bathurst gewesen, sondern eine verkleidete Kammerjungfer, andere, es wäre eine Mätresse gewesen, wie man aus den vielen jungen Herren in ihrer Umgebung habe sehen können. Besonders erregten auch die vielen, von ihr mitgebrachten Hunde Aufsehen. Sie ritt mit ihnen aus, für eine kleine märkische Stadt allerdings ein merkwürdiges Spektakel. Schließlich ging das Gerücht um, Napoleon habe der Engländerin eine spezielle Erlaubnis erteilt, auf den Kontinent zu kommen und Recherchen nach dem Leichnam ihres Mannes anzustellen.

Es gibt noch eine fabulöse Notiz, die einen Moment verspricht, Licht in die Sache zu bringen, das im gleichen Augenblick aber wieder erlischt.

In Perleberg saß zu der Zeit wegen mehrfachen Betruges eine Frau Hacker in Untersuchungshaft, ihr Ruf war mehr als schlecht. Von ihrem Gefängnisfenster sah sie am Nachmittag des 13. Juli Lady Bathurst mit ihren Hunden durch das Tor reiten. Als sie erfuhr, warum sie in Perleberg sei, sagte sie dem Wärter, sie könne gewisse Auskünfte über das Verschwinden des Engländers geben. Bei der Vernehmung erklärte sie, einige Wochen nach Weihnachten sei sie auf der Reise aus dem Holsteinischen über Hamburg nach Perleberg gewesen. Als sie in Seeberg, drei Meilen von Hamburg, in einem Wirtshaus zum Übernachten abgestiegen, habe sie den ihr von den Tanzböden in Perleberg her bekannten Schuhmachergesellen Goldberger, ein junger Mensch von 24 bis 28 Jahren, getroffen. Er war besser als sonst gekleidet und an einer Kette, die aus der Uhrtasche heraushing, habe er goldene Schlüssel, Petschaften und dergleichen gehabt, auch sei sein seidener Beutel mit vielen preußischen Louisdors gefüllt gewesen. Auf die Frage, wie er zu all dem gekommen, habe er geantwortet: »Ich bin dazugekommen, als der Fremde, ein Engländer, totgeschlagen wurde, und ich habe, um es nicht zu verraten, 500 Taler und die goldene Uhr bekommen.« Wenn man an ihren Äußerungen zweifle, könne man die Seefelder Wirtsfrau befragen, sie habe das Gespräch belauscht.

Bei scharfen Nachfragen im Verhör gestand die Hacker bald, gelogen zu haben, und sie erklärte, sich alles ausgedacht zu haben, um aus dem Gefängnis zu kommen.

Wir verweilen noch einige Augenblicke auf dem Gebiet der umlaufenden Spekulationen. Das Verschwinden des Lord Bathurst bleibt unbegreiflich, auch wenn Napoleon der Urheber gewesen sein sollte. Seine Macht war groß und seine Geheimpolizei überall, aber sie konnte nicht zaubern und das Verschwinden des englischen Gesandten erscheint zauberähnlich. Es ist, als hätte der Boden sich geöffnet, um ihn zu verschlingen und sich dann wieder geschlossen, ohne eine Spur zu hinterlassen.

Die Vermutung, daß er sich selbst ums Leben gebracht, scheidet nach den Akten aus. Jemand der sich umbringen will, wird - selbst wenn man ihm Spuren von geistiger Verwirrtheit nachsagt - nicht vorher noch ängstlich um eine Schutzwache bitten. Und selbst wenn er sich erschossen, vergiftet hätte, ins Wasser gesprungen wäre, irgend eine Spur müßte er doch hinterlassen haben? Auch im Fall, daß der mit der Gegend und Sprache völlig unbekannte Engländer in einem Anfall von Verwirrung aus Perleberg weggelaufen wäre, um sich in der Elbe zu ersäufen, wie sollte er in der Nacht den Weg finden, warum hat ihn niemand bemerkt? In Preußen und in der Mehrheit der gebildeten Welt herrscht die Meinung, daß Napoleon oder die französische Regierung Bathurst verschwinden ließen. Nicht aus persönlichen Gründen, sondern um sich in Besitz seiner diplomatischen Korrespondenz zu setzen, mündliche Mitteilungen zu verhindern. Der Mord mag nur ein Nebenprodukt oder die unerläßliche Konsequenz gewesen sein. In der Stadt, in der sich dieses Mysterium ereignete, hat man von Anfang an diese Meinung geteilt. Man redet bis heute davon, Bathursts Verfolger seien schon hinter ihm her bis Kyritz gewesen. Was das heißen soll, ist nicht recht klar. Allgemeine Vorstellung war auch, daß der Lord aufgegriffen und umgebracht werden sollte und der Herr von Klitzing ihn davor gerettet habe, denn er habe ihn heimlich über die Grenze gebracht und nachher den Lärm veranlaßt, um die Verfolger irrezuführen. Bathurst lebte nach dieser Meinung ruhig in England oder Indien und dieser Glaube währte solange, bis seine Familie die Nachforschungen nach ihm einstellte.

Klitzings plötzliche Abreise nach dem Verschwinden des Lords hatte zu diesem Glauben beigetragen. Alle, die ihn näher kannten, waren aber der Meinung, er habe mehr als alle anderen gewußt. Eine alte Dame schwor, er habe einen Eid abgelegt, es nie zu verraten. Ein seriöser Zeuge aus der Gegend erzählte uns, wenn man mit Klitzing in vertrauter Unterhaltung auf den Fall kam, wurde er gesprächig, redete davon, der Lord sei ein Phantast, ein verrückter Mensch gewesen, brach aber dann das Gespräch rasch ab.

Aber Bathurst ist verschwunden. Durch eines zweiten, dritten Beihilfe oder Gewaltanwendung muß seine Person ergriffen und vom Perleberger Territorium weg, weit weg geschafft worden sein. Es wäre töricht, an eine Entführung des Lords durch die Juden zu denken. Es sollen achtbare Kaufleute aus Lenzen gewesen sein. Doch wie, wenn der Lord alles im Stich ließ, das die Aufmerksamkeit seiner Verfolger auf ihn lenken konnte – den Wagen, die Begleiter – und den Weg nach Lenzen allein gegangen wäre, um sich unterwegs von der Extrapost aufnehmen zu lassen, mit der die Kaufleute nach Lenzen fuhren? Er könnte dieses Spiel vorher mit ihnen verabredet haben. Dann wäre er später irgendwo verschwunden. Der Möglichkeiten sind viele.

In Perleberg gehen zwei Deutungen des Falls um.

In der Nähe von Klitzings Wohnung befand sich das Haus des Branntweinbrenners Hacker, von dessen Frau schon die Rede war. Er war übel beleumdet. Bathurst, von Klitzing kommend, sei dort eingetreten oder hineingezerrt worden und nicht wieder zum Vorschein gekommen. August Schmidt verkehrte viel in diesem Hause. Später habe Hacker als wohlhabender Mann in Altona gelebt und dort sei auch die Uhr des Lords aufgetaucht. Dies scheint nur eine Ausbildung der schon von seiner Frau erzählten Gaunergeschichte zu sein. Wahrscheinlicher klingt eine andere Mutmaßung.

Dem Postgebäude gegenüber liegt ein Haus, das 1809 einem ehemaligen städtischen Beamten gehörte. Er galt als Franzosenfreund, daher als Spion. In der Zeit des erwachenden Franzosenhasses und Patriotismus war er Verdächtigungen und Verfolgungen ausgesetzt. Sein Haushalt galt als liederlich, das Leben darin ausschweifend. Er hatte schöne Töchter, die Franzosen verkehrten hier viel. Das Gerücht läßt nun Bathurst, als der Wagen schon angespannt, hinter den Wagen treten, um ein Bedürfnis zu befriedigen. Da wäre er in das Haus gelockt oder möglicherweise überfallen worden, man hätte ihm den Mund verstopft, noch ehe er hätte schreien können, erdrosselt, in den Keller getragen und dort verscharrt.

Bathursts Verschwinden wirkte gespenstisch. Selbst die historischen Ereignisse, die bald darauf das Schicksal Europas bestimmten, verhinderten nicht, daß das Gespenst immer wieder auftauchte. Von der jungen schönen Miß Bathurst wird berichtet, daß sie einige Jahre später mit ihrem Pferde bei Rom im Treibsand des Tiber spurlos unterging.

Wir waren mit unserem Bericht so weit gekommen, als es uns gelang, in Perleberg eine an dem Vorfall unmittelbar beteiligte, noch lebende Zeugin zu finden. Ihre Aussage klärt wenig auf, macht die Sache vielleicht sogar in mancher Beziehung noch dunkler.

Die Gattin des Sanitätsrates K. besorgte damals als junges Mädchen die Wirtschaft des Hauswirtes von Klitzing. Abends gegen 5 Uhr des ominösen Tages kam Klitzing zu ihr und bat sie, schleunigst etwas Warmes, am besten Tee, zu machen. Er habe einen fremden Gast, der vor Kälte fast umkomme. Sie hatte kochendes Wasser in der Küche und brachte den Tee selbst in das Zimmer des Kommandanten, wo sich der Fremde befand. Er war so von Frost oder Angst geschüttelt, daß er kaum in der Lage war, die Tasse zu ergreifen. Klitzing selbst war unwohl, er hatte einen dick umwickelten geschwollenen Hals. Klitzing forderte deshalb das junge Mädchen auf, mit dem Fremden die Unterhaltung zu führen, was auch einigermaßen ging, da er etwas Deutsch, sie etwas Französisch verstand. Sie sprachen nur, was der Augenblick bedingte, daß er sehr angegriffen sei und daß er schnell wieder fortmüsse.

Es war ein ausnehmend schöner junger Mann, er trug einen Brillanten an der Brust, helle Beinkleider und einen prachtvollen Pelz. Er war sehr dankbar für den Tee, der ihn sichtlich erquickte und wollte dem jungen Mädchen etwas in die Hand drücken. Als sie sich weigerte, es anzunehmen, klopfte er ihr auf die Schulter und sagte, »Du bist ein gutes, liebes Kind«. Dann fuhr er wieder in seinen Pelz, sagte, daß er fortmüsse und stürzte hinaus. Das mochte zwischen 5 und 6 Uhr gewesen sein.

Zu ihrem Befremden ging der Reisende aber nicht über den Markt zur Post zurück, sondern bog um die Ecke in eine Quergasse zum Schuhmarkt ein. Sie wollte hinterlaufen und ihm den Weg weisen, zumal er so große Eile gezeigt hatte, aber dann fiel ihr ein, daß er wohl vorher ins »Deutsche Kaffeehaus« möchte, wo der Landadel seinen Ball hatte. Nur darum unterließ sie es. Sie hat den Fremden nicht wiedergesehen.

Bald danach kam der Sohn des Wagenmeisters und fragte nach dem Herrn Lord. Sie sagte dem August Schmidt, wohin er gegangen sei, und bemerkte dabei, nun erfahre ich doch auch den Namen des Herrn! Er heißt Lord.

Die Dame behauptete, August Schmidt muß ihn noch gefaßt haben und legt auf das »Fassen« Nachdruck. Von August Schmidt erfuhr sie zunächst nichts, denn er kehrte nicht zurück, aber nach einer Weile kamen die beiden Bedienten des Lords und erkundigten sich nach ihm. Sie waren unruhig und bald war es die ganze Stadt. Wen die Zeugin in Verdacht hat, ist unschwer zu erkennen. Der Pelz im Besitz August Schmidts und daß er dem Fremden in die Quergasse nachgegangen, gilt ihr als Beweis. Wenn Bathurst in Perleberg ermordet wurde, dann konnte das nach ihrer Meinung nur im Hackerschen Hause geschehen sein. Die Hackers verließen drei Tage nach dem Verschwinden des Fremden die Stadt. August Schmidt ist nach dem Bekunden der Zeugin im Zuchthaus gestorben und hätte, wenn er gewollt und man ihn entsprechend scharf ausgefragt hätte, mehr aussagen können. Dem gegenwärtigen Eigentümer des Hauses ist nichts Verdächtiges daran aufgestoßen.

Zu den Vor- und Seitenkammern des Mysteriums dürfte der Schlüssel sich noch finden, wenn die Berichte und Protokolle des Kommandanten von Klitzing, besonders die Aussagen des Begleiters des Lords, noch existierten und man sich entschlösse, diese nun Geschichte gewordenen Dokumente, der Öffentlichkeit zu übergeben.

Welche Rücksichten könnten dies verbieten? Solange im Preußischen die Zensur existierte, wurde in merkwürdiger Konsequenz jede, auch die harmloseste Erwähnung des Perleberger Vorfalls, gestrichen. Lagen hier besondere Vorschriften vor?

Um das Jahr 1830 fand man in einer Mergelgrube in der Nähe der Stadt ein menschliches Skelett. Es stellte sich heraus, daß der Fund in keinem Zusammenhang mit dem Verschwinden des Lord Bathurst stand. Dennoch wurde jede Erwähnung in den Zeitungen unterbunden.

Niemand ist auf den Gedanken gekommen, König Friedrich Wilhelm III., seinen Kanzler Hardenberg oder irgend jemand anders in der oberen preußischen Verwaltung zu verdächtigen, den Tod Bathursts gewollt oder auch nur begünstigt zu haben. Das Schlimmste, was zu sagen gewesen wäre, ist schon gesagt worden: daß die Regierung sich zu schwach fühlte, ein Verbrechen zu verhindern oder es aufzudecken, weil sie sich der Gewalt des französischen Siegers gegenübersah. Fünf Jahre vorher hatte Napoleon auf deutschem Boden den Herzog von Enghien verhaften und erschießen lassen. Napoleons Verfahren wurde Gegenstand der Anklage. Niemand hat die angeklagt, die wohl die Pflicht hatten, aber nicht die Macht, das Verbrechen zu verhindern.

Die Veröffentlichung vorhandener Dokumente würde der preußischen Regierung nicht zum Nachteil gereichen, sondern zum Vorteil. Sie könnte dunkle Gerüchte aufklären.

DER MAGISTER TINIUS

Zu Anfang des Jahres 1812 erregte ein Verbrechen in Leipzig allgemeine Aufmerksamkeit; der Eindruck auf die Bewohner der Stadt war um so schrecklicher, als aller Nachforschungen ungeachtet der geheimnisvolle Täter unentdeckt blieb.

Zu dem hochbejahrten Kaufmann Schmidt, der in der Grimmaischen Gasse ein Haus besaß, kam am Morgen des 28. Januar etwa zwischen zehn und elf Uhr ein unbekannter Mann von ungefähr vierzig Jahren und sagte ihm, er sei aus Hamburg an ihn empfohlen; weil dort nichts mehr zu machen sei, wolle er sich in Sachsen nach einer Verdienstmöglichkeit umsehen. Er fragte ihn, ob er sich ein Landgut oder sächsische Obligationen kaufen solle, und während des Gesprächs hierüber, das etwa eine halbe Stunde dauerte, holte Schmidt auf die Bitte des Fremden eine Leipziger Stadtobligation über hundert Taler aus dem Schreibtisch, zeigte sie dem Unbekannten, legte sie aber nachher wieder in den Schreibtisch zurück. Auf einmal sank er bewußtlos nieder.

Als Schmidt wieder zu sich kam, blutete er stark am Kopfe und schrie: »So helfen Sie mir doch!« Der Fremde aber war fort.

Nachdem er sich mit Mühe aufgerichtet hatte, sah er drei Kästchen seines Schreibtisches leer auf Tisch und Stühlen herumstehen. Die Angst, daß er bestohlen worden sein könnte, bemächtigte sich seiner und gab ihm die Kraft, sich zu erheben. Noch blutend, durchsuchte er seine Sachen und fand, daß ihm aus seinem Schreibtisch elf Leipziger Stadtobligationen im Werte von dreitausend Talern fehlten.

Nachdem er sich schnell von der Ehefrau seines Hausmanns Vetter hatte verbinden lassen, eilte er nach der Schloßstube, um Anzeige von dem Vorfall zu machen und zugleich die Nummern der ihm fehlenden Stadtobligationen anzuzeigen.

Aber alle diese Maßnahmen nützten ihm nichts, denn die elf Obligationen waren bereits bei Frege & Co. verkauft und von diesen in Geld bar bezahlt worden.

Noch in derselben Stunde, als der Fremde bei Schmidt gewesen war, erschien in den Geschäftsräumen der Firma Frege & Co. ein Fremder und hatte jene Obligationen gegen den Kursbetrag in preußischen, sächsischen, braunschweigischen, französischen Louisdors und einen Teil Silbergeld in Konventionsmünze umgewechselt. An dem Fremden war weder Angst noch Unruhe zu bemerken gewesen. Er hatte genau nachgerechnet, hatte das empfangene Geld überzählt und dann einzelne Münzsorten, die ihm nicht zusagten, in aller Ruhe zurückgeschoben, um sich andere dafür auszahlen zu lassen.

Die Personenbeschreibung dieses Fremden, nach den Aussagen einiger Angestellter zusammengestellt, wurde in die Zeitungen eingerückt: Nach ihr sollte der Fremde wie »ein modern gekleideter Landgeistlicher« ausgesehen haben. Ein gewisser von Bürger geriet in Verdacht. Der Kassierer des Fregeschen Bankhauses wollte ihn als den Verkäufer der Obligationen bestimmt wiedererkennen. Da aber die übrigen Angestellten wie auch Schmidt ebenso bestimmt widersprachen, so erledigte sich der Verdacht ohne weiteres.

Im übrigen war von dem Kaufmann Schmidt wenig genug zu erfahren. Zwar erhärtete er durch einen Eid alles, was er bisher angegeben hatte; aber der Schreck und die Verwundung hatten seine Sinne so sehr betäubt, daß er über die Kleidung und Gestalt des Fremden nichts auszusagen wußte; er konnte nicht einmal sagen, ob der Mann ihn auf den Kopf geschlagen habe oder die erhaltene Wunde davon herrühre, daß er in Ohnmacht gefallen und dabei an die Ofenkante gestürzt sei.

Noch ehe die Kopfverletzung des alten Mannes geheilt war, starb er jedenfalls infolge des Mordanfalls nach einem qualvollen Krankenlager in der Nacht zum 6. April desselben Jahres.

Die Leichenöffnung ergab folgendes. Die Ursache der Verwundung mußte mit großer Gewalt gewirkt haben. Sie hatte unzweifelhaft in mehreren heftigen, durch eine fremde Hand geführten Schlägen bestanden, denn ein bloßes Hinsinken des Körpers bei einer Ohnmacht hätte selbst durch Anschlagen des Kopfes an einen harten Gegenstand nicht an zwei voneinander entfernten Stellen des Kopfes zwei ganz ähnliche Wunden verursachen können. Womit die Verwundung aber erfolgt war, konnte nicht festgestellt werden, da die Wunden sich nicht mehr in frischem Zustande befanden.

Inzwischen war ungefähr ein Jahr vergangen. Da erregte im Februar

1813 ein neuer Mord allgemeines Entsetzen. Am Neumarkt wohnte vier Treppen hoch im Dr.-Kunitzschen Hause die fünfundsiebzig-jährige Witwe des Briefträgers Kunhardt. Sie hatte am Morgen des 8. Februar ihr Dienstmädchen Schmidt bald nach acht Uhr fortge-schickt, um aus einem Gewölbe eine Flasche Wein zu holen. Als das Dienstmädchen nach Hause zurückkehrte, traf es in dem Hausflur ei-nen Magister, der ihr bekannt vorkam. Er fragte die Magd, ob sie weg-gehe und wann sie wiederkomme. Sie antwortete, sie komme eben zurück, worauf sich der Mann durch die Haustür entfernte. Als sie oben ankam, fand sie die alte Kunhardt auf dem Vorsaale mit bluti-gem Kopfe in einem Winkel an der Stubentür lehnen. Die Verwundete sagte ihr, ein fremder Kerl, der ihr einen Brief gebracht hätte, habe sie so blutig geschlagen. Das Hilfegeschrei des Dienst-mädchens rief mehrere Bewohner des Hauses, die Dr.-Knoblochschen Eheleute und die Frau Dr. Kunitz herbei. Die arme Verwundete wur-de in ihre Wohnstube gebracht und mit Fragen bestürmt. Sie sagte nur: »Ein Kerl hat mich geschlagen; der Brief muß da sein; ich bin froh, daß ich meine Kette habe.« Auf die Frage, ob sie den Kerl ken-ne, antwortete sie: »Nein!« Der Brief, der auf der Erde lag, war datiert: »Hohendorf, den 24. Januar 1813«, unterzeichnet mit Johann Gottfried Bröse und enthielt das Gesuch des Absenders, ihm ein Darlehen von tausend Talern zu gewähren.

Kurz darauf traf die Mordkommission in der Kunhardtschen Wohnung ein. Sie fand die alte Witwe besinnungslos im Bette liegen. Das Mädchen wiederholte ihre Aussage und setzte nur noch be-stimmter hinzu, der Mann, den sie getroffen habe, sei mit einem dunklen Matin bekleidet gewesen. Schon auf der Treppe habe sie die Stimme ihrer Dienstherrin gehört, die »Hanne! Hanne!« gerufen und am Kopfe geblutet habe.

Außer den Blutspuren an der Wand und am Boden fand das Gericht an der linken Wand des Vorsaals die chamoisfarbige Bordüre abge-wischt, als ob heftig daran gerieben worden wäre.

Die Dr. Kunitz bekundete sofort, daß sie kaum fünf Minuten vor den Hilferufen der Schmidt eine Mannsperson mittlerer Statur, die mit einem ganz dunklen Matin bekleidet gewesen sei und eine schwarze oder doch ganz dunkle Mütze auf dem Kopfe getragen habe, aus der Haustür habe herausgehen sehen. Der Mann habe im Gehen den Matin abgestäubt, so, als ob er sich an der Wand weiß gemacht hätte.

Werkzeuge, mit denen die Tat hätte verübt werden können, fand man nicht. Vermißt wurde nichts.

Alle Mittel, die Überfallene am Leben zu erhalten, blieben frucht-los. Sie starb in der Nacht zum 10. Februar, ohne wieder zu Bewußtsein gekommen zu sein. Bei der Sektion des Leichnams gaben die Ärzte ihr vorläufiges Gutachten dahin ab, daß die Kopfverletzungen der Hirnerschütterungen und Extravasate wegen absolut tödlich gewesen seien.

Der Verdacht der Täterschaft fiel natürlich sogleich auf den Mann, den das Dienstmädchen hatte aus dem Hause gehen sehen, und der Verdacht verdichtete sich noch, als sich die Schmidt entsann, denselben Mann schon zwei Tage vorher im Hause gesehen zu haben. Er war damals die Treppe zur Kunhardtschen Wohnung hinaufgegangen, hatte sie nach der Kunhardt gefragt, war aber gleich darauf wieder fortgegangen, weil sich Fremde bei ihr befunden hatten. Diesen Menschen hatte auch die Frau des Kutschers Vetterlein, die unten im Hause wohnte, gesehen, und auch damals hatte er einen Matin von feinem dunkelblauem Tuche und eine schwarze Mütze getragen. Er hatte sie nach der Kunhardt gefragt, und sie hatte ihn die vier Treppen hinaufgewiesen. Er war hinaufgegangen, und sie war ihm gefolgt, da sie gerade etwas auf dem Boden zu tun gehabt hatte. Auf der vierten Treppe hatte sie ihm zugerufen: »Hier wohnt die Frau, nach der Sie mich gefragt haben.« In demselben Augenblick hatte die Schmidt die Tür geöffnet, um den Brotmann hineinzulassen. Da hatte der Fremde in anscheinender Verlegenheit geäußert: »Nein, es soll eine Frau Doktor Kunitz sein« und war wieder umgekehrt. Aber er war auch nicht zu der Dr. Kunitz gegangen, wohin ihn die Vetterlein nunmehr gewiesen hatte, sondern war die Treppe hinuntergestiegen und hatte das Haus verlassen.

Das Dienstmädchen hatte diesen Fremden, als sie beim Magister H. gedient hatte, oftmals in dessen Wirtshaus gesehen. Sie lief dahin, um sich nach seinem Namen zu erkundigen. H. hielt eine Schankwirtschaft, in der viele Magister zu wohnen pflegten. Unter anderen Namen nannte er ihr auch den des Magisters K. Sie glaubte in ihm den Täter zu erkennen und gab ihn dem Untersuchungsrichter an, so daß er festgenommen und nach der Stadt gebracht wurde. Aber der Verdacht stellte sich als unbegründet heraus, und er wurde sofort wieder freigelassen, während sich der Verdacht auf einen anderen lenkte. Der Gastwirt und Magister H. hatte bei seiner Vernehmung ausgesagt, daß unter den Magistern, die bei ihm zu verkehren pflegten, auch der Pfarrer Tinius aus Poserna bei Weißenfels sei. Dieser habe vom 7. bis 8. Februar bei ihm übernachtet, sei am 8. um acht Uhr früh aus seinem Hause fortgegangen, angeblich, um zum Oberhofrichter zu gehen, und gegen neun Uhr wieder bei ihm eingetroffen, nachdem er beim Antiquar Rau ein Buch gekauft und im Beygangschen Museum Zeitungen gelesen hätte.

Tinius war ein Mann von bestem Rufe. Er war seit einigen Jahren Pfarrer im Dorfe Poserna und in der Umgegend als Prediger wegen seiner volkstümlich-eindringlichen Reden weit berühmt. Er war zum zweitenmal verheiratet, beidemal, wie man sagte, mit Frauen, die ihm ein stattliches Vermögen mit in die Ehe gebracht hatten, lebte in völlig geordneten Familienverhältnissen, und sein Rat wurde als der eines verständigen und kenntnisreichen Mannes von vielen Leuten nicht nur aus seiner Gemeinde bei den verschiedensten Anlässen begehrt.

Er war überdies schon als Schriftsteller aufgetreten und hatte unter anderem eine Selbstbiographie geschrieben. Seine Lieblingsneigung waren Bücher. Er kaufte oft ganze Bibliotheken auf und stand dauernd in lebhaftem Verkehr mit Antiquaren und Büchersammlern. Seine eigene Bibliothek war zu einer für die Verhältnisse eines Landgeistlichen ungeheuren Größe angeschwollen; sie umfaßte gegen sechzigtausend Bände. Dem Gerücht nach suchte er darin freilich nicht bloß die Befriedigung seiner Liebhaberei, sondern man sprach davon, daß er einen großen Bücherverkehr mit Amerika beabsichtige.

Nichtsdestoweniger schöpfte das Kreisamt zu Leipzig Verdacht gegen ihn. Die Personenbeschreibung schien auf ihn zu passen. Man ging mit der äußersten Vorsicht zu Werke, und der Amtslandsschöppe Kretschmar wurde mit dem Dienstmädchen Schmidt nach Poserna geschickt, wo die letztere versuchen sollte, den Tinius unbemerkt und ohne Aufsehen zu Gesicht zu bekommen. Wirklich trat der Pfarrer gerade aus seiner Haustür, als die Schmidt eintreten wollte. Sie erkannte ihn sofort als den Mann, den sie am 6. und 8. Februar im Kunitzschen Hause gesehen und gesprochen hatte. Als Tinius sie erblickte, wurde er auffallend verlegen. Rasch fragte er sie, woher sie sei, fügte aber sogleich selbst hinzu: »Ach, aus Weißenfels!«

Der Verdacht erschien so dringend, daß die Verhaftung des Tinius beschlossen wurde. Am 27. Februar hatte ihn die Schmidt in Poserna rekognosziert, am 4. März wurde er in der Stille der Nacht festgenommen und nach Leipzig gebracht, wo die Untersuchung gegen ihn eröffnet wurde.

Nachdem die vorläufige Untersuchung ein Jahr gedauert hatte, fiel die am 26. März 1814 veröffentlichte Erkenntnis des Schöppenstuhls zu Leipzig dahin aus, daß »wider Tinius mit der Inquisition gebührend zu verfahren sei«. Dieses Urteil hatte aber verfassungsgemäß schon die Entsetzung des Tinius von seinem geistlichen Amte und Übergabe an den weltlichen Richter zur Folge. In aller Feierlichkeit erfolgte am 31. März 1814 in der Nikolaikirche zu Leipzig in Gegenwart der geistlichen und weltlichen Behörden zu Leipzig und im Beisein zahlloser Zuschauer seine Amtsentsetzung. Es war einer der furchtbarsten Akte, die in neuerer Zeit in einer protestantischen Kirche begangen wurden. Der Superintendent Dr. Rosenmüller, den sein Amt zu dieser traurigen Handlung berief, gab die Rede, die er bei dieser Gelegenheit hielt, bald darauf gesondert heraus, so daß der Kriminalfall bereits vor seiner Erledigung durch den weltlichen Richter der breiten Öffentlichkeit bekannt wurde.

Als dem Angeschuldigten vom Kirchenaufwärter Priesterrock und Halskragen abgenommen worden waren unter der Verwarnung, sich nie wieder im priesterlichen Ornat zu zeigen, überlieferte ihn der Fronvogt als einen Laien dem weltlichen Gericht zur Fortsetzung der Untersuchung.

Der Prozeß war noch lange nicht beendigt, als die Teilung Sachsens erfolgte. Infolge der Konvention vom 20. Februar 1816 sollte der Gerichtsstand des Wohnorts, nicht der des begangenen Verbrechens über die Frage entscheiden, welchem der getrennten Landesteile die Untersuchung gegen einen in Haft befindlichen Angeklagten zustehe. Da nun Poserna bei Weißenfels preußisch geworden war, veranlaßte das Kreisamt Leipzig das zuständige preußische Obergericht, Tinius von Leipzig abholen zu lassen. Das geschah, und die Untersuchung wurde nun von dem damit beauftragten preußischen Justizamt fortgesetzt und vervollständigt, bis im Februar 1820 endlich die spruchreifen Akten zur Abfassung des Erkenntnisses erster Instanz eingereicht wurden.

Johann Georg Tinius war in einem Dorfe der Niederlausitz als Sohn von Eltern niederen Standes im Jahre 1764 geboren; sein Vater war Aufseher königlich-preußischer Schäfereien. Bei seinem Großvater erhielt er die erste Erziehung. Beim Religionsunterricht bemerkte der Geistliche die vorzüglichen Anlagen des Knaben und verschaffte ihm die Möglichkeit, sich dem Studium zu widmen. Nachdem Tinius, durch die Mildtätigkeit guter Menschen unterstützt, sich auf der Universität Wittenberg durchgeholfen hatte, wurde er an mehreren Orten Hauslehrer, dann Tertius am Gymnasium in Schleußingen, bis er im Jahre 1798 das Pfarramt in Heinrichs im Hennebergischen und endlich 1809 die Pfarre zu Poserna bei Weißenfels erhielt.

Von allen diesen Orten her hatte er die besten Zeugnisse. Der berühmte Professor Reinhardt in Wittenberg, später Oberhofprediger in Dresden, hatte dem von der Universität abgehenden Jünglinge das prägnante Zeugnis geschrieben:»Ita vixit in hac Academia, ut mihi carus esset in paucis«, das heißt:»So lebte er auf dieser Hochschule, daß er mir vor allen lieb und wert wurde.«

Der Rektor Walch am Gymnasium zu Schleußingen bezeugte,»daß er den durch den Oberhofprediger Reinhardt von ihm erregten, nicht geringen Erwartungen während seiner dreijährigen Amtsführung vollkommen entsprochen, sein Schulamt mit Nutzen für die Jugend verwaltet, auch sich so betragen habe, daß man seine frühe Trennung vom Gymnasium sehr bedauert«.

Der Ephorus von Suhl sagte von seiner Amtsführung zu Heinrichs, »daß er immer auf das gewissenhafteste gehandelt, Sittenreinheit und Unbescholtenheit des Wandels an den Tag gelegt und niemals Grund zum Tadel gegeben habe«.

Der Rat zu Heinrichs bestätigte diese Aussage und fügte hinzu,»daß er im außerordentlichen Beifall und Zulauf der Zuhörer aus allen Gegenden seinesgleichen hier noch nicht gehabt«.

Der Superintendent zu Weißenfels bezeugte sogar noch nach Tinius' Verhaftung,»Tinius habe sich jederzeit so benommen, daß ihm der Gedanke einer solchen Verwilderung, deren er jetzt bezichtigt werde, nie habe beikommen können«. Das Ganze erschien ihm als ein Rätsel, dessen Lösung er nur in der unseligen Kunst zu finden glaubte, den wahren Grund des Herzens vor den Augen der Menschen zu verbergen und im geheimen zu sündigen.

Einige sagten zwar, sie hätten ihm nie recht getraut. In seinem Wesen sei etwas gewesen, wovor sie im geheimen zurückgeschaudert wären. Manchen war eine unheimliche Miene, besonders aber ein stechender Blick an ihm aufgefallen. Das haben aber nur solche bemerkt, die ihn während der Untersuchungshaft oder später zu sehen Gelegenheit hatten. Über sein häusliches Leben wissen wir nur wenig. Er war, wie schon erwähnt worden ist, zweimal verheiratet. Die jetzige Frau, eine verwitwete Oberförsterin Helmerich, die er 1801 geheiratet hatte, hatte ihm drei Stiefsöhne mit in die Ehe gebracht, und er hatte mit ihr noch drei Kinder gezeugt. Sie ließ sich während des Prozesses von ihm scheiden. Ihre alte Mutter beklagte es als das größte Unglück, daß ihre Tochter diesen Mann genommen habe, und zwar soll sie sich so schon vor der Entdeckung seiner Verbrechen geäußert haben. Nach einzelnen Zügen scheint es, als wäre Tinius ein rauher Ehegatte gewesen; seine Stiefkinder scheinen ihn gefürchtet zu haben.

Von besonderer Wichtigkeit für die Untersuchung war seine

Bibliomanie. Diese Lieblingsneigung schien, an sich betrachtet, unschuldig zu sein. Er wünschte eine zahlreiche Büchersammlung zu besitzen, mit den angesehensten Gelehrten in Bekanntschaft zu kommen und sich dadurch Ruhm und Ehre zu erwerben; hierzu wurde aber weit mehr Aufwand erfordert, als er mit seinem eigenen Vermögen bestreiten konnte; kaufte doch Tinius nicht nur eine Menge einzelner, zum Teil seltener Bücher, sondern auch ganze Bibliotheken, wie die berühmte Nösseltsche in Halle, bei deren Kauf er sich rühmte, vierhundert Taler mehr als der König von Preußen darauf geboten zu haben. Als Tinius verhaftet wurde, stand er zunächst nur im Verdacht des Mordes an der Kunhardt.

Tinius stellte zunächst jede Bekanntschaft mit der Ermordeten in Abrede; Zeugen, die bei der Mordtat zugegen gewesen waren, fehlten; es kam also allein auf Ermittlung und Aneinanderreihung der Umstände an, die den Kausalzusammenhang der Tat mit dem Angeschuldigten als Täter ins Licht stellten, und nach dieser Richtung hin ist die Untersuchung mit ungemeinem Fleiß geführt worden und hat einen überreichen Vorrat von Indizien zutage gefördert.

Tinius, dessen antiquarische Neigungen ihn sehr oft aus dem fünf Stunden entfernten Poserna nach Leipzig führten, kehrte jedesmal in der Schankwirtschaft des Magisters H. im Preußengäßchen nahe dem Neumarkt ein. Auch in der Woche vor dem 8. Februar und am 8. Februar selbst war er in Leipzig gewesen und hatte bei H. gewohnt.

Wenngleich über den Tag seiner Ankunft manche Widersprüche obwalteten, so steht doch nach seinem eigenen Geständnis fest, daß er schon am 5. Februar, einem Freitag, in Leipzig gewesen war und sich noch am Vormittag des 6. Februar, also am Sonnabend, dort aufgehalten hatte, während er am Morgen des 6. zwischen neun und zehn Uhr zu Fuß in seine Heimat zurückgekehrt sein wollte. Es lag der Verdacht nahe, daß er diese Zeit benutzt habe, um sich in den Häusern anerkannt reicher und bejahrter Personen zu schaffen zu machen, um die Gelegenheit zu einem Verbrechen zu erspähen. In dieser Beziehung kamen zwei Tatsachen zur Sprache: Am 5. Februar, vormittags gegen neun Uhr, war er im Hause der Demoiselle Junius, einer sehr bejahrten, reichen Dame, gewesen und an demselben Tage, wie ebenso am folgenden Sonnabend, auch im Hause der Dr. Kunitz gesehen worden.

Der Aufenthalt im Hause der Junius wurde durch den Hausmann Stephan bekannt. Nach seiner Aussage war an jenem Freitag in der neunten Stunde vormittags ein Mann in einem bräunlichen Überrock und mit einem runden Hute in die erste Etage des Juniusschen Hauses

gekommen und hatte die Besitzerin des Hauses zu sprechen gewünscht. Stephan hatte ihn gebeten, in die Gesindestube einzutreten,
wo er ihm erklärte, daß die Junius nicht zu sprechen sei und er solle
sein Anliegen ihm und dem Dienstmädchen eröffnen. Hierauf hatte
der Fremde gesagt, er sei ein Geistlicher aus einem Orte eine
Viertelstunde von Rippach entfernt, er suche wegen der fremden
Kriegsvölker, die das Land durchzögen, ein Absteigequartier in der
Stadt, wo er seine Bücher unterbringen könne, und wolle zu Ostern
ganz nach Leipzig ziehen; der Magister St. habe ihn hierher gewiesen.
Obgleich Stephan dem Fremden gesagt hatte, daß in diesem Hause
keine Wohnung frei sei, war er doch noch etwa eine halbe Stunde geblieben und hatte sich mit den Dienstleuten über gleichgültige Dinge
unterhalten.

Das Juniussche Haus lag neben dem Kunitzschen. Einen Mann, der
diesem Fremden ganz ähnlich gesehen, jedoch einen blauen Matin
und eine schwarze, wie eine Sackmütze gestaltete Samtmütze getragen und sehr kotige Stiefel angehabt habe, wollte Stephan drei Tage
darauf, am 8. Februar, zwischen halb und drei Viertel neun Uhr gesehen haben, wie er aus dem Kunitzschen Hause herauskam. Er hatte die auffallende Ähnlichkeit zwischen dem Mann im blauen Matin
und dem Fremden von vorvorgestern auch sogleich dem Dienstmädchen mitgeteilt.

Tinius leugnete anfangs die Tatsachen. Späterhin gab er zu, an dem
Tage und um die Zeit im Hause der Junius gewesen zu sein und sich
nach einem Quartier erkundigt zu haben. Der Magister St., mit dem
er oft wegen seiner Bücher zusammengekommen sei, habe ihn dahin
gewiesen und ihm gesagt, dort sei ein leeres Quartier zu haben. Das
und nichts anderes sei die Ursache seines Besuchs gewesen.

Wirklich bezeugte auch der Magister St., daß Tinius ihn um jene
Zeit nach einem geräumigen Quartier gefragt habe, das er habe mieten wollen, worauf er ihm eins im Juniusschen Hause vorgeschlagen
und ihm geraten habe, ganz nach Leipzig zu ziehen und sich um die
Professur der orientalischen Sprachen zu bewerben. Aber diese
Aussage des Magisters St. erschien den Richtern höchst verdächtig,
denn St. schien irgendwie mit den Verbrechen des Tinius in
Verbindung zu stehen, worüber noch eine besondere Untersuchung
angestellt werden sollte.

Auch den Besuch im Dr.-Kunitzschen Hause gab Tinius zu. Er sagte aus, daß er aus dem Juniusschen Hause in das Nebenhaus gegangen sei in der Absicht, sich auch hier nach einem Quartier umzusehen. Als er sich im Flur nach dem Besitzer des Hauses erkundigt habe,

sei Dr. Kunitz selbst zur Haustür hereingetreten. Er habe ihn nach einer leeren Wohnung in der ersten Etage gefragt, und als er die Antwort erhalten habe, sie sei zwar leer gewesen, jedoch schon wieder vermietet, sei er, ohne mit jemand ein Wort gewechselt zu haben, wieder aus dem Hause hinausgegangen.

Diese Aussage stimmte so ziemlich mit dem Zeugnis des Dr. Kunitz überein, der einen Fremden zur Vormittagszeit in seinem Flur angetroffen hatte und von ihm nach einer Wohnung gefragt worden war. Er hatte gesagt, daß eine solche Wohnung nicht frei sei, und hatte sich nach dem Namen des Fremden erkundigt. Dieser hatte herausgestottert, er suche das Quartier für einen Freund, und sich darauf entfernt. Auf die Tatsache, daß der Dr. Kunitz auf dem Kopfe des Fremden eine Schildmütze gesehen haben wollte, während der Hausmann Stephan im Nebenhause ihn einige Minuten zuvor mit einem runden Hute gesehen hatte, kam es weniger an, da die Identität des Quartiersuchers im Juniusschen und des Fremden im Kunitzschen Hause durch Tinius, eigene Aussage bewiesen war.

Aber eine unverdächtige Zeugin, die Dienstmagd Rau, die im zweiten Stock des Hauses beim Kaufmann Hänel diente, bekundete endlich, daß ihr am Vormittag desselben Freitags gegen zehn Uhr eine Mannsperson begegnet sei mit dunkelblauem Matin und rundem Filzhut ohne Überzug, die die Treppe von oben heruntergekommen sei und sie gefragt habe, ob eine gewisse Kunhardt hier wohne. Sie habe ihm, da sie erst vor kurzem in das Haus gekommen wäre, keine Auskunft geben können. Bei der Gegenüberstellung fand sie die größte Ähnlichkeit zwischen Tinius und dem Fremden auf der Treppe und glaubte auch in dem blauen Matin, der ihr vorgelegt wurde, den zu erkennen, den der Fremde angehabt hatte.

Die Widersprüche hinsichtlich der Kleidung – Stephan sah ihn mit Oberrock und Hut, Dr. Kunitz mit Oberrock und Schildmütze, die Rau mit blauem Matin und rundem Hut, ohne Überzug und Stock – wurden durch die eigene Angabe des Tinius nicht gelöst, der sich selbst in den verschiedenen Verhören über seine Kleidung an jenem Freitage widersprach. Zuerst wollte er einen dunkelblauen Matin über seiner gewöhnlichen Kleidung angehabt und auf dem Kopfe eine schwarze Samtmütze mit einem Schirm getragen haben, dann gab er an, einen Hut, mit Wachsleinwand überzogen, aufgehabt zu haben, nach der dritten Aussage hatte er eine schwarze, glänzende, lederne Kappe mit Schirm und nach der vierten einen Filzhut getragen, den er aber vom Donnerstag bis zum Sonnabend einem Schneider zum Überziehen gegeben haben wollte.

Wiewohl seine Besuche im Juniusschen und Kunitzschen Hause im engen Zusammenhang standen und es sich nicht gut denken ließ, daß er dazwischen die Kleider gewechselt haben sollte, so erschienen diese Abweichungen in den Angaben doch nicht besonders wichtig, da die Tatsache, daß Tinius am Morgen des 5. Februar in dem Hause gewesen war, wo die Kunhardt wohnte, ja zur Genüge bewiesen war.

Schwer wurde Tinius durch das Zeugnis der Rau belastet. Die Rau hatte ihn auf der Treppe gesehen, wie er von oben hinuntergekommen war, und er hatte sich bei ihr nach der Wohnung der Kunhardt erkundigt. War diese Begegnung der mit Dr. Kunitz auf dem Flur vorangegangen, so hatte er unten mit dem Hauswirt Komödie gespielt. Oder war er am gleichen Vormittag noch einmal wiedergekommen? Dann mußte ihm sicher außerordentlich viel daran gelegen haben, die Wohnung der Kunhardt zu erfahren, und er schien dann offenbar auch Gründe gehabt zu haben, dem Hauswirt nichts davon zu sagen. Freilich war es möglich, daß das Dienstmädchen sich in der Angabe des Tages irrte und den folgenden Sonnabend mit dem Freitag verwechselte. Am Sonnabend nun im Kunitzschen Hause gewesen zu sein, bestritt Tinius auf das hartnäckigste. Daß er aber zu der Zeit, da er am Sonnabend dort gesehen worden war, schon aus Leipzig fortgereist gewesen sei, konnte er jedoch nicht beweisen. Zwar bestätigte die Ehefrau des Schankwirts und Magisters H., er sei schon am frühen Morgen des Sonnabends abgereist, doch ihre Dienstmagd Meyer behauptete mit Bestimmtheit, seine Abreise sei erst um zwei Uhr nachmittags erfolgt.

Jedenfalls aber wurde seine Anwesenheit im Dr.-Kunitzschen Hause am Sonnabendmorgen von den zwei schon erwähnten Zeuginnen, der Frau des Kutschers Vetterlein und der Dienstmagd der Ermordeten, bekundet. Die Vetterlein blieb auch bei den weiteren Verhören bei ihrer ersten Aussage, jedoch wollte sie bei der Gegenüberstellung Tinius nicht mit Sicherheit als den Mann erkennen, den sie an dem fraglichen Tage auf der Treppe getroffen habe. Die Dienstmagd Schmidt gab an, am Vormittage des 6. Februar habe sie, als sie die Vorsaaltür der Kunhardtschen Wohnung geöffnet habe, um Wasser zu holen, den Magister mit der Vetterlein die Treppe heraufkommen sehen. Die Vetterlein habe ihn zurechtgewiesen und sie selbst ihn gebeten einzutreten. Als der Magister aber nur von einer Frau Dr. Kunitz geredet habe, zu der er wolle und an die er einen Brief abzugeben habe, wobei er sich unter den Matin griff, als wolle er den Brief hervorholen, habe sie zu ihm gesagt, wenn er zur Frau Dr. Kunitz wolle, so müsse er eine Treppe tiefer gehen; ihre Herrin sei keine Doktorsfrau. Der

Magister sei weder zu ihrer Herrin noch zu Dr. Kunitz, sondern mit ihr die Treppe hinunter- und zum Hause wieder hinausgegangen. Er habe sehr blaß ausgesehen, und es war ihr vorgekommen, als ob er zittere, auch habe er hier schon zu ihr gesagt, wie sie sich später erst erinnerte: »Das ist ja die Köchin, die bei Herrn Magister H. gedient hat«, und sie gefragt, wohin sie gehe und ob sie lange bleibe. Bei dieser Aussage blieb sie in allen Verhören und erkannte den Tinius auch als die in Frage stehende Person.

Als Ergebnis dieser Aussagen und Zugeständnisse stand nunmehr fest, daß Tinius nicht nur am Freitag, sondern auch am Sonnabend im Kunitzschen Hause gewesen sein mußte, daß es ihm dabei um das Ausspüren einer Gelegenheit ging.

Dieser Verdacht wurde um so dringender, als er seine Anwesenheit im Hause hartnäckig leugnete, obwohl sie klar erwiesen war. Außerordentlich belastend für ihn war, daß er schon an diesem Tage nach dem Briefe gegriffen haben sollte, was darauf hinzudeuten schien, daß er das Verbrechen schon damals hatte ausführen wollen.

Auch die Umstände des Mordes selbst sprachen für Tinius als den Täter.

Zunächst wurde die Frage, ob Tinius am Tage oder in der Stunde des Mordes selbst, also am 8. Februar, im Kunitzschen Hause gewesen sei, mit einer bis ins kleinste gehenden Umständlichkeit untersucht, und diese Untersuchung brachte trotz aller versuchten Gegenbeweise den überzeugenden Beweis von seiner Anwesenheit an den Tag. Vier Zeugen gaben darüber die bestimmteste Auskunft: die Dienstmagd Schmidt, die Frau Dr. Kunitz, der Kutscher Vetterlein und der Hausmann Stephan.

Die Schmidt war kurz nach acht Uhr morgens weggegangen. Nach einer Viertelstunde war sie zurückgekehrt und hatte im Hausflur den Magister getroffen, der im Herausgehen begriffen war. Er hatte ihr zugerufen: »Ei, schönen guten Morgen, Köchin« und dann ebenso wie am 6. Februar zu ihr gesagt: »Ei, das ist ja die Köchin, die bei Magister H. gedient hat.« Er hatte einen wahrscheinlich blauen Matin getragen und eine Mütze in der Hand gehalten. Sie erkannte den Tinius als den Magister wieder, der ihr am Mordtage im Flur begegnet war.

Auch die Ehefrau des Dr. Kunitz erinnerte sich noch genau aller Umstände am Morgen des Mordtages. Sie war aus ihrer Schlafstube in die Wohnstube gegangen und hatte an ihrer Wanduhr nach der Zeit gesehen: Es war zwei Minuten nach halb neun Uhr gewesen. Acht Minuten nachher hatte die Schmidt zu schreien angefangen. Während dieser acht Minuten war sie ans Fenster getreten und hatte einen

Mann aus der Haustür gehen sehen, der etwa mittelgroß war, einen dunkelblauen Matin, den er vorn mit beiden Händen zusammenhielt, getragen und, wie ihr schien, eine ganz schwarze Mütze aufgehabt hatte. Er war langsam und mit vorgebeugtem Kopfe gegangen, und am linken Ärmel und am Rücken hatte er einen auffällig weißen Fleck gehabt, den er unterwegs abstäubte, wobei eine Wolke Staub herauskam, und dann hatte er sich nach dem Gewandgäßchen entfernt. Anfangs getraute sich die Kunitz, als ihr Tinius vorgestellt wurde, nicht, fest zu behaupten, daß er und jener Mann ein und derselbe wären, später aber erklärte sie, daß sie fest davon überzeugt sei. Diese Überzeugung habe sie schon bei der ersten Vernehmung gehabt, aber sie habe gefürchtet, Tinius würde, wenn er wieder auf freien Fuß komme, an ihr Rache nehmen. Um ganz sicherzugehen, beobachtete sie ihn, als er über die Straße ins Verhör geführt wurde: Er hatte ganz den Gang des Mannes, der an jenem Morgen aus ihrem Hause über den Platz gegangen war.

Der Kutscher Vetterlein erinnerte sich nur, daß an jenem Morgen zwischen acht und neun Uhr eine fremde Mannsperson mit einem Mantel und einer Mütze auf dem Kopfe ins Haus getreten und die Treppe hinaufgegangen sei. Bei der Dunkelheit im Hausflur habe er jedoch sein Gesicht nicht deutlich erkennen können. Von einem Wiedererkennen konnte daher nicht die Rede sein.

Der Hausmann Stephan aus dem Nachbarhause der Demoiselle Junius sah am Morgen des Mordtages zwischen halb und drei Viertel neun Uhr aus dem Kunitzschen Hause einen Mann fortgehen, der die größte Ähnlichkeit mit dem gehabt hätte, der am 5. Februar bei ihm wegen eines Quartiers nachgefragt hatte. Nur war er jetzt mit einem dunkelblauen Matin, der hinten mit Knöpfen versehen war, bekleidet und auf dem Kopfe habe er eine schwarze Samtmütze getragen, die wie ein Sack ausgesehen hätte. Der Matin war etwas mit Kot bespritzt, und die Stiefel waren sehr beschmutzt gewesen. Der Mann war mit gebücktem Kopfe nach dem Gewandgäßchen und der Grimmaischen Straße zugegangen. Stephan erkannte den ihm vorgestellten Tinius sofort und mit aller Bestimmtheit, nur die Mütze schien ihm nicht dieselbe zu sein.

Verstärkt wurden diese Zeugnisse noch durch eine Wahrnehmung des Chirurgen Jung, der dem Kunitzschen Hause gegenüber wohnte. Er hatte an jenem Tage um die angegebene Stunde einen Mann im blauen (doch schien er ihm lichtblau) Matin aus dem genannten Hause kommen sehen; er hatte sich den Matin, der weiß gefärbt war, vor dem Hause abgestäubt. Eine Viertelstunde später hatte er denselben Mann noch einmal vor dem Fürstenhause getroffen, wo er dasselbe getan hatte. Doch konnte er ihn nicht mit Bestimmtheit wiedererkennen und fand nur eine Ähnlichkeit in der Statur; ob der Mann eine Mütze oder einen Hut aufgehabt hatte, darauf konnte sich Jung nicht besinnen.

Diese vier Zeugenaussagen, unterstützt durch eine fünfte, stimmten im ganzen überein; nur hinsichtlich der Zeit und der Kleidung fanden sich einige Widersprüche.

Hinsichtlich der Zeit mußte der Mord nach Angabe der Dienstmagd Schmidt zwischen ein Viertel und halb neun Uhr, da sie von ihrem Gange wiedergekommen war, erfolgt sein; nach Aussage der Dr. Kunitz und des Stephan wäre der Mörder aber erst nach halb neun Uhr fortgegangen. Auf einen Unterschied von so wenigen Minuten konnte es indessen nicht ankommen, da Zeugen sich selten auf die Minute genau der Zeit erinnern. Zudem konnten die Uhren verschieden gegangen sein, und es war auch denkbar, daß der Mörder, während die Schmidt die Treppe hinaufgegangen war, sich noch eine Weile unter dem Torweg aufgehalten hatte, um schon da die verdächtigen weißen Flecke auf dem Mantel abzuklopfen; denn daß ihm darum sehr zu tun war, bewies ja der Umstand, daß er das zweimal auf offener Straße versucht hatte.

Tinius verwandte die größte Anstrengung darauf, sein Alibi während dieser verhängnisvollen Stunde zwischen acht und neun Uhr nachzuweisen. Aber schon der Umstand sprach nicht zu seinen Gunsten, daß er sich in drei verschiedenen Verhören über seinen Aufenthalt während der fraglichen Zeit in immer neue Widersprüche verwickelte. In der ersten Vernehmung wollte er aus der H.schen Gastwirtschaft zum Buchhändler Liebeskind in der Grimmaischen Straße und zum Antiquar Rau in der Petersstraße gegangen und bei beiden ungefähr eine Viertelstunde geblieben sein, dann habe er sich aufs Beygangsche Museum begeben, wo er eine Viertelstunde Zeitung gelesen habe, worauf er zu H. zurückgekehrt sei. Bei einer zweiten Vernehmung hatte er beim Ausgange zuerst einen ganz anderen Weg genommen und war dann plötzlich umgekehrt, um zu Liebeskind zu gehen, wohin ihn auch der Magister St. hatte gehen sehen. Unterwegs habe er mit dem Studenten Adami gesprochen. Im artikulierten Verhör endlich wollte er, nachdem er bei Liebeskind und Rau gewesen sei, noch beim Mützenhändler Asmus vorgesprochen haben, um dort seine Mütze, die er unterwegs aufgehabt habe, zurückzulassen und eine neue schwarze Kaschmirmütze für seinen Sohn zu kaufen. Darauf habe er bei dem Antiquar Rau eine kleine schwarze Bibel gekauft und sei dann erst ins Beygangsche Museum gegangen und von dort gegen zehn Uhr zu H. zurückgekehrt.

Der Beweis des Alibis gelang ihm nicht. Der Student Adami, an den Tinius noch aus dem Gefängnis schrieb, war nicht zu ermitteln. Die Aufwärter im Beygangschen Museum, der Antiquar Rau, der Buchhändler Liebeskind und der Mützenfabrikant Asmus bestätigten zwar, daß Tinius einmal morgens bei ihnen vorgesprochen habe, aber keiner konnte sagen, daß das am Morgen des 8. Februar geschehen war. Selbst der Magister St. hatte ihn an jenem Morgen nicht auf der Straße bemerkt. Dagegen sagte seine Wirtin, die Frau Magister H., aus, sie habe, als er von ihnen fortgegangen sei, gesehen, daß er den Weg nach dem Neumarkt, also dem Kunitzschen Hause zu, eingeschlagen habe.

Die Aussagen der Zeugen über die Kleidung des verdächtigen Mannes, der nach dem Morde aus dem Hause gegangen war, stimmten fast überein, und die wenigen Widersprüche, die sich zum großen Teil auf die Form der Mütze bezogen, ließen sich leicht erklären und fielen überdies den übereinstimmenden Momenten gegenüber kaum ins Gewicht. Deren bedeutendstes war der Umstand, daß er von zwei Zeugen in einem dunkelblauen und von zwei anderen wenigstens in einem dunklen Matin gesehen worden war; überdies bekundete der Hausmann Stephan als ein charakteristisches Kennzeichen, daß der Matin hinten mit Knöpfen versehen gewesen sei – und Tinius war im Besitz eines solchen dunkelblauen Matins.

Sein Bestreben ging also dahin, wenigstens diesen verhängnisvollen blauen Matin abzuleugnen, und er behauptete, ihn zwar in Leipzig mitgehabt, aber im Wirtshaus zurückgelassen zu haben und an jenem Morgen in dunkelgrauem Frack, in schwarzen Beinkleidern und mit schwarzer Mütze ohne Schirm ausgegangen zu sein.

Wirklich bekundeten zwei Zeugen, die H.schen Eheleute, ihr Gast, der Pfarrer Tinius, habe an jenem Morgen, als er ausging, den dunkelblauen Matin bei ihnen zurückgelassen und sei nur mit einem Frack bekleidet gewesen. Aber beider Zeugnis war verdächtig. Auch gegen sie war wegen Verdachts eines verbrecherischen Einverständnisses mit dem Angeklagten eine Untersuchung eingeleitet und die Entscheidung über diese Untersuchung nun bis zum Urteil über Tinius ausgesetzt worden. Sie hatten also ein natürliches Interesse daran, daß Tinius freigesprochen würde. Aber auch für den Fall, daß sie die Wahrheit bekundeten, ließ sich denken, daß der Angeklagte ebenso, wie er an jenem Morgen die Kopfbedeckung gewechselt haben wollte, auch die übrige Kleidung gewechselt haben konnte. Tinius war übrigens schon lange vor seiner Festnahme durch einen Brief des Magisters St. davon in Kenntnis gesetzt worden, daß der gegen ihn entstandene Verdacht sich mit darauf gründe, daß man den Fremden in einem blauen Mantel gesehen habe, und war in diesem Punkte also vorbereitet.

Faßte man alle Zeugenaussagen zusammen, so mußte man als erwiesen annehmen, daß Tinius am Morgen des 8. Februar in dem Hause gewesen war, in dem sich das Verbrechen ereignet hatte.

Das zweite Beweismittel war der blutige Brief, den man gefunden hatte. Er enthielt die Bitte eines gewissen Bröse aus Hohendorf an die Kunhardt, ihm tausend Taler zu leihen, und war datiert vom 24. Januar 1813. Eine Person dieses Namens war aber aller Bemühung ungeachtet in den sächsischen Orten, die Hohendorf heißen, nicht aufzufinden. Der Brief mußte also fingiert sein, und es konnte mit größter Wahrscheinlichkeit bewiesen werden, daß Tinius ihn geschrieben hatte. Zwei Sachverständige gaben ihr Gutachten dahin ab, daß die Handschrift die des Tinius sei. Außerdem wurde festgestellt, daß Tinius am 8 morgens, ehe er ausgegangen war, in der Stube seiner Wirtsleute einen Brief geschrieben hatte, zu dem ihm der dreizehnjährige Sohn des Magisters H. das Papier aus einem seiner Schreibebücher gegeben hatte; das Wasserzeichen in dem Briefpapier stimmte mit dem in einem der Schreibebücher des Knaben überein.

Endlich war das Siegel auf dem blutigen Briefe nach dem Gutachten zweier sachverständiger Graveure ein Abdruck des Magister H.schen Petschaftes und identisch mit dem Siegel des geständigerweise von Tinius unter erdichtetem Namen an einen Kantor Müller geschriebenen Briefes; nach Aussagen unbeeidigt gebliebener Zeugen hatte er im H.schen Zimmer wirklich auch Briefe versiegelt.

Verstärkt wird der Verdacht noch durch zwei andere Umstände. Einmal wurden bei Tinius noch mehrere anonyme Briefe von seiner Hand gefunden, über die noch einmal gesprochen werden soll: Er war also durchaus der Mann, dem man dieses Mittel zutrauen konnte. Außerdem schrieb Tinius aus dem Gefängnis in einem Briefe, der aufgefangen wurde, an den Hofrat Schreiber in Leipzig, er möchte doch ein Petschaft wie das H.sche nachstechen und einen damit versiegelten anonymen Brief dem Untersuchungsgericht zusenden lassen, damit es zu der Überzeugung käme, daß es von diesen Petschaften mehrere in Leipzig gäbe: Tinius fürchtete also diesen Umstand und fühlte, wie stark er ihn belastete.

Den stärksten Beweis für seine Täterschaft lieferten die beiden Hämmer, die man bei Tinius fand. Der eine hatte einen mit Papier umwundenen kurzen Stiel. Er erregte besonders Verdacht, da er gerade in die Seitentasche des verdächtigen blauen Mantels paßte und absichtlich dazu gekürzt zu sein schien. Blutflecke fanden sich nicht an ihm. War das Eisen wirklich blutig geworden, so hätte Tinius es leicht in der Zeit zwischen seiner Tat und der Verhaftung vollständig reinigen können. Daß er den Hammer je in der Manteltasche getragen hätte, bestritt er entschieden, und den Stiel wollte er nicht selbst gekürzt haben, sondern durch einen Schlosser, damit er die Nägel in seiner Bibliothek bequemer einschlagen könne. Jenes konnte er nicht beweisen; und was seine zweite Angabe betrifft, so liegt auf der Hand, daß ihm zum Nageleinschlagen ein Hammer mit längerem Stiel weit bessere Dienste hätte leisten können. Von dem anderen, kleineren Hammer, den er zu Michaelis 1812 gekauft haben wollte, behauptete er, daß er ihn gar nicht gebraucht habe; aber das äußere Ansehen sprach deutlich dagegen.

In dem Scheidungsprozeß nun kam folgendes zur Sprache. Tinius war um Weihnachten 1812 von Leipzig zurückgekehrt und hatte den blauen Matin oben an der Treppe hängenlassen. Seine Frau wollte ihn herunternehmen und entdeckte dabei in der Seitentasche einen Hammer. Als sie später einmal von Tinius den anderen Hammer zum Wirtschaftsgebrauch zurückforderte, sagte sie:»Du hast ja auch noch einen Hammer.« Der Ehemann war darüber äußerst aufgebracht und fragte hitzig, woher sie denn das wisse. Als sie es sagte, warf er ihr vor, daß sie alles ausstänkere, und er würde sie geschlagen haben, wenn sie nicht schnell fortgelaufen wäre.

Die eine Ecke des kleinen Hammers paßte vollkommen in das Loch in der Schädeldecke. Daß der vollständige Abdruck des Hammers nicht mehr genau nachzuweisen war, erklärt sich daraus, daß die Verletzung von drei bis fünf aufeinanderfolgenden heftigen Schlägen herrührte, durch die die Gestalt der Wunde immer wieder verändert worden war. Aber schon das, was man feststellen konnte, genügte zu der Annahme, daß die Wunden der Kunhardt durch einen dieser Hämmer hervorgerufen worden waren.

An einem T. S. B. gezeichneten Tuche im Tiniusschen Hause fand man übrigens auch einige braune Flecke, die von Blut herrühren konnten. Auf dieses Tuch wurde man erst durch einen aus dem Gefängnis geschriebenen Brief aufmerksam, in dem Tinius den Magister St. bat, er solle sich in Poserna bei seiner Ehefrau im geheimen erkundigen, ob sie wegen des Tuches befragt worden sei. Tinius erklärte dieses Verhalten damit, daß er sagte, er habe gehört, daß ein Tuch, das der Kunhardt weggekommen sei, ihn verdächtig mache.

Aber von einem solchen Tuche war bisher bei der Verhandlung noch niemals die Rede gewesen; wahrscheinlich war es also nur das böse Gewissen des Angeklagten, das ihn zu dem Schreiben veranlaßte, und es entstand der Verdacht, daß dieses Tuch bei dem Verbrechen eine bestimmte Rolle gespielt habe.

Zu allen diesen Wahrnehmungen kamen noch eine ganze Reihe anderer Anzeichen von Schuldbewußtsein. An erster Stelle stehen in dieser Hinsicht die Briefe aus dem Gefängnisse, die ihm zu seiner Entlastung verhelfen sollten.

So hieß es in einem Schreiben an den Studenten Adami wörtlich: »Es könnte sein, daß ich mich auf Ihr Zeugnis beriefe und Sie von dem Kreisamte zur Aussage vorgefordert würden. Wollten Sie also dann wohl bezeugen, daß Sie am Montag, dem 8. Februar, früh gleich nach acht Uhr vom Schwarzen Brett herausgekommen, wo Sie hätten sehen wollen, was Neues angeschlagen sei. Es sei an dem Tage gewesen, wo die Kunhardtsche Mordgeschichte bekannt geworden, und Ihnen deshalb der Tag gewiß erinnerlich.«

Dann ersuchte er ihn, zu bezeugen, daß er, Tinius, die Grimmaische Gasse von der Ritterstraße her heruntergekommen und etwa ein Viertel auf neun Uhr nach dem Hause des Kantors Hübel hingegangen sei. Wegen der Kleidung solle er sich bei Hübel erkundigen, ob er im dunklen Frack oder im blauen Matin mit großem Kragen bekleidet gewesen sei, und im übrigen aussagen, er wisse nicht, ob er, Tinius, eine Mütze aufgehabt habe oder nicht; er solle sich durch nichts von der Kommission irremachen lassen, er wolle es ihm vergelten, sobald er wieder frei sei.

In einem anderen Briefe ersuchte er ebenfalls unter dem Versprechen, ihn dafür reichlich zu belohnen, den Hofrat Schreiber, auszusagen, »daß er ihn auf der Ritterstraße, in der Gegend der Nikolaikirche, als er nach der Grimmaischen Gasse hinaufgegangen, kurz vor dem Schlage halb neun Uhr früh am Montag, dem 8. Februar, begegnet sei«. Er habe eine schwarze Weste und Beinkleider getragen – ob mit oder ohne dunkelblauen Matin und großen Kragen, darüber solle er sich bei dem Überbringer des Briefes erkundigen.

An den schon erwähnten Kantor Hübel schrieb er: »Sie werden wissen, wie ich durch das boshafte Angeben einer Dirne, als hätte ich ihre Frau erschlagen, in Untersuchung gekommen bin. Ich sehe nun, daß alles auf Zeugen ankommt, bitte Sie also, auf Befragen auszusagen, daß ich am 8. früh gegen ein Viertel auf acht Uhr durch Ihre Tür in Ihre Stube kam und nach einem Lotterielose gefragt; daß ich noch eine Viertelstunde aufgehalten und sodann fortgegangen; daß ich mit einem modischen Frack bekleidet gewesen, ohne Mantel. – Mein Vorrat von Dank soll groß sein!«

Später schien ihm die Angabe einer anderen Stunde angemessener, und er schrieb dem Kantor Hübel in einem zweiten Brief: »Ich bin durch ein gottloses Mensch als Missetäter angegeben worden und habe zwar für die erste Hälfte der neunten Stunde einen Zeugen, aber ich brauch noch einen, der gültig ist. Lassen Sie mich und meine Familie nicht unglücklich werden, und bezeugen Sie, daß ich gegen ein Viertel auf neun Uhr an Ihre Tür gepocht und hineingetreten und nach einem Aufenthalt von einer Viertelstunde, kurz vor halb neun Uhr, wieder zu Ihrer Tür hinausgegangen sei. – Kleidung: schwarze Weste und Beinkleider und einen modischen schwarzdunklen Frack. Eine schwarze Mütze, die Sie nicht bemerkt. Ob Sie sagen sollen, mit oder ohne Matin, hängt davon ab, was Herr Buchhändler Liebeskind ausgesagt hat.« Danach forderte er ihn auf, zu diesem zu gehen und sich nach dessen Aussage zu erkundigen, um immer »konform« zu bleiben.

Ein in diesen Brief eingelegter Zettel enthielt noch folgende mysteriöse Weisung: »Es müßte unter so viel vertrauten Freunden Ihnen nicht schwerfallen, einen zu finden, auf dessen Zeugnis Sie sich beriefen, daß er zu Ihnen gekommen, als ich dort gewesen, und ich deshalb so bald weggegangen. – Dadurch würde Ihr Zeugnis völlig außer Zweifel gesetzt und Sie desto sicherer. Wissen Sie so einen(!), auf den Sie sich verlassen können, so würde ich Ihnen sogleich durch meinen Sohn sechs Louisdor auszahlen lassen, und noch mehr, wenn Sie es für gut befinden. Ich müßte aber Nachricht haben, um in diesem Falle meine Aussage danach einrichten zu können. An meinen Sohn schreiben Sie, daß er sogleich sechzig Taler in Geld schafft und zu Ihnen bringt, teils für die jetzt genannte Person, teils sechs Louisdor, die Sie sogleich Herrn Hofrat Schreiber bringen, als Verlag zu den nötigen Vorbereitungen und als Versäumnis. Mehr soll nachfolgen, besonders zu Ihrer Disposition.«

An den Magister St., den Magister und Wirt H. und den Antiquar Rau ergingen ähnliche Zettel, alle mit der bestimmten Weisung, auszusagen, daß er an jenem Morgen mit einem modernen Frack bekleidet gewesen sei, »quod me videris – moderno vestitu indutum«, schreibt er lateinisch an den ersteren.

Tinius wußte, als ihm diese Schreiben vorgehalten wurden, keine andere Ausrede als die, daß er zu der Zeit, da er sie geschrieben habe, krank gewesen sei und das Wahre vom Falschen nicht zu unterscheiden vermocht habe; der Verdacht, der auf ihm laste, habe seine Ideen so in Verwirrung gebracht, daß er manches für geschehen gehalten habe, wovon nicht eine Spur wahr gewesen sei. Es bedarf indes keiner Erwähnung, daß Inhalt und Form der Briefe von nichts weniger als von einem zerstörten Gemütszustand zeugten. Ein Mann, dessen Verstand verwirrt ist, kann nicht in dieser genauen, überlegten Art wie Tinius Anweisungen zu falschen Zeugnissen erteilen, und im übrigen hat sich der Angeklagte als der ruhigste und besonnenste Mensch gezeigt.

Ferner liegen Tatsachen und Briefe in großer Zahl vor, aus denen hervorgeht, daß er mit einer geradezu raffinierten Besonnenheit sich bemühte, alle verdachterregenden Gegenstände zu entfernen.

Seinem Geständnis nach tauschte er seine schwarze Samtmütze ohne Schirm gegen eine schwarze Tuchmütze von fast gleicher Form bei dem Mützenhändler Asmus um. Er schrieb darüber in einem angefangenen Briefe, der ihn allein schon aufs höchste verdächtigen müßte, an den Magister St.: »Gehe doch hin zum Mützenhändler und frage, ob ein Geistlicher am Montag vor vier Wochen – dem 8. Februar, an dem Tage, wo die Kunhardt gestorben, er würde sich vielleicht dieses Tages erinnern –, mit schwarzer Weste, Hosen und Frack bekleidet, gegen halb neun Uhr hingekommen und eine neue Mütze gekauft, eine alte samtene aber, die er anfänglich habe einhandeln – er aber, weil sie abgetragen, das nicht habe tun wollen – dagelassen. Er wird sie Dir zeigen, unterdessen – zupfe an dem alten Fleck, wo sie schon dünn, und suche sie hier und da noch mehr zu beschädigen, ohne daß er es merkt, und lenke seine Augen auf Mützen hinten hin, als wolltest Du kaufen, hernach gib sie ihm wieder, wenn Du ihn nur so weit zum Geständnis gebracht hast, daß es gegen halb neun Uhr gewesen und ich in dieser Samtmütze zu ihm gekommen und so leicht ohne Überrock und Matin gekleidet gewesen bin und daß er sich gewiß erinnere, daß es denselben Montag um halb neun Uhr gewesen.«

Auf die Frage, warum er dem St. diesen seltsamen Auftrag gegeben habe, antwortete Tinius, es sei geschehen, um dem Asmus die an sich wahre Tatsache wieder ins Gedächtnis zurückzurufen. Daß er aber gewünscht hätte, der Mütze ein recht fadenscheiniges Ansehen zu geben, habe er getan, damit man glauben möchte, daß er sie habe vertauschen wollen. Man zeigte ihm, daß die Mütze noch ganz gut sei. Auf die Frage, warum er denn habe eine andere kaufen wollen, antwortete er: »Weil das Futter beschmiert und der Deckel abgetragen war.« Er wollte sie anfangs übrigens für seinen Sohn gekauft haben, ging dann jedoch auf die eben angeführte Aussage über, kehrte aber später wieder zu der ersten Angabe zurück. Zunächst wollte er dies Tauschgeschäft am 6. oder 8. vorgenommen haben, dann aber bestimmt am 8. Der Verdacht, daß das ganze Geschäft in der Absicht geschehen sei, die Kennzeichen des Täters zu verwischen, wurde durch jenen Brief und seine schwankenden Aussagen über ihn nur vermehrt.

Als Corpus delicti lag den Akten der vielbesprochene blaue Matin bei. Aber die auch schon erwähnten Knöpfe, deren Zweck es war, den hinteren Einschnitt des ursprünglich zum Reiten bestimmten Mantels zusammenzuhalten, waren abgeschnitten. In einem seiner verdächtigen Briefe aus dem Gefängnis nun erteilte Tinius dem Magister St. außer anderen Aufträgen, verdächtige Sachen beiseite zu schaffen, auch den, von diesen Knöpfen zwei wegzuschmeißen, die übrigen aber liegenzulassen.

Tinius hat eingestanden, er selbst habe diese Knöpfe abgeschnitten; anfangs räumte er ein, es sei nach dem Mordtage geschehen, später, er könne sich des Zeitpunktes nicht mehr bestimmt erinnern. Erstere Angabe hat um so mehr Wahrscheinlichkeit für sich, als er nach seinem eigenen Geständnis am 17. Februar 1813 von St. einen Brief erhielt, der ihn von den Aussagen der Magd benachrichtigte. Merkwürdigerweise standen unter dem Briefe die Worte: »Deleatur et igni tradatur!« Der Brief konnte nicht damit gemeint sein, denn er existierte noch. Aber die vielen Knöpfe, die die Magd und der Hausmann Stephan hinten am Mantel des verdächtigen Mannes gesehen hatten, waren abgeschnitten und wurden später in der Tiniusschen Bibliothek gefunden. Auf die Frage, warum er die Knöpfe abgeschnitten habe, gab er zunächst an, sie hätten ihm zu kommiß- und reitermäßig ausgesehen, später, sie hätten ihn am Gehen gehindert.

Auch einige allgemeinere Äußerungen Tinius, lassen sein Schuldbewußtsein erkennen. So schrieb er an den Magister St.: »Nimm alles weg, was nicht unschuldig ist« und machte damit also das Eingeständnis, daß sich unter seinen Sachen etwas befand, was nicht unschuldig war. Er sprach von seiner Angst, die er ausstehe, wenn er daran denke, daß gewisse Briefe noch fortgenommen worden seien, und von seiner Freude, wenn er dessen sicher war, daß man es getan hatte. Und wenn er in einem anderen Briefe sagte, »die Untersuchung sei gründlich, gehe aber fehl«, so gab er damit zu, daß er einen Weg kannte, auf dem man etwas entdecken konnte.

Ungewisse Anzeichen, die mehr den Psychologen als den Juristen interessieren, waren in seinem ängstlichen Benehmen zu erblicken. Die Magd Schmidt hatte ihn zitternd und blaß aus dem Hausflur gehen sehen. Bei seiner Rückkehr in das Haus des Magisters H. hatte er zu der Magd, die dort diente, ebenfalls blaß und unstet gesagt: »Köchin, was hat's denn gegeben?« Nachdem sie ihm die Stube aufgeschlossen hatte, war er noch einige Zeit stehengeblieben und hatte mit zitternden Händen die Bibel gehalten. Bei Tische bemerkte die Magd, daß er fortwährend zitterte, aber er gab sich Mühe, zu scherzen und unbefangen zu scheinen. Das tat er auch später dem Gerichte gegenüber und leugnete mit einer geradezu bewunderungswürdigen Hartnäckigkeit lange Jahre hindurch das Verbrechen, jedoch zuweilen bemerkten die Richter an ihm eine merkwürdige Verlegenheit, wenn von dem Morde an der Kunhardt die Rede war; er gab stockende Antworten und gebrauchte nie das Wort Mordtat, sondern sagte stets der »Vorfall«. Oft verfiel er bei den Fragen in ein unnatürliches Gähnen, womit er seine Ängstlichkeit verbergen wollte.

Wie seltsame Wege die Erfindungskraft des Angeklagten ging, zeigt ein eigenartiges Zusammentreffen zweier Namen in zweien von den schon erwähnten anonymen Briefen, die man bei ihm fand. Der Brief an die Kunhardt war mit dem fingierten Namen Bröse unterzeichnet. Ein anderer pseudonymer Brief von Tinius, adressiert an den Amtmann Hoffmann zu Suhl, führte die Unterschrift Gröbel. Auf beide Namen kann freilich jeder Intrigant ohne besondere Phantasie verfallen. Es ist nun aber auffällig, daß diese beiden Namen im Zusammenhang in der nicht lange vor Anfang der Untersuchung im Druck erschienenen Autobiographie des Tinius vorkommen. In Wittenberg hatte ihm nach diesem Buche ein gewisser Gröbel in Bröses Garten aus einer dringenden Verlegenheit geholfen. Das mögliche Spiel des Zufalls mußte vor den Augen der Richter wenigstens der Wahrscheinlichkeit eines unwillkürlichen Zusammenhanges in der Erfindung des Briefstellers weichen.

Aber noch fataler war ein anderer Brief, der den Kreis der Untersuchung gegen Tinius plötzlich ungeahnt erweiterte. Am Anfang dieses Berichtes wurde der Raubmord an dem Kaufmann Schmidt dargestellt. Die Untersuchung über diesen Fall hatte ein Jahr hindurch geruht, als einer jener Briefe, die Tinius aus dem Gefängnis schrieb, um Zeugen seiner Unschuld zu gewinnen, den Verdacht darauf lenkte, daß er auch an diesem Verbrechen beteiligt gewesen sein könnte.

Er schrieb nämlich an den schon oft erwähnten Magister St.: »Es ergibt sich aus verschiedenen Aussagen, daß es zwei Kerle gewesen sind, wenn anders Magister K. nicht der Täter ist, da die Magd in der Morgenstunde unten im Dunkel wohl zwei ähnliche Personen verwechseln konnte und, wie mir die Herren selbst sagten, K. mit mir viel Ähnlichkeit hat. Denn der müßte wirklich dumm sein, der zu dem Mädel sagte, sie sei die Köchin von dem Magister H. Oder es muß noch ein Bösewicht sein, welcher eine frappante Ähnlichkeit mit K. oder mir hat und also dadurch, daß er von jener Bekanntschaft sprach, den Verdacht auf solche ziehen wollte, die bei dem Magister H. ein und aus gehen. Aber ich zweifle auch an der Aufrichtigkeit des Mädchens; ist es aber ihr Ernst, dann muß auch der mir ähnlich gesehen haben, der schon mehr solche Dinge verübt und sich sogar in das Gewand eines Geistlichen gekleidet hat, um sich zu decken. Denn wer man ist, so kleidet man sich gewiß nicht. Sollte etwa die Schmidtsche Geschichte mit hineingezogen werden – welches man aber jetzt gar nicht äußern darf und mag –, sollte Magister H. darüber befragt werden, so soll er sagen, wie ich ihm im eingeschlossenen Zettelchen geschrieben habe, denn so war es, wie ich mich erinnere, und so müssen wir konform bleiben.«

Dieser Zettel enthielt den Auftrag, den Pächter Schmidt zu Poserna zu informieren, wie er aussagen solle. Tinius hatte sich selbst angegeben. Es war bis dahin niemand in den Sinn gekommen, ihn mit der Schmidtschen Geschichte in Verbin-dung zu bringen. Der kaum aufgedeckte Verdacht scheint aber bei den Richtern und beim Publikum sofort zur moralischen Überzeugung geworden zu sein, und es wurde mit demselben Eifer, wenngleich mit minder günstigem Erfolge, auch dieser Fall in die Untersuchung einbezogen.

Es fehlte an allen Zeugen und Beweisstücken, ja an Indizien über die Tat selbst. Der einzige, der den Täter gesehen hatte, der Kaufmann Schmidt, war längst tot; auch die Vetter, die Frau seines Hausmanns, die den unbekannten Fremden zu Schmidt geführt hatte, war gestorben. Wenn Tinius hier der Täter war, so gab es keinen Menschen, der ihn wiedererkennen konnte, und die übrigen Spuren waren im Laufe der Zeit verwischt. Und dennoch war ein jeder von der Überzeugung durchdrungen, daß er der Mörder sei, und da man keine Anzeichen, die mit der Tat unmittelbar in Zusammenhang standen, fand, ging man auf andere zurück, die ihr vorangegangen und ihr gefolgt waren.

Schmidt war am 28. Januar 1812 in der Morgenstunde überfallen worden. An diesem Tage war auch Tinius in Leipzig. An und für sich war das natürlich noch nichts Verdächtiges; er hatte wie oft auch an diesem Tage in Leipzig zu tun gehabt. Daß er aber gerade für diese Tage seine Verrichtungen in Leipzig fast auf die Minute genau und bis auf die unwichtigsten Einzelheiten angab, war für den Menschenkenner schon verdächtig genug.

Im Gegensatz dazu konnten die wenigsten der von Tinius angeführten Personen, bei denen er am 28. Januar gewesen sein wollte, sich dessen entsinnen, und die Aussagen seiner Reisegefährten, mit denen er zu Schlitten von Poserna in die Stadt gekommen war – unter ihnen hatte sich auch der Pächter Schmuhl befunden –, über die Kleidung des Tinius an diesem Tage stimmten mit Tinius, eigenen Aussagen in vielen Punkten nicht überein; nach seiner eigenen Angabe hatte er entweder eine grüne Wildschur oder wahrscheinlicher einen grünlichen Matin und als Kopfbedeckung eher einen Hut als eine Mütze getragen.

Es war auch verständlich, daß die Angestellten des Bankhauses Frege, die einzigen, die den Mörder des Kaufmanns Schmidt zu Gesicht bekommen hatten, sich nicht mehr genau auf die betreffende Person besinnen konnten. Nach der Aussage des Kassierers Witzendorf war dieser Mann am 28. Januar 1812 morgens zwischen zehn und elf Uhr in das Bankhaus gekommen. Er hatte unter dem Namen eines gewissen Siegel aus Elsterberg elf Leipziger Stadtobligationen im Betrage von dreitausend Talern zum Verkauf angeboten und von dem Kassierer die Nominalsumme ausgezahlt erhalten. Er war ein mittelgroßer Mann von etwa vierzig Jahren, mit blasser Gesichtsfarbe, etwas starker Nase, festem, schwarzem, glatt auf die Seite herabhängendem und gar nicht gelocktem Haar gewesen, der einen schwarzen Frack und gleiche Weste und Beinkleider, darüber aber einen bräunlichen oder grünlichen auf Pekeschenart gearbeiteten Oberrock getragen hatte. Als Kopfbedeckung trug er einen vorn sehr eingebogenen sogenannten Schifferhut, wie er überhaupt das Aussehen eines modernen Geistlichen gehabt hätte.

Er habe sich sehr ruhig und unbefangen gezeigt, das Geld selbst noch einmal durchgezählt, zehn halbe Louisdor zurückgeschoben und dafür fünf ganze gefordert. Dann habe er sich noch eine Weile über die Kurse unterhalten und sich überhaupt wie ein gebildeter Geschäftsmann benommen.

Nachdem er wohl eine halbe Stunde geblieben war, ohne die geringste Eile merken zu lassen, war er fortgegangen, jedoch noch einmal zurückgekommen, weil er die über den Handel empfangene Rechnung vergessen gehabt habe.

Diese Personenbeschreibung, die der Kassierer gegeben hatte, paßte insofern auf Tinius, als dieser etwa siebzig Zoll groß und achtundvierzig Jahre alt war und schwarzes Haar, lange Nase und ein blasses, eingefallenes Gesicht hatte. Weiter fand man unter seinen beschlagnahmten Sachen auch einen grünlichen Kalmuckmatin und einen sogenannten Schifferhut, die beide zu verbergen er den H. kurz vorher dringend gebeten hatte.

Die Gegenüberstellung des Kassierers und des Tinius war ohne positives Ergebnis. Jener fand hinsichtlich der Gesichtsbildung und der Haare eine auffallende Ähnlichkeit zwischen dem Pfarrer und jenem Fremden, getraute sich jedoch nicht, zu beschwören, daß beide eine und dieselbe Person wären. In bezug auf den Hut, den man ihm vorlegte, sagte er aus, daß der Fremde einen ähnlichen getragen habe, was aber die Pekesche anbetraf, so schwankte er in seiner Erinnerung. Des Kassierers Aussage würde übrigens, auch wenn er die Identität hätte beschwören wollen, schon deshalb weniger glaubwürdig gewesen sein, da er ja früher schon einmal einen Unschuldigen mit fast völliger Gewißheit für den Verkäufer der Obligationen hatte erkennen wollen.

Auch die anderen Angestellten des Bankhauses konnten nichts Gewisses aussagen. Sie bekundeten wohl zuerst, daß der Fremde und Tinius eine »auffallende Ähnlichkeit« miteinander hätten, aber als es zur Vereidigung kam, fanden sie nur eine »gewisse Ähnlichkeit« zwischen beiden.

Die öffentliche Stimme sagte, Tinius wäre als Mörder verurteilt worden, wenn die Fregeschen Angestellten ihre Aussage hätten beschwören müssen, und nur die Gewissenhaftigkeit dieser Leute, die keine bestimmte Aussage machen wollten, wo immerhin noch eine Verwechslung möglich war, hätten ihn vor dem Schafott gerettet. Die Sache verhielt sich jedoch anders. Die Wahrnehmungen der drei Bankangestellten waren, mit welcher Sicherheit sie sich auch vorher darüber gesprächsweise mochten ausgelassen haben, nicht so, daß man sie ohne weiteres zum Beschwören der Identität hätte zulassen dürfen. Der Vorfall lag über ein Jahr zurück, und die Erinnerungen konnten deswegen nicht mehr verläßlich sein; dazu hatte der eine den Fremden nur von der Nebenstube aus gesehen, der andere hatte sich schon früher einmal so geirrt, daß er beinahe einen Unschuldigen in Untersuchungshaft gebracht hätte. Es stand demnach über die mögliche Täterschaft des Tinius in dieser Mordsache nichts weiter fest als folgendes: Tinius war zur Zeit der Mordtat wirklich in Leipzig gewesen; die Fregeschen Angestellten konnten eine Ähnlichkeit zwischen ihm und dem Verkäufer der geraubten Stadtobligationen bezeugen; die Kleidung, die der Fremde getragen hätte, habe einen Landgeistlichen verraten; der Verkäufer habe über seiner schwarzen Kleidung eine grünliche oder graue Pekesche oder einen Matin getragen, und auch Tinius war nach der Aussage seiner Reisegefährten an diesem

Tage in ähnlicher Weise gekleidet gewesen; außerdem habe der Fremde einen Schifferhut von derselben Form aufgehabt, den man auch bei dem Angeschuldigten vorfand, und Tinius hatte seinen Vertrauten den geheimen Auftrag gegeben, diesen Hut mit noch anderen Sachen beiseite zu schaffen.

Ein wichtiger Punkt der Untersuchung ist im Dunkel geblieben. Tinius war kurz vor der Tat in bedeutenden Geldverlegenheiten gewesen und hatte bald darauf alle seine Verpflichtungen eingelöst. So hatte er eben die große Bibliothek des Professors Nösselt in Halle gekauft gehabt und nun, am 10. und 11. Februar 1812, an die Erben dreihundert Louisdor bezahlt. Vom 1. Februar bis 21. April erhielten verschiedene andere Leute eine Summe von dreihundertelf Louisdor von ihm. Diese Ausgaben waren erwiesen; möglicherweise hatte er aber um diese Zeit auch noch achtzehnhundert Taler in Louisdor in Breslau ausgezahlt. Alles in allem gab er also in den nächsten Wochen nach der Mordtat mehr als dreitausend Taler aus.

Wie war er nun in den Besitz einer so bedeutenden Summe gekommen? Tinius behauptete, das Geld bereits im Jahre 1811 nach und nach zurückgelegt zu haben. Er wollte es teils aus seinen Pfarreinkünften erspart, teils lehnsweise oder als Vorschuß erhalten, teils aber auch von seinen Schuldnern eingezogen haben. Wirklich ging aus einem Kontobuch hervor, daß er nicht unbedeutende Kapitalien ausstehen hatte, von denen mehrere gestrichen waren mit der Bemerkung »Ist abgetragen«, ohne daß das Datum der Rückzahlung dabeigestanden hätte. Ebenso befanden sich Schuldbriefe bekannter Personen, die das Versprechen enthielten, gewisse Kapitalien zu bestimmter Zeit zurückzuzahlen. Dazu kam, daß die zweite Frau des Angeklagten in dem Konkursverfahren, das über ihn verhängt wurde, zehntausend Taler als Eingebrachtes liquidierte, die er wahrscheinlich zum größten Teile zu seinen Büchereinkäufen verwendet hatte.

Weit verdächtiger waren auch in bezug auf dieses Verbrechen die Briefe, die er aus dem Gefängnis schrieb. So gab er Auftrag, wie der Pächter Schmuhl zu unterrichten sei, über die Fahrt nach Leipzig auszusagen, auch den übrigen Reisegefährten erteilte er seine Weisungen, wie er auch dem Hofrat Schreiber zumutete, zu bezeugen, daß er, Tinius, am 28. Januar morgens von zehn ein Viertel bis gegen elf Uhr bei ihm gewesen sei und mit ihm ein Geldgeschäft besprochen habe.

Weiter wurde hinsichtlich dieses Verbrechens nichts gegen ihn ermittelt. Dagegen kamen noch mehrere Anzeigen zur Sprache, die den verbrecherischen Charakter des Angeklagten immer mehr herausstellten.

In dem einen schon erwähnten Briefe an den Magister St. trug er diesem auf, eiligst nach Poserna zu reisen, um alle von ihm, Tinius, geschriebenen, aber mit fremdem Namen unterzeichneten Briefe wie auch alle Mahnbriefe sorgfältig zusammenzufügen und beiseite zu schaffen. Ebenso wie dieser Brief, der mit großer Eile geschrieben sein mußte, wurde auch ein anderer an den Magister H. aufgefangen, der eine ähnliche Aufforderung enthielt. In einem darauffolgenden Zettel schrieb er: »Ist meine gestrige Bitte nicht erfüllt, zuvorzukommen, so ist es nicht gut.« Als ihm darauf mit verstellter Hand und unter St.s Namen geantwortet wurde, es sei geschehen, schrieb er wieder: »Ich war in einer rechten Angst.«

Man fand nun mehrere dieser Briefe, die er zwar geschrieben, aber mit fremdem Namen unterzeichnet hatte, in seiner Wohnung vor. Sie belasteten Tinius aufs Schwerste.

Der erste vom 4. November 1812 war mit dem Namen des Schulmeisters Bark zu Hohenecken versehen und an den Kantor Müller in Jeßnitz gerichtet und enthielt die Bitte, ihm Bescheid über die Abkunft eines gewissen Steinmüller zu erteilen, der in Philadelphia ein großes Vermögen hinterlassen habe und dessen Erben im »Amsterdamer Kurier« aufgefordert worden seien, sich in Amsterdam zu melden.

Auch der zweite unter dem Namen eines E. F. Müller an den Kantor Trebernitz in Colwitz, d. d. Schönewalde, 15. November 1812 geschrieben, beschäftigte sich mit derselben Angelegenheit, enthielt aber nur einen ganz unbestimmten Auftrag.

Der dritte, der eines gewissen Bayer im Auktionsbureau zu Stendal vom 4. Januar 1813 an den Kantor Müller zu Könitz, sprach die Bitte aus, sich nach einer Frau Linke in Leipzig zu erkundigen, die mit einem in Amerika verstorbenen sehr reichen Linke verwandt sein solle.

Ein anderer war am 4. Januar 1813 von einem gewissen Stöckel in Köthen an eine Frau Bose gerichtet, die gebeten wurde, dem Schreiber ihre Familienverhältnisse darzulegen; er sei beauftragt, einen Stammbaum für die Familie Bose zu entwerfen, die diesen zur Erhebung einer von dem Kolonialbesitzer Bose in Bengalen hinterlassenen Erbschaft unbedingt brauche.

Zuletzt fand sich noch ein Zettel ohne Datum und Namen, der die Nachricht enthielt, daß ein Landmann zehntausend Taler in Louisdor liegen habe und das Geld gegen sicheren Schein eintauschen wolle; der Zettel war in fehlerhaftem Deutsch und in unbeholfenem Stil geschrieben.

Tinius mußte diese Briefe als von seiner Hand geschrieben anerkennen. Seine Angabe, daß er sie auf die Bitte bekannter oder unbekannter Personen hin abgefaßt hatte, war wenig glaubwürdig. Daß ein Landgeistlicher sich seinen Gemeindegliedern oder Bekannten zum Briefschreiben zur Verfügung stellt, ist ganz in Ordnung, auch wenn es sich um rein weltliche Angelegenheiten handelt. Aber fremde Personen, die in solchen merkwürdigen Dingen geschäftlicher Art zu ihm kommen, wird er an Advokaten verweisen; wenn er sich aber dennoch dazu hergibt, irgendwelche Schreiben für sie aufzusetzen, so wird er es doch mit seiner Amtspflicht für unverträglich halten, die Briefe mit einem fremden Namen zu unterzeichnen.

In einem noch merkwürdigeren Lichte erschienen diese Briefe aber, wenn man gewisse eigene briefliche Äußerungen des Tinius an Freunde und Bekannte daneben hielt. Aus ihnen ging hervor, daß Tinius sich auch zur Zeit des Mordes an der Kunhardt in Geldverlegenheiten befunden hatte. So hatte er noch am 28. Dezember 1812 an seinen Vertrauten, den Magister St., geschrieben: »Nichts kann mich retten als vierhundert Taler Geld, die Du mir schaffen mußt«, vorher, am 13. November 1812: »Schaffe Rat, schaffe Rat, ich bitte Dich um Gottes willen, damit ich nicht unglücklich werde«, und wieder am 9. Februar 1813, dem Tage nach der Ermordung der Kunhardt, bei der der Mörder keine Schätze gefunden, wenigstens nicht mitgenommen haben konnte: »Schaffe Rat, laß mich nicht ins Unglück stürzen, was ich doch nicht verschuldet habe.« Hinzu kam, daß Tinius in einer Nebenuntersuchung auch der Unterschlagung von Kirchengeldern überführt wurde. Dadurch wurde bestätigt, daß Tinius sich auch in dieser Zeit in bedrängter wirtschaftlicher Lage befunden haben mußte.

Bei der Suche nach neuen Beweismitteln stieß man auf einige merkwürdige Vorgänge, die den Verdacht nahelegten, daß Tinius um die gleiche Zeit auch noch andere Verbrechen vorzubereiten versuchte. Der wichtigste war folgender: Einige Wochen vor dem Überfall auf die Kunhardt, am 19. Januar 1813, war abends um sieben ein Fremder in das Haus des Amtmanns Hoffmann in Suhl gekommen und hatte ihn zu sprechen gewünscht. Er hätte sich Lange genannt und sich nach Hoffmanns Aussage für den Sekretär des Appellationsrates Gröbel in Dresden ausgegeben.

Da der Amtmann nicht allein gewesen war – sein Schwiegersohn, der Bürgermeister Spangenberg hatte sich bei ihm befunden –, so war der Fremde in die Gesindestube genötigt worden. Als er eingetreten war, hatten ein Mann namens Schlegel, der in der Stube gewesen war, sowie dessen Ehefrau und die Witwe Heym beim Scheine des auf den

Fremden fallenden Lichts sofort den Magister Tinius erkannt, obwohl er gegen seine Gewohnheit eine Brille getragen hätte. Man hatte das auch ausgesprochen, der Fremde jedoch habe es geleugnet und gefragt, wer denn der Tinius sei. Er habe sich dann an den Tisch zu den anderen gesetzt und gebeten, das Licht, das die Schlegel vor ihn hingesetzt hatte, wieder wegzunehmen, weil er schlimme Augen habe. Nach einer kleinen Weile war der Fremde wieder fortgegangen, nach einer Viertelstunde aber zurückgekehrt und hatte sich wieder auf seinen Platz gesetzt. Er habe sich erkundigt, wann wohl der Mann fortginge, hätte jedoch verboten, ihn früher zu melden, als bis der Besuch wirklich fortgegangen und Hoffmann allein sei.

Inzwischen hatte er sich auch erkundigt, ob Wache im Hause oder in der Nähe sei, ob noch mehr Leute im Hause wohnten und ob der Amtmann einen scharfen Hund habe. Man hatte ihm geantwortet, daß Wache genug vorhanden und der Hund sehr böse sei. Darauf habe er nun gebeten, man möge den Hund, während er beim Amtmann sei, nicht hineinlassen, weil er Hunde nicht riechen könne. Als aber später der Hund in die Gesindestube gekommen war, um an ihm herumzuschnuppern, habe er ihn gar nicht weiter beachtet.

Nach acht Uhr endlich war der Fremde vorgelassen worden. Er nannte sich auch hier Lange und übergab dem Amtmann einen Brief, der vom Appellationsrat Gröbel in Dresden unterzeichnet und vom 4. Januar 1813 datiert war. Darin ersuchte der Aussteller den Empfänger, seinem Sekretär Lange einen Rechtskonsulenten zu empfehlen; Lange sei nämlich beauftragt, für einen Kaufmann in Hamburg ein Gut in Theres in Franken zu kaufen und vorläufig den Anschlag zu prüfen.

Nachdem der Fremde den Amtmann bat, ihm bei dem Kauf ein wenig an die Hand zu gehen, habe ihm Hoffmann gesagt, daß auch er ihn für den ehemaligen Pfarrer zu Heinrichs, den Magister Tinius, halte. Der Amtmann hätte das so bestimmt geäußert, daß es der Fremde nach einigem Leugnen habe einräumen müssen. Hoffmann hätte ihm nun gesagt, daß das Gut jetzt wegen des vielen Schnees nicht besichtigt werden könne; er hatte ihn aber zu Tisch behalten und ihm auch ein Nachtlager angeboten. Tinius habe es abgelehnt und war gegen halb elf Uhr fortgegangen. Vorher aber ließ er sich den Brief zurückgeben und bat den Amtmann, über seinen Besuch Stillschweigen zu bewahren.

Da der Brief obendrein noch bei Tinius vorgefunden wurde, mußte Tinius alles einräumen. Aber die Absichten seiner Reise und seines Besuchs seien ehrlich gemeint gewesen. Zuerst wollte er sich nach dem

Gute Theres nur deshalb erkundigt haben, weil er es nach dem Tode seiner Schwiegermutter für sich selbst kaufen wollte. Später erklärte er, er habe sich mit dem Amtmann Hoffmann, mit dem er sich nicht immer gut vertragen habe, aussöhnen wollen, und um vorher Hoffmanns Gesinnungen zu erforschen, habe er sich zuerst unter fremdem Namen melden lassen.

Diese Erklärung erschien indessen sehr unwahrscheinlich, und wenn man die Zeit und die ganze Art und Weise des Besuchs ins Auge faßte, so ließ sich der Verdacht nicht abweisen, daß Tinius auch hier ein Verbrechen begehen wollte. Das Fehlschlagen dieser Unternehmung aber schien, wenn man alle Umstände berücksichtigte, nicht ohne Zusammenhang zu sein mit dem Mord an der Kunhardt kurze Zeit darauf: Und nicht allein als Tatsache an sich, sondern ebensosehr als Argument für den Leipziger Mord mußte dieser Vorgang die Richter interessieren.

Es lagen also eine Menge Verdachtsgründe gegen Tinius vor. Es kam nun darauf an, wie sich das Gericht zu ihnen stellte. Ein glücklicher Umstand für den Angeklagten war es, daß er vor dem preußischen Gericht einen ausgezeichneten Verteidiger hatte. Allerdings bleibt auch uns in der Handlungsweise des Angeklagten, abgesehen von seinen Motiven, noch vieles unklar.

Wie ein Mann von dieser Besonnenheit und mit diesen festen Plänen so unbesonnen verfahren konnte, in der kurzen Zeit, während der das Mädchen nach einer Flasche Wein ausgegangen war, in dem stark bewohnten Hause in räuberischer Absicht in die Wohnung der Witwe einzudringen, ist kaum zu begreifen. Bei einer ängstlichen alten Witwe, die ihr Geld – vorausgesetzt, daß sich überhaupt welches in der Wohnung befindet – sorgfältig zu verstecken pflegt, mußte das Aufsuchen allein eine geraume Zeit dauern, und man darf annehmen, daß Tinius sich vorher davon unterrichtet hatte, daß das Dienstmädchen die alte Frau nicht lange verlassen würde. Auch ist unklar, wie er erfahren haben mochte, ob bei der Kunhardt einzubrechen sich lohnte.

Eine weitere merkwürdige Tatsache ist, daß er nach dem Morde fortgegangen war, ohne seinen Zweck erreicht zu haben, das heißt ohne Geld. Die überfallene Frau hatte zwar geschrien, aber Tinius war schon die vier Treppen herunter und auf dem Flur gewesen, als ihm die Dienstmagd begegnete. Und nicht während des kurzen Gesprächs beider, sondern erst als sie die Treppe hinaufgegangen war, hatte die Schmidt das klägliche Geschrei ihrer Dienstherrin gehört.

Tinius hatte einige Tage früher schon die Dienstmagd im Hause gesehen; er hatte sie erkannt und begrüßt als die Magd, die früher beim Magister H. diente. Ihr war er wieder beim Hinausgehen nach der Mordtat begegnet, und er hatte sie wieder angeredet. Wäre es nicht ein Gebot der Klugheit gewesen, zu versuchen, unerkannt an ihr vorüberzukommen und das Haus so schnell wie möglich zu verlassen?

Er besaß eine Menge Kleider, die ihn hätten unkenntlich machen können; sollte er die Tat ausgerechnet in der Kleidung verübt haben, in der er schon in seinem Wirtshause gesehen worden war?

Dann: Tinius war am Tage der Tat, auch nachdem ihm das Gerücht des Mordes zu Ohren gekommen war und die Schmidt schon den Verdacht auf einen bei H. verkehrenden Magister ausgesprochen hatte, noch bis gegen zwei Uhr in Leipzig geblieben. Er setzte sich dadurch der Gefahr aus, daß die Magd jeden Augenblick kommen und ihn sofort wiedererkennen konnte.

Sein Vertrauter, der Magister St., hatte ihn noch vor seiner Verhaftung von dem Verdacht unterrichtet, der gegen ihn bestand, doch war er weder entflohen, noch hatte er die Sachen, die ihn hätten verdächtig machen können, vernichtet oder wenigstens so verborgen, daß sie den Augen des Richters entgehen mußten.

Diese und noch andere Gründe konnten aber die Täterschaft nur deshalb unwahrscheinlich machen, weil man Tinius nicht zutraute, daß er mit so wenig Vorsicht und Besonnenheit gehandelt haben sollte. Wenn diese Unwahrscheinlichkeit aber noch stärker gewesen wäre, so wäre durch sie die Stärke der positiven Anzeichen doch keineswegs geschwächt worden. Daß es unwahrscheinlich war, daß Tinius so gehandelt habe, schloß nicht die Möglichkeit aus, daß er wirklich so gehandelt hatte. Nur das absolut Vernunftwidrige und Absurde kann einen Beweis umstoßen, der sonst formell richtig geführt ist. Aber auch der kaltblütigste, raffinierteste Bösewicht bleibt ein Mensch mit allen Schwächen. So verriet auch Tinius trotz aller bei seiner Vernehmung gezeigten Besonnenheit bei mehreren Gelegenheiten einen auffallenden Mangel an Vorsicht. Das treffendste Beispiel dafür ist der im Gefängnis geschriebene Brief, durch den er den Verdacht auf sich zog, auch in der Schmidtschen Mordsache der Täter gewesen zu sein.

Wenn Tinius übrigens bei dem Morde an der alten Kunhardt eine besondere Frechheit an den Tag gelegt hatte, so dachte er wohl an die große volkreiche Stadt und wohl auch an den Nimbus, mit dem sein Stand ihn umgab. Außerdem hatte er die Erfahrung hinter sich, daß der Mord an dem Kaufmann Schmidt, den er am hellen Tage beging, nicht herausgekommen war. Hätte er sich früher aus dem H.schen Hause entfernt oder wäre er gar nicht dahin zurückgekehrt, wäre zu befürchten gewesen, daß sich der Verdacht sofort auf ihn gelenkt hätte. Übrigens hatte er sich von elf Uhr an meist in seinem Zimmer aufgehalten, hatte nur wenig gegessen und war früher als gewöhnlich abgereist, angeblich weil er wegen der fremden Truppen möglichst schnell nach Hause kommen wollte. Daß Tinius zum Mützenhändler Asmus gegangen war, um seine Mütze umzutauschen, spricht freilich mehr gegen als für ihn und merkwürdig bleibt es auch unter allen Umständen, daß er in Vorbedacht – oder eingewiegt vom Gefühl seiner Sicherheit – Briefe, Hämmer und Kleidungsstücke in seinem Hause behielt.

Betreffs des Kunhardtschen Mordes fand der Richter in erster Instanz, daß »wo die allerdringendsten Verdachtsgründe vorhanden wären, wo so viele Anzeichen zusammenträfen und miteinander übereinstimmten, durch den schlimmen Charakter des Verdächtigen unterstützt und durch Gegengründe nicht entkräftet würden, wo die Gewißheit die Täterschaft nur infolge beharrlichen Leugnens und des Mangels an vollständigen Beweismitteln nicht erlangt werden könne, derjenige Grad von Wahrscheinlichkeit vorhanden sei, welcher nach preußischen Gesetzen eine außerordentliche Strafe rechtfertige, die nach den Strafbestimmungen über den Raubmord zu bemessen sei«. Das Urteil vom 20. Februar 1820 lautete auf achtzehnjährige Zuchthausstrafe.

In Hinsicht auf den Raubmord an dem Kaufmann Schmidt lagen nur entferntere Anzeichen vor, und der Richter konnte daher in dieser Sache nur auf vorläufige Freisprechung erkennen.

Das dritte Verbrechen, die Unterschlagung von Kirchengeldern, war vollständig erwiesen. Das Urteil lautete auf zweijährige Zuchthausstrafe.

Zusammen also wurde Tinius zu zwanzigjähriger Zuchthausstrafe und zum Verlust der Nationalkokarde verurteilt.

Tinius legte Berufung ein. Das Urteil zweiter Instanz wurde erst nach drei Jahren, am 23. Januar 1823, gefällt.

Neue Beweismittel waren nicht zur Sprache gekommen. Die Hypothese, die der Verurteilte aufgestellt hatte, daß nämlich die Kunhardt nicht an den Schlägen, sondern an der Trepanation gestorben sei, die man an ihr vorgenommen hatte, wurde als ganz unbegründet verworfen, aber das Urteil erster Instanz in Rücksicht auf das vorgerückte Alter des Angeklagten und die lange Dauer seiner Untersuchungshaft dahin abgeändert, daß die Strafe wegen des Raubmordes von achtzehn Jahren auf zehn Jahre herabgesetzt wurde.

Wir scheiden von diesem Kriminalfall unbefriedigt. So scharfsinnig und kunstvoll die Zusammenstellung der Indizien erfolgt ist, hätte es doch auch in des Richters Aufgabe gelegen, sich zugleich um das innere Leben des Angeklagten und um seinen Entwicklungsgang zu kümmern.

Die allgemeine Annahme war, daß Tinius ein Mörder wurde, um seiner Bücherwut zu frönen; eine Monomanie hätte das Gemüt eines sonst ehrenwerten Mannes zerstört, und im unersättlichen Durst nach dem Besitz von Büchern hätte er seine Verbrechen begangen. Es habe also ein plötzlicher Übergang vom Guten zum Bösen stattgefunden; die übermächtige Leidenschaft habe ihn verblendet, und er wäre gefallen. Seltsam nur, daß in den Akten nichts vorkommt, was diese Vermutung bestätigen könnte. Freilich waren die Schulden, in die sich Tinius durch den Kauf seiner Bücher gestürzt hatte, aller Wahrscheinlichkeit nach der letzte äußere Anlaß seiner Taten. Aber die Leidenschaft selbst hat ihn nicht hingerissen, er war vielmehr seinem ganzen Wesen nach nur Kälte und Berechnung. Wer ursprünglich edel und gut war und dann mit einer raschen Tat das Opfer unbezähmbarer Leidenschaften geworden ist, trägt übrigens den Stempel der Unruhe und des Unfriedens an der Stirn, und die Anzeichen der Reue lassen sich nicht verbergen. Von alledem zeigte sich bei Tinius keine Spur: Nicht ein einziges Mal während der ganzen zehnjährigen Untersuchung hat der Richter etwas wahrnehmen können, was einer reuigen Empfindung auch nur von fern ähnlich gesehen hätte.

Tinius erscheint von Anbeginn als ein geschlossener, in sich fertiger Charakter. Seine Berechnungen werden niemals durch warmblütige Aufwallungen der Phantasie gestört. Seine Blicke sind überall, wo auf redliche oder unredliche Art ein Gewinn zu machen ist. Ihn lockt nicht die Gelegenheit, die sich unerwartet darbietet, sondern er sucht sie mit der größten Besonnenheit aus, legt sich einen Plan zurecht und verfolgt ihn Schritt für Schritt bis zu seiner völligen Durchführung.

Schon bei der ersten Tat läßt sich ein solcher Plan nachweisen. Diese Tat ist die erste, die ans Licht kam, möglicherweise auch die erste, die ihm glückte, sie wird aber nicht die erste gewesen sein, die er versuchte. Er dringt am hellen Tage in einer der besuchtesten Straßen Leipzigs verwegen in die Geschäftsstube eines Kaufmanns ein. Daß die Haushälterin ihn hineinführt und möglicherweise in der Nähe des alten Mannes geblieben ist, stört ihn nicht. Er fragt ihn unter falschen Angaben mit der ruhigsten Haltung aus, läßt sich in aller Gemächlichkeit Papiere zeigen, spricht von den gleichgültigsten Dingen, bis der Augenblick gekommen ist, in dem er das arglose Opfer ohne

Gefahr für sich selbst niederstrecken kann. Im nächsten Moment schon hat er die Kasse erbrochen, sich der wertvollen Papiere bemächtigt und, ohne von jemand bemerkt worden zu sein, das Haus wieder verlassen. Noch in derselben Stunde steht er in dem ersten Bankhaus Leipzigs und verkauft mit der Ruhe und Gewandtheit eines geübten Geschäftsmannes die geraubten Papiere, ja, er kommt noch einmal zurück, um sich die für ihn an und für sich sehr wenig wichtige Note über den Verkauf geben zu lassen. So besonnen und raffiniert handelt kein Anfänger, vor allem aber kein Mensch, den eine dämonische Macht plötzlich unwiderstehlich zum Verbrechen hinreißt.

Wir finden in seiner Wohnung eine ganze Registratur von Briefen mit falschen Adressen und Unterschriften. Er erkundigt sich nach den Verhältnissen vermögender Personen. Diese Leute sind nicht etwa Besitzer kostbarer Büchersammlungen oder seltener Bibliotheksschätze, sondern alte Kaufleute, Handwerker, Amtsleute, vor allem aber alte Witwen, die für sich leben, leicht empfänglich sind für Schreck, vor einer Drohung schnell zusammenfahren, bei denen also ein Einbruch nicht schwierig scheint: und alle sind begütert. Aus der reichen Sammlung, die er sich wohl aus Zeitungen zusammengestellt hat, wählt er die aus, bei denen er am sichersten zu Werke gehen kann. Das alles deutet nicht auf eine Manie oder auf eine rasche Aufwallung von Leidenschaft, sondern zweifellos auf kaltblütig überlegte Pläne, die lange vor der Ausführung fertig waren.

Wie er nach einem bestimmten Plane an die Tat heranging, so hat er mit derselben Konsequenz im Gefängnis jahrelang die Rolle des Unschuldigen gespielt. Sein ganzes Verhalten spricht von einer Verhärtung des Gemüts, die schon in der Jugend begonnen haben muß, und vielleicht liegt der Schlüssel zu ihr überhaupt in den Lebensschicksalen des Mannes. Er stammte aus den ärmlichsten Verhältnissen, und nur durch das Wohlwollen guter Menschen wurde es ihm möglich, einen Beruf zu ergreifen, der seinen Fähigkeiten entsprach. Möglicherweise hat da schon der Keim des Ingrimms und des Neides gegen die Glücklicheren und Reicheren, die ihn empfinden ließen, daß er von ihnen Almosen empfing, in ihm Wurzeln gefaßt und in ihm ein verbotenes Begehren mächtig werden lassen, auf welchem Weg auch immer reich und unabhängig zu werden. Zugleich aber zwang ihn die Rücksicht auf sein Amt, nach außen hin eine scheinheilige Ehrsamkeit an den Tag zu legen, die ihren Zweck – die gefahrvolle Böswilligkeit des Mannes zu verhüllen – vollkommen erfüllte.

Im Zuchthause wurde Tinius seinen Kenntnissen entsprechend mit

Schreibarbeiten beschäftigt. Seine frühere Gemeinde zu Poserna, der nach seiner Entlassung die Verpflegung des ganz Verarmten oblag, scheute sich, ihn wieder in ihre Mitte aufzunehmen, und verschaffte ihm auswärts auf ihre Kosten ein Unterkommen.

KARL LUDWIG SAND

In der Stadt Wunsiedel, die, reizend gelegen an den östlichen Abhängen des Fichtelgebirges, dem deutschen Vaterlande einen seiner edelsten Dichtergeister, Jean Paul Friedrich Richter, schenkte, ward auch Karl Ludwig Sand am 5. Oktober 1795 geboren, als jüngster Sohn des vormaligen preußischen ersten Justizamtmanns und Justizrats Gottfried Christoph Sand und seiner Ehefrau Dorothea Johanna Wilhelmina, geborene Schöpf.

Sands Freunde wollen seine Charakterstimmung aus der des Gebirgsvolkes, dem er angehörte, erklären. Wer die Bewohner des Fichtelgebirges kennenlernte, sagen sie, wird Eigentümlichkeiten angetroffen haben, die von alters her das Leben dieses Volksstammes bezeichnen.

Von der Mutter wird berichtet, sie sei eine gebildete, religiöse und verständige Frau gewesen. »Bestrebe Dich«, schreibt sie, »immer und ununterbrochen auf Dich achtzuhaben, damit Du nicht einzelne große, gute Handlungen für Tugend hältst, sondern jede Minute das zu wirken und zu leisten suchst, was unsre Pflicht von uns fordert.« In einem andern Brief schreibt sie: »Ich beschwöre Dich, bester Karl, laß durch die Schwäche der Schwärmerei Dich nicht abführen von bürgerlichen und häuslichen Hinsichten!« Der Vater ermahnt den Sohn zu religiösen Gesinnungen und schreibt ihm einmal: »Laß Dich nicht durch den jetzigen leichtsinnigen Geist der Zeit verführen, und glaube mir als Deinem alten, erfahrenen Vater, daß frühe, wahre Gottesfurcht die einzige sichere Vormauer gegen Verführungen besonders in der Jugend ist und daß alle Kenntnisse ohne wahre Religiosität nichts sind als tönend' Erz und eine klingende Schelle. Nur muß es nicht mißverstanden oder gar Scheinreligiosität sein, sondern solche, die sich durch Handlungen im ganzen Leben ausspricht.«

Den Vater scheinen mannigfache Sorgen in dem kinderreichen Hauswesen zu drücken. Denn außer zwei älteren Brüdern – Georg, Kaufmann in St. Gallen, Fritz, Appellationsgerichtsadvokat in Kemnaht – hatte Sand eine in Wunsiedel verheiratete ältere Schwester, Karoline, und eine jüngere, Julie.

Aber seiner Jugend konnte Sand, trotz des Umgangs mit den geliebten Geschwistern, nicht froh werden. Eine gefährliche Blatternkrankheit hatte ihn dermaßen angegriffen, daß sein Unterricht im elterlichen Hause erst mit dem zehnten Jahr beginnen konnte. Seine jüngere Schwester kam ihm bald zuvor, und seine Ausbildung erforderte Anstrengung von seiner Seite und Geduld seitens der Lehrer. Daher eine frühe Niedergeschlagenheit des Gemütes. Statt ihn, wie andere junge Leute lebhaften Temperaments, zurückhalten zu müssen, hatte sein Vater dafür zu sorgen, daß er nicht noch zurückhaltender wurde.

Doch artete sein stilles Wesen nicht in Schläfrigkeit und dumpfe Trägheit aus, denn im zwölften Jahr zeigt er sich als ein beherzter Kämpfer im Knabenspiele, bei dem, aus einem falschen Ehrgefühl, der Scherz in blutigen Ernst überzugehen drohte. Schon im elften Jahr hatte er ein Kind vor dem Ertrinken gerettet.

Seinen Unterricht erhielt er zuerst am Lyzeum zu Wunsiedel, dann am Gymnasium zu Hof, und er ging, aus Liebe zu dem von ihm innig verehrten Lehrer, dem Rektor Saalfrank, endlich, bei dessen Versetzung nach Regensburg, zum dortigen Gymnasium über. Saalfrank glaubte sich von seinen Oberen zurückgesetzt. In Sands Briefen an seine Eltern sprudelt hier zuerst der Geist der Entrüstung auf, wie er edlen jugendlichen Gemütern eigen ist, wenn begangenes Unrecht ihr Gefühl empört.

Als Napoleon zu einer Truppenmusterung nach Hof gekommen war, verließ Sand diese Stadt und kehrte zu seinen Eltern zurück, weil es ihm unmöglich gewesen wäre, »den Unterdrücker des Vaterlandes in Hofs Mauern zu wissen, ohne sein Leben an denselben zu wagen«. Dieser Zug, von seinen Freunden berichtet, erhielt erst nach langen Jahren Wichtigkeit und Bedeutung.

Im Jahre 1813 war Sand achtzehn Jahre alt. Er würde schon damals den Versuch gemacht haben, von seinen Eltern die Erlaubnis zum Mitgehen in den Feldzug zu erwirken, wenn nicht die Schlacht bei Leipzig seinen Entschluß unnötig gemacht hätte. Er schreibt deshalb in einem Brief an die Schwester: »Wenn es nötig sein sollte, mein Leben zum Opfer zu bringen, fühlte ich mich viel zu mutbeseelt, als daß ich mich erst dazu rufen lassen sollte.«

Im Jahr 1814 erteilte ihm sein Vater seine Einwilligung zum Studium. Er hatte sich für das Studium der protestantischen Theologie entschieden.

Sein Streben zog ihn nach Tübingen, wohin er im Herbst 1814 mit dem rühmlichen Zeugnis der Reife vom Regensburger Gymnasium abging. Er hatte jedoch unterlassen, die damals erforderliche Erlaubnis der bayerischen Regierung zu erbitten. Sie wurde ihm nachträglich abgeschlagen, und man wies ihn zum Besuch einer inländischen Universität an. Inzwischen war Napoleon aus Elba zurückgekehrt, Sand trat als Freiwilliger in bayerische Kriegsdienste. Doch erfolgte der Sieg bei Belle-Alliance zu schnell, als daß er ins Feuer gekommen wäre, und mit den aus den französischen Cantonnierungsquartieren entlassenen bayerischen Truppen traf er schon im Dezember 1815 in Anspach ein und wurde mit dem Zeugnis untadelhafter Aufführung entlassen.

Er war ohne Wissen der Eltern in den Kriegsdienst getreten. Dies war, wenn man sich in die allgemeine Stimmung von 1815 zurückversetzt, nichts Außergewöhnliches. Auch stimmte dieser Ausbruch von Vaterlandsliebe mit früheren Außerungen überein. Schon 1809 will er beim unglücklichen Anfang des österreichischen Krieges viel Angst ausgestanden haben.

Nach einem kurzen Aufenthalt im väterlichen Hause bezog er im Winter 1815/1816 die Universität Erlangen. Von hier an beginnt ein vollständiges Tagebuch; es gibt Aufschluß und Rechenschaft nicht nur über sein tägliches Tun und Treiben, sondern auch über seine Gedanken, Stimmungen und Ansichten. Am Neujahrstage 1816 schreibt er eine Art Gebet, das man als ein Manifest seines der religiösen Verehrung des Vaterlandes fortan gewidmeten Lebens betrachten kann. Es heißt darin: »Gott, du ließest mein deutsches Vaterland sich durch seine eigene Kraft entwinden dem Joche der Knechtschaft. Zum Zweifler wurde ich, solange ich mich als Weltbürger kenne, in dieser Rücksicht nie; mein Glaube stand fest; aber daß meine feste Zuversicht durch die großen Prüfungen, die das Jahr 1809 und der Anfang des Jahres 1812, die Schlachten bei Lützen und Bautzen mit sich brachten, öfters doch den sich entwürdigenden Zweiflern ein geneigtes Ohr verlieh und über das Hohnlachen der deutschen unwürdigen Spötter fast zur Verzweiflung gebracht wurde: das verzeihe mir durch die Vermittlung unseres Herrn Jesu, der mich nicht gänzlich sinken ließ und endlich durch seinen heiligen Geist so hohen Mut in meine Seele brachte. – Vater, du hast Unendliches an uns getan! Du ließest Sieg uns zuteil werden über unseren Nationalfeind; und alle schwankenden Pflanzen in deinem deutschen Garten, niedergebeugt durch verheerende Elemente und hin- und hergeschaukelt vom Winde des Zeitgeistes, sind wieder aufgerichtet; in tiefer Scham über ihr Zweifeln an deiner allwaltenden Gerechtigkeit, die ihrem schwachen Sinn zu lange langmütig schien, wagen sie es nun, sich wieder aufzurichten zu dir, und sind dir gerettet. – Herzenslenker! Auch mir wurde zuteil, wenigstens mit auszuziehen, wenngleich nicht mitstreiten zu können fürs Vaterland!«

In heiterer Stimmung verließ Sand mit Ablauf des Sommersemesters 1817 Erlangen. Er ging dem großen Reformationsfest auf der Wartburg entgegen und der Fortsetzung seines Studiums in Jena, wo das Ziel seines Lebens, die Erneuerung der deutschen Burschenschaft zu einer politischen Vereinigung, schon weit fortgeschritten war.

Unterm 17. August 1817 schreibt er an einen Freund: »Mein Herz hängt mit Freuden daran, da ja alle unsere jetzigen Burschenschaften nicht mehr ein eitles, mit den wenigen Jahren der Universität dahinschwindendes Treiben sind wie ehemals; sondern da wir, von Gott mächtig erweckt, nun endlich einmal angefangen haben, all das Hohe und Herrliche – Aufhören der krassen Zwingherrschaft, dagegen Freiheit und bei sicherer ständischer Verfassung freies Sprechen und Treiben der Bürger und eigenes Verfechten dieser hohen Güter – genug, weil wir nun einmal streben, was deutsch heißt, in unser deutsches Vaterland wirklich hineinzuführen, und weil wir dies gewißlich nicht nach Abschluß der Jugendzeit wieder ruhen lassen und als einen Studentenschwindel vergessen wollen.«

In Wunsiedel, wo er die Ferien zubrachte, abermals predigte und sich zu seinem Abgange nach Jena vorbereitete, arbeitete er den Aufsatz aus, der unter die Teilnehmer der Wartburgschaft verteilt wurde. Es ist sein damaliges Glaubensbekenntnis von der Bedeutung der Burschenschaft und zerfällt in 11 Artikel, deren Inhalt in Kürze folgender ist:

1. Unsere Sache fällt mit jeder anderen bedeutenden Umschwungszeit zusammen; ähnlich besonders der deutschen Reformation. Heute aber ist sie mehr eine wissenschaftlich-bürgerliche Umwälzung.

2. Der Wahlspruch der deutschen Burschen sei: Tugend! Wissenschaft! Vaterland!

3. Wer diese Ideen bekennt, ist unser geliebter Bruder. Von nun an darf nur auf das neubegonnene Leben gesehen werden.

4. Zur Verwirklichung dieser hohen Sache eine allgemeine, freie Burschenschaft durch ganz Deutschland.

5. Das Ganze darf nicht durch Eideshand zusammenhängen. Die Idee allein soll alle vereinen.

6. Jedwedem Unreinen, Unehrlichen, Schlechten soll der einzelne auf eigene Faust nach seiner hohen Freiheit zum offenen Kampfe entgegentreten. Das Ganze soll damit verwickelter Kämpfe überhoben bleiben.

7. Für das liebe deutsche Land kein Heil außer durch eine solche allgemeine, freie Burschenschaft. In Deutschlands innig verbrüderte edle Jugend wird das Hohe und Herrliche wirklich schon eingelebt.

8. Der Brauch für die Burschenschaft muß allenthalben in seinen Hauptzügen gleich sein.

9. Für Urfeinde des deutschen Volkstums erklärt: a) die Römer, b) Möncherei, c) Soldaterei.

10. Von einzelnen hervorleuchtenden Männern und einigen Jünglingen höherer Art, wie einst von Martin Luther, geht der neue Geist aus. Die Fürsten wissen wenig zu raten.

11. Die Hauptidee des Festes ist: »Wir sind allesamt durch die Taufe zu Priestern geweiht: 1. Petr. 2,9. Ihr seid ein königlich Priestertum und ein priesterlich Königreich.«

Seine Tagebücher und Briefe aus Jena sind heiterer als die in der verbittertsten Stimmung in Erlangen geschriebenen. So finden wir darin einen Besuch Sands bei Goethe, den er mit harmloser Laune um freundliche Verwendung zu einem löblichen Zwecke ansprach.

Im Herbst 1819 hatte er eine Reise nach Berlin unternommen, wo ihn nichts als die für ihn merkwürdigste Größe der Zeit, Jahn, angesprochen zu haben scheint.

Wie er ihn schildert, ist als ein Bild jener Tage und für Sands Anschauungsweise gleich charakteristisch: »Jahn ist ein Held dieser Zeit, ein wahrhaft freier und edler Mann, gewachsen jedem Sturme in diesem Erdenleben und empfänglich für die zartesten Freuden des Geistes, ein rechter Mensch, passend in alle Verhältnisse des Lebens.

Was über seine Art besonders Aufschluß gibt, ist, daß er um die Zeit der französischen Revolution in jener Zeit, wo alle edlen Seelen für das Heiligste erglühten, von Arbeitern, die er hochrühmt, auf dem Lande seine Jugendbildung erhielt. An der Hand der Geschichte, die er mit voller Liebe erfaßte, verwilderte er aber nicht wie die meisten jener Zeit, sondern blieb in derber Sittlichkeit seinem Ziele unverrückt treu.«

Auf Jahns Weisung besuchte Sand mit seinen Reisegefährten bei der Rückkehr alle Schlachtfelder aus den Befreiungskriegen und hatte den

Verdruß, daß die Landsleute sie für Zahnarztgehilfen hielten, die den Toten die Zähne ausbrechen wollten, um sie den lebendigen Menschen einzusetzen. Ihrer wären schon viele dagewesen, und sie würden nichts mehr für sich finden.

Um Michaelis 1817 war Sand nach Jena gekommen; um Ostern 1819, nach einem anderthalbjährigen Aufenthalt ohne bedeutende und auffällige Ereignisse, verließ er es, um, mit zwei Dolchen auf der Brust und einem Ranzen, den Weg nach Mannheim anzutreten.

Die Zeitungen, in der letzten Zeit seine Hauptlektüre, fingen schon damals an, Einfluß auf die deutsche Bildung und namentlich auf die Jugend zu üben. Die deutschen Zeitungen aus jener Zeit hatten nur eine Meinung, und diese eine Meinung war die der deutschen, aus dem Befreiungskriege heimgekehrten Jugend. Bei der Untersuchung befragt, was er denn unter Freiheit verstehe, lautete seine Antwort: »1. Nichts anderes, als was man in den Zeitungen und in den Liedern edler Dichter immer lese. 2. Daß die Klagen, die jetzt so häufig gehört würden, einmal aufhörten, namentlich die Klagen über unerschwingliche Abgaben ... Preßzwang, über Mangel an Öffentlichkeit. 3. Darin, daß es höchstes Ziel des Staates werde, dafür zu sorgen, daß aus jedem einzelnen Menschen ein edler, freier Mensch gezogen werde, der seiner Würde sich selbst bewußt sei, zu den höchsten Geistesfreuden ungehindert gelangen könne und im Staate nicht als eine tote Maschine, sondern als ein nach eigenem Willen sich bestimmendes Wesen geachtet werde.«

Sand konnte nach seinen Kenntnissen zum Glauben verführt werden, daß er durch Kotzebues Ermordung eine dem Vaterlande ersprießliche Tat vollführte.

Kotzebue hatte leichtfertig und leichtsinnig, wie alles, auch die letzten Aufwallungen des deutschen Nationalgefühls, davon er Zeuge war, besprochen und bespöttelt. Die Art, wie er nur das Lächerliche im Treiben der Altdeutschen auffaßte und satirisch besprach, mußte die jugendlichen Gemüter, die es zu ihrer Religion gemacht hatten, entflammen. Als Korrespondent der russischen Regierung berichtete er in sogenannten Bulletins über die deutschen Zustände, wie er sie ansah.

Der Vorwurf, daß Kotzebue ein Verräter am Vaterlande geworden war, ließe sich aus einem gewissen Standpunkt verteidigen; der, daß er ein russischer Spion gewesen, ist unhaltbar. Eingebürgert in Rußland, mit einem Titel vom russischen Kaiser, mehrmals auf Missionen desselben im Auslande und von ihm besoldet, paßte auf ihn zum wenigsten nicht der Begriff: Spion. Was er tat, tat er in aller Öffentlichkeit.

Die russische Regierung unterhielt in vielen Ländern Europas Korrespondenten, die ihr Berichte über das literarische, industrielle, künstlerische und geistige Treiben dieser Länder abzustatten hatten. Sie wählte dazu gewöhnlich Schriftsteller und Männer von Geist, die im gesellschaftlichen Leben zu Hause waren und mit Urteilskraft und Anschaulichkeit schreiben und beobachten konnten. Solche Korrespondenten unterhielten auch andere Fürsten, bis sie die Fortschritte der periodischen Presse und des öffentlichen Lebens überflüssig machten, da ja auf billigere und umfassendere Weise das, was sie ihnen berichteten, in den Zeitungen zu lesen war. Ein solcher Korrespondent für die Regierung in Petersburg war Kotzebue, und was ihm vorgeworfen werden kann, ist nur die Art, mit der er berichtet hat.

Eines seiner spöttischen Bulletins war durch Nachlässigkeit oder Verrat eines Abschreibers in fremde Hände gekommen und in der damaligen Oppositionszeitung abgedruckt worden. Es stellte Kotzebue vor der öffentlichen Meinung bloß.

Wann Karl Ludwig Sand zuerst den Gedanken gefaßt hatte, das deutsche Vaterland an Kotzebue zu rächen, ist weder aus der Untersuchung ermittelt, noch geht es aus seinen Tagebüchern hervor.

Der Gedanke an ein Märtyrertum, an ein Hingeben des Lebens für seine Ideen, spukte schon sehr früh in seinen Äußerungen. Schon aus Erlangen schrieb er an seinen Freund Cl.: »Nach Freiheit wollen wir ringen, und also wollen wir uns nicht durch das Drohen des Todes bändigen und gängeln lassen, der ja doch die höchste Freistätte ist. Lebend wollen wir jenen knechtischen Seelen eine Pest sein, und tot wollen wir sie uns nachziehen.«

Die erste Erwähnung Kotzebues in seinen Tagebüchern findet sich unterm 28. April 1816, wo er aus Wunsiedel schreibt: »Am Abend sah ich im Harmonietheater, wo das letzte Mal in diesem Winter gespielt wurde, die ›Silberne Hochzeit‹ von Kotzebue, und zwar recht schön; und ich kam dadurch auf keine bösen Gedanken.«

Am 24. November, nach dem Wartburgfest, schreibt er in Jena, und das ist in jenem langen Zwischenraum das erste Mal, daß Kotzebues Name in seinen Büchern sich wieder verzeichnet findet: »Dann ward auf dem Markte die neue giftige Schimpferei von Kotzebue sehr schön vorgelesen. O welche Wut gegen uns Deutschland liebende Burschen!«

Ein halbes Jahr später, unterm 5. Mai 1818, erscheint schon folgender bedeutungsvoller Ausspruch im Tagebuch: »Herr, mitunter wandelte mich heute wieder eine so wehmütige Bangigkeit an: aber fester Wille, feste Beschäftigung löst alles und hilft für alles, und das Vaterland schafft Freude und Tugend; unser Gottesmensch, Christus, unser Herr, er ist das Bild einer Menschlichkeit, die ewig schön und freudig sein muß. – Wenn ich sinne, so denke ich oft, es sollte doch einer mutig über sich nehmen, dem Kotzebue, oder sonst einem solchen Landesverräter, das Schwert ins Gekröse zu stoßen.«

Deutschland traf keine Anstalten zu den von der Wartburg aus verkündigten neuen Dingen. Es peinigte ihn, daß von der wirklichen Welt so gar nichts geschah, das Ideal ins Leben zu rufen, und so entstand der Drang in ihm, der schlafenden, trägen Welt ein Zeichen zum Aufstande zu geben.

In seinem Innern war eine Leere, weil es in Jena nichts zu tun gab, und der Haß fand bei dieser Leere Platz. Es drängte ihn, seine Theorie an einem Gegenstande zu erproben, zugleich aber auch durch eine recht große, gewaltige, welthistorische Tat seinen Genossen, vor denen er verschwand, zu zeigen, daß mehr in ihm sei, als er auf den Lippen trage und in Worten klarmachen könnte.

In Jena hatte er auf ein Blättchen geschrieben, das man unter seinen Papieren fand: »Wer wird mir's glauben, daß ich den Tod leiden will, wenn ich's nicht wirklich zeige!« Er schwelgte im Vorgefühl bei der Vorstellung, was seine Umgebung und seine Freunde zu einer solchen nicht geahnten und von ihm nicht erwarteten Tat sagen würden.

Am Ende des Jahres 1818 stand sein Entschluß fest. Als das Bulletin erschien, hatte er es klar, nach seinem gerichtlichen Geständnis, eingesehen, »daß so etwas geahndet werden müsse«. Der feste Entschluß zur Tat sei jedoch erst bei ihm begründet gewesen, als Kotzebue sich zum Verteidiger der v.-Stourdzaschen Schrift aufwarf. Hier begegnen wir einer neuen festgewurzelten Idee, worüber weniger seine Tagebücher als seine verschiedenen Aussagen vor Gericht Auskunft geben. In jener Schrift sei beabsichtigt, Deutschland in einen Zustand zu versetzen wie nach dem Westfälischen Frieden, nämlich abhängig von fremdem Einfluß, ohne Selbständigkeit, unter sich zerrissen und ohne politische Macht. Kotzebue habe wiederholt geschrieben, niemand dürfe sich unterstehen, dagegen zu schreiben, da sie die Gesinnung des russischen Kaisers ausdrücke.

Sands Tagebücher gehen bis zum letzten Tage des Jahres 1818. Seine Selbstprüfung war beendet, sein Werk fest beschlossen, wie wir es aus dem, was er am 31. Dezember zum Schluß eintrug, deutlich sehen, und seine übrige Zeit war den Vorbereitungen zur Tat gewidmet. Diese merkwürdige Stelle im Tagebuch lautet: »So begehe ich den letzten Tag dieses Jahres 1818 in ernster, feierlicher Stimmung und bin gefaßt, der letzte Christtag wird gewesen sein, den ich eben gefeiert habe. – Soll es etwas werden mit unserem Streben, soll die Sache der Menschheit aufkommen in unserm Vaterlande, soll in dieser wichtigen Zeit nicht alles wieder vergessen werden und die Begeisterung wieder aufleben im Lande, so muß der Schlechte, der Verräter und Verführer der Jugend, A. v. K., nieder – dies habe ich erkannt. Bis ich dies ausgeführt habe, habe ich nimmer Ruhe, und was soll mich trösten, bis ich weiß, daß ich mit ehrlichem Willen mein Leben darangesetzt habe? Gott, ich bitte dich um nichts als um die rechte Lauterkeit und den Mut der Seele, damit ich in jener höchsten Stunde mein Leben nicht verlasse.«

Vom 31. Dezember 1818 bis zum 9. März 1819 blieb Sand in Jena, mit den Vorbereitungen zu seiner Tat beschäftigt. Aus einem französischen Hirschfänger ließ er sich einen langen Dolch fertigen, wozu er das Modell vorher selbst in Wachs gebildet hatte. Es ist derselbe Dolch, der in Kotzebues Brust fuhr und den Sand sein »kleines Schwert« nannte.

Daß ihn während dieser Zeit der Vorbereitung, noch in Jena, Zweifel überschlichen, die ihn schwankend machten, ergibt sich aus seinen gerichtlichen Aussagen. Dann überkam ihn wohl auch der Gedanke, daß er zu etwas Besserem wert und geschickt sei, sowohl wegen seines weichen Gemütes als seiner erlangten Bildung. »Auch«, sagt er, »habe ich auf einen Dritten gewartet; denn ich hatte so gut das Recht, auf ihn zu warten, als ein Dritter auf mich. Oft habe ich gedacht, du könntest doch ruhig fortleben, wenn ein Dritter die Tat übernehme. Dieses Warten war also eigentlich ein Wunsch, daß mir ein Dritter zuvorkommen möge, übrigens kannte ich einen solchen Dritten nicht!«

Ende Februar schrieb er noch einen Brief an seine Mutter, in dem er mit der ihm möglichsten Ruhe und Klarheit ihr seinen Entschluß auseinandersetzt, nicht das Lehrfach zu ergreifen, sondern dem Predigtamt sich allein zu widmen, weil er sich nicht berufen und begabt genug fühle, in dem ersteren, wie es sein muß, sich auszuzeichnen. Nach dem Zeugnis seiner Freunde war er überhaupt in den letzten Wochen vor seiner Abreise ruhig und heiter. Nach seinem eigenen Geständnis hat er »acht Tage lang weniger an die Tat gedacht und Gott gebeten, er möge sie vorübergehen lassen«. Aber bei diesen inneren Kämpfen flüsterte ihm immer wieder die innere Stimme zu: »Du hast zuviel versprochen und noch nichts getan.«

Ein Zeitungsartikel, nach welchem Kotzebue Deutschland verlassen wollte, um nach Rußland zurückzukehren, rief den Entschluß wieder lebendig vor seine Seele. Zwar stellte es sich als ein Gerücht heraus, aber von nun an stand der Entschluß fest, und Sand wies alle inneren Winke und Mahnungen dagegen standhaft von sich.

Anfang März entwarf er mit großer Sorgfalt mehrere Schriften, die den Schlüssel zu seiner Tat für alle enthalten sollten, denen er eine Aufklärung darüber schuldig zu sein glaubte. Sand arbeitete langsam; auch im Schreiben scheint ihm die Geläufigkeit abgegangen zu sein, die ihn als Redner schwülstig und unbeholfen machte. Er korrigierte diese Schriften im Brouillon und fertigte alsdann die Reinschrift.

Das erste dieser Schreiben ist überschrieben: An alle die Meinigen. Es enthält einen Abschied an seine Familie, eine Rechtfertigung seiner Tat.

»Treue, ewig treue Seelen! Warum Euch den Schmerz noch lange mehren? dachte ich und schwankte, Euch hiervon zu schreiben. Aber bei plötzlicher Nachricht über meine Tat möchte Euch der harte Gram zwar leichter und schneller vorübergehen; doch die Liebestreue wäre dadurch verletzt, und ganz gebrochen kann ja der tiefe Schmerz nur dadurch werden, daß wir den ganzen Kelch von Wermut rein ausleeren und uns dabei fromm zu unserem Freunde halten, dem treuen, ewigen Vater im Himmel. Also heraus aus der umschlossenen, bangen Brust; hervor, du lange große Qual der letzten Rede, die aufrichtiger Art, einzig den Abschiedsschmerz versüßen kann.

Euch bringt dieses Blatt des Sohnes, des Bruders letzten Gruß zurück!

Gehegt, gewünscht habe ich immer viel; es ist an der Zeit, daß ich die Träumereien lasse, und die Not unseres Vaterlandes drängt zum Handeln. – Dies ist unstreitig der höchste Jammer in unserm Erdenleben, wenn die Sache Gottes durch unsere Schuld in ihrer regen Entwicklung Stillstand nimmt; dies für uns der entehrendste Schimpf, wenn all das Schöne, was von Tausenden kühn erstrebt wurde und wofür sich Tausende kühn geopfert haben, nun als ein Traumbild, ohne bleibende Folge, in trübem Mißmut wieder entschlafen, wenn die Reformation der alten, abgeleiteten Art jetzt auf halbem Wege verknöchern sollte …

Viele der ruchlosesten Verführer treiben ungehindert, bis aufs völlige Verderben unseres Volkes hin, bei uns ihr Spiel. – Unter ihnen ist Kotzebue, der feinste und boshafteste, das wahre Sprachwerkzeug für alles Schlechte in unserer Zeit, und seine Stimme ist recht geeignet, uns Deutschen allen Trotz und Bitterkeit gegen die ungerechtesten Anmaßungen gar zu benehmen und uns einzuwiegen in den alten, faulen Schlummer. – Er treibt täglich argen Verrat am Vaterlande und stehet dennoch geschützt durch seine heuchlerischen Reden und Schmeichlerkünste und gehüllt in den Mantel eines großen Dichterruhms, trotz seiner Schlechtigkeit, da, als ein Abgott für die Hälfte Deutschlands, die, von ihm geblendet, gern das Gift einnimmt, das er in seinen halbrussischen Zeitschriften darreicht.

Soll nicht das ärgste Unglück über uns kommen, denn diese russischen Vorposten werden nichts Freies und Gutes aufkommen lassen oder zur Zeit der Gärung mit den Franzosen zugleich unter uns wüten; soll nicht die Geschichte unserer Tage mit ewiger Schmach behaftet sein, so muß er nieder.

… Mutter, Du wirst sagen: Warum habe ich einen Sohn großgezogen, den ich lieb hatte und der mich liebte, für den ich tausend Sorgen und steten Kummer litt, der durch mein Gebet empfänglich wurde für das Gute und von dem ich auf meiner müden Lebensbahn in den letzten Tagen kindliche Liebe verlangen konnte? – Warum verläßt er mich nun? – Teure Mutter, möchte nicht auch die Pflegerin irgendeines anderen so klagen, wenn er für das Vaterland hinginge; und wenn es keiner tun wollte, wo bliebe das Vaterland? Weit ist auch die Klage von Dir entfernt, und Du kennst solche Reden nicht, edle Frau. – Schon einmal habe ich Deinen Ruf vernommen, und wenn keiner hervortreten wollte für die deutsche Sache, so würdest Du mich auch diesmal selbst zum Kampfe voranschicken. Noch zwei Brüder und zwei Schwestern, alle rechtschaffen und edel, habe ich vor mir; sie bleiben Euch; ich folge meiner Pflicht, und an meiner Statt werden Euch alle Jünglinge, die es redlich meinen mit dem Vaterlande, als treue Kinder zugetan sein.«

Nachdem er die Teuren dem Schutze Gottes empfohlen und seinen Segen auf »die kampfrüstige Schar im deutschen Volke« heraberfleht, die die Sache der reinen Menschheit auf Erden zu fördern mutig entschlossen ist, schließt er mit den Versen:

»Das letzte Heil, das höchste, liegt im Schwerte,
Drück dir den Speer ins treue Herz hinein,
Der (deutschen) Freiheit eine Gasse!

Jena, Anfang März 1819

Euer in Liebe Euch ewig verbundener
Sohn und Bruder und Freund
Karl Ludwig Sand«

Um dieselbe Zeit richtete er an einen Schul- und Universitätsfreund einen Brief, in dem er es ihm zum Vorwurf macht, daß er sich von seinen Eltern hatte nach Heidelberg schicken lassen. In diesem Briefe heißt es: »Willst Du in Deinem künftigen Berufskreise nicht für die Einheit der Brüder und die Freiheit der Deutschen leben und dafür entweder siegen oder bis zum Tode kämpfen, so verdirbst Du Dir daraus nichts als Deine eigene Seligkeit ...

Wenn wir nicht beizeiten auf den Gedanken kommen: von jedem unter uns hängt ebensoviel ab als von jedem anderen ... wenn wir nicht den ernstlichen Entschluß fassen: nächst dem gewöhnlichen Wirken auch nach jenen höheren vaterländischen Tugenden zu streben, so wird nie werden, was zu schaffen uns auferlegt ist.«

Das dritte Schreiben, adressiert: »Meinen Freunden deutschen Sinnes in Jena, zu übergeben durch Frd. Ausmis«, das den Hauptanlaß zur Untersuchung hinsichtlich seiner Komplizen gab, lautet im wesentlichen so: »Seit ich nach und nach über die Sache des Vaterlandes in mir klarer wurde, trachtete ich, mich gegen der Welt Halbheit öffentlich zu entscheiden, und ich kann nimmer ruhen, bis der Spottbube Kotzebue durch meine Hand seinen Lohn erhalten wird. Es wird mir dieses Werk unter allen das schwerste; seit ich also die Notwendigkeit desselben erkannt hatte, war es mir Höllenpein, bis ich erproben konnte, ob ich diese Tat auch zu vollführen vermöchte. Nun gehe ich hin, um diese Brandfackel ins ruhige Leben zu schleudern; möge der Erfolg für unser gemeinsames Streben segensreich werden.«

Ein viertes Schreiben ist an die deutsche Burschenschaft zu Jena gerichtet. Darin trägt er sein Begehren vor, aus der Verbindung entlassen zu werden, weil die Mitglieder Anstoß daran nehmen könnten, wenn er fürs Vaterland auf dem Rabensteine sterben sollte.

Für das große Publikum aber erließ er fünftens eine Proklamation, überschrieben: »Todesstoß dem August von Kotzebue«, die die eigentliche Brandfackel sein sollte, die er ins deutsche Volk schleudern wollte, die aber wirkungslos bleiben mußte, weil das Volk weder diese Ideen begriff noch die Sprache verstand. Wir zitieren nur die wesentlichen Stellen:

»Ich hasse nichts mehr als die Feigheit und Faulheit der Gesinnung dieser Tage. Ein Zeichen muß ich Euch des geben, muß mich erklären gegen diese Schlaffheit – weiß nichts Edleres zu tun, als den Erzknecht und das Schutzbild dieser feilen Zeit – Dich Verderber und Verräter meines Volkes, August von Kotzebue – niederzustoßen.

Du, mein deutsches Volk, erhebe Dich zur hohen, sittlichen Würde der Menschheit – eine Gnadengabe hat der Mensch von Gott; sie – die höchste und einzige – ist die Gottähnlichkeit – des Menschen freier Geist und seine freie, schöpferische Kraft. Mein deutsches Volk, Du hast kein eigenes, kein edleres Besitztum, sie ist Dein höchstes Gut. – Erkenne, wahre Dir diesen Glauben, diese Deine Liebe zu Gott.«

Zum Schluß heißt es: »Die Reformation muß vollendet werden! Brüder verlasset einander nicht im Drange der Zeiten; Trägheit und Verrat straft mit Knechtschaft die Geschichte – Ihr habt sie vor Euch! Auf, ich schaue den großen Tag der Freiheit! Auf, mein Volk, besinne Dich, ermanne, befreie Dich!«

Dieses Schreiben ist von Sand mit besonderem Fleiße ausgearbeitet worden, er hat daran die letzten drei Monate seines Aufenthalts in Jena geschrieben und den ursprünglichen Entwurf vielfach durchkorrigiert. Ursprünglich sollte es als Brief an Kotzebue übergeben werden – daß es geschehen wäre, behauptete das Gerücht auch noch lange nach seinem Tode –, dann überarbeitete er es zum Aufruf an das gesamte Volk. Er fertigte mehrere Abschriften an; eine davon wollte er bei Kotzebues Ermordung benutzen. Dieses Exemplar war auf einem ganzen Foliobogen feinen Papiers, an dem unten noch ein Streifen des gleichen Papiers angeklebt war, sauber und korrekt geschrieben.

Endlich fertigte Sand zugleich mit diesem »Todesstoß« noch ein Todesurteil an, das nicht zu den Untersuchungsakten gekommen ist, dessen Inhalt er selbst aber dahin angibt: Kotzebue sei der Verführer der deutschen Jugend und der Verderber der deutschen Geschichte gewesen, und da so viele erhabene Stimmen nicht gehört worden seien und kein Gericht sich gegen ihn gewandt habe, so trete er im Volksgefühle gegen ihn auf, um das Gesetz des Volkes und des Reichs an ihm zu vollziehen. Dann habe er dem deutschen Volk gesagt, daß, wenn es nicht das Schicksal der Griechen teilen wollte, welche ungeachtet der herrlichen Schlachten von Salamis und Platia unter die Herrschaft des Philippus gekommen seien, so müsse es sich gegen den Verrat wehren.

Es gewinnt den Anschein, als ob Sand die Mehrzahl dieser Schriften in einer sonst unbegreiflichen Sorglosigkeit in Jena nur deshalb unverschlossen zurückgelassen habe, damit die beabsichtigte Tat vor ihrer Ausführung ans Tageslicht komme und er, verraten und gehindert, dadurch der furchtbaren Pflicht, zu der er sich selbst das Wort gab, enthoben würde.

Der Unglückliche selbst hat darüber nichts bekannt, aber mehrere seiner Äußerungen, zusammengehalten mit den Umständen, machen es aufs höchste wahrscheinlich, daß er diese letzte Selbsttäuschung beging und, das Werk noch einmal einer Art Gottesurteil übergebend, die Ausführung davon abhängen ließ.

Sand will drei Pakete zu besorgender Schriften gefertigt haben, wovon die zwei ersten, sein Tagebuch und andere Briefe enthaltend, richtig an seine Mutter gelangt sind. Das dritte aber habe enthalten einen Brief an seine Eltern, einen Brief an die Bamberger und zwei an die Bremer und Speiersche Zeitungsredaktion, die Urschrift des »Todesstoßes« und das nur in einem Exemplar vorhandene »Todesurteil«. Dieses dritte Paket ist verschwunden, von seinem Inhalt ist nichts zum Vorschein gekommen als eine Abschrift des Briefes an die Eltern. Sand hat sich in Widersprüche darüber verwickelt, wem und wie er es zur Besorgung überlassen habe. Seine Freunde Ausmis und Doktor Karl Follenius bestreiten beide, es empfangen zu haben, und es ist nur Vermutung, daß einer oder beide beim ersten Schrecken nach Eröffnung des Pakets dasselbe vernichtet haben könnten, um allen Verdacht von sich abzulenken. Ebensowenig will einer der genannten Zeitungsredakteure ein Schreiben von Sand erhalten haben, das, nach dessen Angabe, ungefähr folgendermaßen gelautet haben solle: »Ich ersuche Sie, die beikommenden Sachen, ›Todesstoß‹ und ›Todesurteil‹, in Ihrer Zeitung abzudrucken, aber nicht eher, als bis Sie die Nachricht erhalten, daß A. v. K. durch meine Hand gefallen sei; komme ich durch für eine andere Tat für das Vaterland, so verschweigen Sie meinen Namen.«

Das Schicksal dieses Pakets mag sein, wie es will, fest steht soviel, daß Sand in seinem Pulte ein Verzeichnis seiner Schulden, die seine Eltern bezahlen, eine Verfügung, daß seine Effekten in seine Heimat geschickt werden sollten, und die Schreiben an die deutsche Burschenschaft in Jena und an seine Freunde deutschen Sinnes zurückließ. Sie befanden sich in einem blauen Umschlage, der, versiegelt mit seinem Petschaft, die Aufschrift trug: »Briefe zu besorgen«. Ja, er erinnert sich nicht einmal, diese verfänglichen Schreiben in das unverschlossene Pult gelegt zu haben, er ließ sie seiner Meinung nach in dem unaufgeräumten Zimmer zurück, in der Erwartung, daß die Hausleute oder Freunde, die Bücher zu suchen kämen, sie finden und an die Vorsteher der Burschenschaft bringen würden.

Diese Sorglosigkeit wäre verständlich gewesen, hätte Kotzebue noch in Weimar gelebt. Sand hätte sein Opfer in einem Morgengange erreicht. Aber Kotzebue wohnte in Mannheim, vierzig Meilen von Jena. Sand mußte eine große Reise dahin unternehmen und brachte auf dieser Reise, indem er unterwegs auf vielen Stationen verweilte, volle vierzehn Tage zu! Was konnte bei diesem unbegreiflichen Zaudern, nach einem so festen Entschlusse, seine Absicht sein, als daß inzwischen irgend etwas einträte, was ihn der furchtbaren Arbeit enthöbe? Er selbst gesteht, »von Frankfurt aus sei er in das Zaudern gekommen, bis er sich endlich gewaltsam losgerissen und zur Ausführung der Tat bestimmt habe. Die Bangigkeit vor der Tat mit ihren Folgen habe zum Zaudern beigetragen und einen fortwährenden Kampf verursacht.«

Sand berichtete in jenen Briefen den näheren Freunden, in welcher Absicht er fortgehe. Er meldete sein Vorhaben der Burschenschaft. Er mußte annehmen, daß, nach dem natürlichen Gange der Dinge, bald, vielleicht schon am Abend desselben Tages seiner Abreise, ihr Zweck ruchbar werden würde. Was die Burschenschaft erführe, davon mußte auch der Senat Kenntnis erhalten, und das erste, was dieser tun mußte, wäre, Stafetten nach Mannheim zu senden, um das Verbrechen zu verhindern.

Wie immer die Geschichte mit jenem Pakete sich verhielte, genug, auch darin hatte Sand gewissen Personen sein Vorhaben vertraut, er hatte es sogar an drei ihm persönlich völlig unbekannte Zeitungsredakteure gemeldet. Seiner eigenen Angabe und Berechnung nach durften und mußten sie es früher erfahren, als die Tat vollführt war. Konnte er denken, daß diese drei Männer schweigen und durch ihr Schweigen sich zu Komplizen der Tat machen würden? Im Gegenteil war zu erwarten, daß, wenn sie es nicht für eine grobe Mystifikation hielten, sie augenblicklich davon Anzeige machen mußten. Auch wenn der in dem Paket befindliche Brief an Sands Eltern zu rechter Zeit in deren Hände kam, war nicht alle Wahrscheinlichkeit gegeben, daß sie mit Kurierpferden eilen würden, um den geliebten Sohn von einer Mordtat abzubringen, die ihn auf das Schafott bringen mußte?

Und dennoch zauderte Sand auf seiner Reise dermaßen, daß er erst am fünfzehnten Tage in Mannheim eintraf!

Kotzebues tragisches Ende schien beschlossen; das Unwahrscheinliche trat ein, das scheinbar Unmögliche wurde wirklich. Vierzehn Tage und länger kam niemand in sein verlassenes Zimmer oder fand die Briefe. Erst als die Estafette aus Mannheim dem akademischen Senate die Nachricht von der Mordtat überbrachte und man von Gerichts wegen in seiner Wohnung nachsuchte, fand man die Schriften!

Am vorletzten Abend seines Aufenthaltes in Jena, dem 7. März, hatte Sand seine Freunde zu sich geladen. Sie bemerkten keine Umwandlung an ihm. Auch am letzten Abende äußerte er nichts, was auf den Zweck seiner Reise hätte schließen lassen. Er antwortete jedem, »er gehe in die Heimat«, und lehnte die übliche Begleitung oder das Comitat seiner Genossen ab. Jedoch erinnerten sich die Freunde später, daß er mit besonderer Feierlichkeit von ihnen Abschied genommen habe. Bei seinen Hausleuten hatte er die Miete auf das Sommerhalbjahr verlängert, um den Verdacht abzuwenden.

Morgens um vier Uhr, am 9. März, verließ er Jena zu Fuß, auf dem Wege nach Erfurt. Sein Anzug war ein schwärzlicher deutscher Rock, darunter eine rote wollene Weste und schwarze, lange Tuchbeinkleider die Füße in Schnürstiefeln, auf dem Kopf eine schwarzsamtene Kappe mit Schirm. Gewöhnlich trug er über dem Rocke eine blaue Bluse. In seinen Taschen war ein Kompaß in einer zinnernen Kapsel, eine Karte von Schwaben und eine vom Neckarlauf. Von Büchern führte er mit sich ein abgerissenes Stück aus dem Neuen Testament, Körners »Leier und Schwert« und ein geschriebenes Gedicht: »Abendmahlsfeier«, wie Sand angab, von Friedrich Rückert, wie aber ermittelt wurde, von Doktor Follenius.

Auf dem Rücken trug er einen Tornister, den er jedoch nur bis Darmstadt mit sich nahm, wo er ihn einem Freunde übergab, der ihn nach Wunsiedel senden sollte. Sein wichtigstes Gut, das er am sorgfältigsten zu hüten suchte, waren seine zwei Dolche. Der eine, »das kleine Schwert«, dem er vergeblich in Jena mit Scheidewasser seine Lieblingsstelle aus Körner: »Drück dir den Speer ins treue Herz hinein« einzuätzen versucht hatte, sollte an einem Loche in seinem Brustlatze hängen. Doch trug er ihn, der Bequemlichkeit wegen, lieber in ein Tuch gewickelt auf dem Tornister, solange er diesen bei sich hatte. Den kleinen Dolch, eigentlich ein großes Vorlege- oder Jagdmesser, trug er im Tornister oder in seinem linken Rockärmel. Später steckte er ihn in die Tasche.

In Erfurt blieb Sand beim Turnlehrer S. bis zum 11., wo er nachts elf Uhr die Post nach Frankfurt bestieg. Mittags, während der Rast in Eisenach, überredete er die beiden Passagiere, mit ihm auf die Wartburg zu steigen und dort das Mittagsmahl einzunehmen. Hier schrieb er in das Stammbuch für Studenten: »Was sollen Euch die alten Schlafmützen schaffen? Vertrauet Euch selbst und bauet im eigenen Herzen Gott und dem Vaterlande einen Altar auf! – Drück Dir den Speer ins treue Herz hinein, der Freiheit eine Gasse.«

In der Nacht zum 14. gelangte er ohne weiteren Aufenthalt nach Frankfurt a. M. Hier stieg er im »Schwan« ab, suchte aber schon am nächsten Morgen einen Landsmann und Bekannten W., einen ehemaligen preußischen Offizier, auf, bei dem er bis zum 17. März wohnte. Er brachte diese Zeit mit älteren Bekannten teils in Privathäusern, teils auf Spaziergängen zu. Am 17. früh reiste er weiter nach Darmstadt, fragte hier einen Studenten nach einem Wirtshause, ging aber nicht in den »Darmstädter Hof«, der ihm genannt wurde, sondern zum Advokaten H. Er nahm aber bei diesem die ihm angebotene Wohnung nicht an, sondern wurde von seinen Freunden bei einem Kameralpraktikanten untergebracht, »weil er hier, nach seinem Wunsche, für sich unbemerkt leben konnte«. Sein Umgang beschränkte sich auch wirklich auf vier bis fünf Befreundete, von denen zwei ihn am 22. März auf dem Weg nach Mannheim begleiteten. Als der eine umgekehrt war, begleitete ihn der andere bis zu den sogenannten Bickenbacher Tannen und schnitt ihm hier, auf sein Bitten, die langen Haare ab, die ihn, wenn er später die Flucht versuchte, ja leicht kenntlich gemacht hätten. Schon um drei Uhr nachmittags machte er, nur noch sechs Stunden von Mannheim entfernt, in dem Städtchen Lorsch Rast und bestellte einen Wagen, der ihn, aber erst am nächsten Morgen, bis Mannheim fahren sollte.

Endlich, die letzte bange Nacht war verstrichen, der verhängnisvolle Morgen angebrochen, er stählte die Nerven und gab ihm Kraft. In einem gemieteten Wagen fuhr er um sechs Uhr nach Mannheim ab. Um neun Uhr dreißig stieg er an der Mannheimer Neckarbrücke ab, ließ sich vom Fuhrmann abstäuben, gab ihm ein Trinkgeld und entließ ihn mit dem Versprechen, wenn er wieder durch Lorsch käme, ihn abermals anzunehmen.

Im Gasthofe »Zum Weinberg« trank Sand einen Schoppen Wein. Der Wirt will durchaus keine Gemütsaufregung an ihm bemerkt haben. Er nahm dann einen Lohnbedienten, der ihn nach Kotzebues Wohnung führen sollte. Nach ein paar Schritten kehrte er indessen wieder zurück, um sich die Kleider abbürsten zu lassen und ein Halstuch umzubinden. Wie er angab, war es ihm mit offener Brust zu kalt, aber er hatte so die ganze Reise gemacht; wahrscheinlich geschah es, um bei Kotzebue leichter Zutritt zu erhalten, vielleicht auch, um sich zur Flucht vorzubereiten.

Nachdem der Lohnbediente Sand die Wohnung gezeigt hatte, gab dieser ihm ein Trinkgeld, winkte ihm, sich zu entfernen, und klingelte. Kotzebue war nicht zu Hause. Die Magd, der er sich Heinrichs aus Mietau nannte, bestellte ihn auf den Nachmittag zwischen fünf und sechs Uhr wieder. Sand eilte hierauf dem Lohnbedienten nach, um sich von ihm ins Naturalienkabinett und in die Jesuitenkirche führen zu lassen. Beide aber waren verschlossen. Sand ließ sich nun in den Schloßgarten führen und den Rhein zeigen.

Um ein Uhr war er wieder im Gasthofe, entließ abermals den

Lohndiener und sagte ihm, er werde abends ins Theater gehen. An der Table d'hôte saß er zwischen zwei Geistlichen vom Unterrhein und sprach mit ihnen über geschichtliche Gegenstände, über Luther und die Reformation. Er aß mit gutem Appetit, aber mäßig, und trank nur einen Schoppen Wein. Auf des Wirts Frage, ob er den Herrn von Kotzebue angetroffen, antwortete er trocken »Nein!« und sagte dem einen Geistlichen, er müsse dem Herrn von Kotzebue noch einen Besuch machen. Nur beim Schlusse der Mahlzeit will einer der Tischgäste eine große Zerstreuung an ihm bemerkt haben.

Nach Tisch schrieb er sich unter dem Namen Heinrichs in das Fremdenbuch, bezahlte die Zeche, unterhielt sich noch bis gegen fünf Uhr und verlor sich dann, ohne Abschied zu nehmen.

Um fünf Uhr stand er wieder vor Kotzebues Tür. Der Bediente führte ihn, ohne daß er noch einmal seinen Namen nannte, die Treppe hinauf und meldete ihn. Drei Damen, die Frau von Kotzebue besuchen wollten, gingen auf der Treppe an ihm vorüber. Er grüßte sie höflich, und der Bediente rief ihm zu: »Sie können herauf!« Das Folgende beruht allein auf Sands Äußerungen.

Der Bediente brachte einige Minuten mit Hinundherlaufen oder Reden zu; dann rief er ihn herein, blieb aber noch unter der Tür stehen und sprach leise nach dem Innern des Zimmers. Endlich wurde er in das Wohnzimmer der Familie gelassen. Kotzebue trat aus der Tür links herein. Sand grüßte ihn und »wendete sich gegen ihn auf die Seite des Eingangs herum«. Ihm war, wie er sagt, das Schrecklichste, daß er sich verstellen mußte. Er sagte ihm, daß er ihn auf seiner Durchreise besuchen wolle. »Sie sind aus Mietau?« fragte Kotzebue. Sand hatte sich des Namens bedient, weil er nicht glaubte, daß Kotzebue ihn, wenn er sich für einen geborenen Deutschen ausgäbe, vorlassen würde; leichter würde dies unter dem Namen eines Kurländers sein. Nach einigem Hinundherreden trat Sand vor. »Ich rühme mich« – zog dann den Dolch aus dem linken Rockärmel – »Ihrer gar nicht. Hier du Verräter des Vaterlandes!« und versetzte ihm einige Stiche in die linke Seite. Wieviel Stiche er ihm gegeben hatte, und welchen zuerst, weiß er nicht: »Es war geschwind geschehen.« Kotzebue hatte kein Wort während des Angriffs gesprochen, sondern nur ein bloßes Gewimmer hervorgebracht, auch als er schon sah, daß Sand mit aufgehobenem Arm auf ihn loskam. Er hielt nur die Hände vor und fiel am Eingang des Zimmers, linker Hand, zusammen. Den Dolch hielt Sand so, daß die Schärfe oberhalb des Daumens und der Faust war.

Der Ermordete fiel zum Sitzen zusammen. »Dann sah ich ihm noch einmal in die Augen«, fährt Sand fort, »um zu sehen, wie es mit ihm stehe; ich wollte wissen, was mein Angriff für Folgen gehabt habe, und ihm überhaupt noch einmal in das Gesicht sehen. Ich glaube, er hat noch mit den Augenwimpern immer gezwinkert, so, daß man bald das Weiße der Augen, bald nichts sah.«

Beim Umdrehen, nachdem Kotzebue zusammengesunken, bemerkte Sand ein kleines Kind, das während der Tat zur Tür links vom Eingang hereinsprang. Es war Alexander von Kotzebue, der vierjährige Sohn des Ermordeten, der an der offenen Tür die Mordszene mit angesehen zu haben schien. Das Kind glaubte, wie es nachher geäußert haben soll, »der fremde Mann wolle mit seinem Vater Krieg spielen«. Er schrie auf und weckte den Mörder aus seinem Starrsinn. Es war der Bote der Nemesis, der der Sache eine ganz andere Wendung gab, indem, ohne dies Zwischenspiel, Sand wahrscheinlich aus dem Hause entkommen wäre. Er kehrte im augenblicklichen Impulse den Dolch gegen die eigne Brust. »Sein Schreien«, sagte Sand aus, »hat mich in der Stimmung von so vermischten Gefühlen dazu bewogen, ihm gleichsam zum Ersatze, mir einen Stoß mit dem kleinen Schwert zu geben.« Der Stoß ging aber nur einige Zoll tief in die linke Brust; er zog den Stahl selbst wieder heraus, und die Wirkung war nur ein momentaner Blutverlust.

Die Zeugenaussagen über den Auftritt selbst, soweit sie davon Kunde geben können, und über das Nächstfolgende stimmen im wesentlichen überein. Die geringen Umstände, über die sie voneinander abweichen, sind unerheblich und erklärt durch die allgemeine Bestürzung, von der jeder einen anderen Eindruck auffaßte. Die Amme im Nebenzimmer hörte einzelne Worte des Gesprächs zwischen Kotzebue und dem Fremden. Der Bediente und Kotzebues Tochter Emmy stürzten fast zu gleicher Zeit in das Mordzimmer. Sie hoben den Verwundeten auf. Er hatte noch so viel Kraft, sich langsam in das nächste Zimmer führen zu lassen, gab aber nur unartikulierte Töne von sich. Dort sank er vier Schritte vor der Tür zusammen und starb nach wenigen Minuten in seiner Tochter Schoß. Emmy selbst wurde bewußtlos in ein anderes Zimmer gebracht.

Der Bediente und das Fräulein von Kotzebue sagten beide aus, als sie in das Mordzimmer traten, habe ihr Herr und Vater auf der einen, auf der andern Seite aber der Fremde ganz ausgestreckt gelegen, die rechte Hand auf der linken Brust haltend. Dies will Sand nicht zugeben: Er erinnert sich durchaus nicht, daß er auf der Erde gelegen, und könne keinesfalls die rechte Hand auf der linken Brust gehalten haben, weil das kleine Schwert darin steckte. Möglich, daß er nicht eingestehen wollte, aus Anlaß einer so geringfügigen Wunde auf die Erde gestürzt zu sein; es ist aber ebenso wahrscheinlich, daß er sich nicht aller Bewegungen und Worte jenes furchtbaren Moments entsinnt. Er will mit den Personen, die zuerst hinzutraten, Worte gewechselt und ihnen etwa erklärt haben, daß er kein gemeiner Mörder aus Feindschaft sei, sondern um einer Idee willen gehandelt habe!

Weder die Tochter noch der Bediente wissen davon und werden auch schwerlich, wenn dergleichen gesprochen worden wäre, in ihrer Lage es gehört oder begriffen haben. Dagegen sagen beide, Sand habe sich aufgerichtet, den Dolch aus der Brust gezogen und sei ihnen »mit starken Schritten« nachgeeilt, als sie den Ermordeten ins Nebenzimmer geführt hätten. Der Bediente habe rasch die Tür zugehalten, »denn er habe eine Bewegung daran gemerkt, als wenn etwas daran rappele«. Sand leugnet den Umstand. Es ist kaum denkbar, daß wieder ein unmotivierter Blutdurst in ihm erwacht und er dem Opfer nachgestürzt sei, um noch einmal darüber herzufallen. Es wäre möglich, daß Gewissensangst ihn hingetrieben, daß er in seiner Art sich mit den Angehörigen verständigen, ihnen seinen Ruf habe aufdringen wollen, daß er nur aus Vaterlandsliebe handele usw.; aber wir müssen diese Erklärung fallenlassen, da sie durch keine positive Andeutung gehalten wird. Allein es ist ebenso möglich als wahrscheinlich, daß die Angst das Fräulein und den Bedienten etwas sehen und hören ließ, was in der Wirklichkeit nicht existierte.

Im Hause war Aufruhr und Verwirrung. Hier waren sie um den Sterbenden, dort um die Anwesenden beschäftigt, Kotzebues Gattin und jüngere Tochter davon abzuhalten, daß sie zu dem Ermordeten stürzten. Sand war allein, an ihn dachte im ersten Schrecken niemand. Die drei Türen des Zimmers standen offen. Er stürzte hinaus, um zu entfliehen. Auf dem oberen Flur begegneten ihm die Köchin und das Stubenmädchen, aber sie wichen entsetzt vor seinem blutigen Dolch zurück, den er »in Fechterlage vor sich hielt«. Doch folgte ihm die Köchin und schrie um Hilfe, als er die Treppe hinunter war.

Zu gleicher Zeit riefen die Damen oben am Fenster hinunter: »Haltet den Mörder fest!« Die Leute auf der Straße liefen zusammen. Sand, indem er aus dem Hause trat, erkannte, daß die Flucht unmöglich geworden. Er nahm das Papier, auf dem der »Todesstoß für August von Kotzebue« geschrieben stand, aus der Brusttasche des jetzt offenen Rocks, entfaltete es und überreichte dasselbe dem Kotzebueschen Bedienten, der eben aus dem Hause ging, um die Wache zu holen, mit den Worten: »Da, nimm es.« Bekanntlich war seine Absicht gewesen, das Papier mit dem kleinen Dolch als Femezeichen an eine Tür zu heften. Dazu fehlte ihm aber das Messer und die Zeit; jenes war ihm im Zimmer während des Mordanfalls aus der Hand gefallen, diese drängte ihn zur raschen Tat.

Er rief zu den hilfesuchenden Damen oben am Fenster: »Ja, ich habe es getan. So müssen alle Verräter sterben.« Später hat er die Worte wieder in Abrede gestellt. Dann wandte er sich zum Volke und redete einige Worte, die verschieden aufgefaßt wurden. Er will gesagt haben: »Hoch lebe mein deutsches Vaterland und im deutschen Volke alle, die den Zustand der reinen Menschheit zu fördern streben!« – Zwei Dienstmägde aus dem Kotzebueschen Hause haben so gehört: »Gottlob, es ist vollbracht; wer will mir etwas darauf tun?«, indem er auf das Papier deutete. »Es lebe mein deutsches Vaterland; ich streite für mein Vaterland!« Die Köchin will noch als Zusatz gehört haben: »Und die ganze Universität!« Sie beschied sich aber nachher dahin, daß sie sich wohl geirrt haben könne.

Dann, unangefochten von der jetzt versammelten Menge, die in dumpfer Bestürzung anfangs nur stumm dem unerwarteten Schauspiel zugaffend dagestanden zu haben schien, ließ er sich auf ein Knie nieder, murmelte die Worte: »Ich danke dir, Gott« – vielleicht auch: »für diesen Sieg« – und setzte dann den Dolch an seine linke Brust, indem er ihn langsam in gerader Richtung hineinstieß, bis er festsaß. Als er die Hände losließ, sank er rechts nach vorwärts um. Jetzt erst sprang man hinzu. Ein Schustergeselle zog ihm den Dolch, der in der Brust emporstand, heraus. Eine Hebamme riß ihm die Weste auf und wusch ihm mit Essig, den man aus dem Kotzebueschen Hause gebracht, Brust und Kopf, worauf Sand wieder Zeichen des Lebens von sich gab. Jetzt erschien die Wache, und er wurde auf eine Tragbahre gebracht.

Was von hier ab bis zum Augenblick seiner Hinrichtung geschehen war, darüber ruhte lange Zeit ein tiefer Schleier des Geheimnisses. Gefangenenwärter, Ärzte, Geistliche und Richter waren zu besonderem Schweigen verpflichtet, dermaßen, daß sie jeder Erwähnung des Namens des Verbrechers vor dem Publikum sich enthalten, ja nicht einmal verraten sollten, ob er noch lebe oder schon gestorben sei. Für so wichtig erachteten die deutschen Regierungen den Fall, denn er war Angelegenheit des Deutschen Bundes, der europäischen Politik geworden.

Keine von Sands Wunden war tödlich. Bis zum Abend des Tages blieb er bewußtlos, der Atem war schwach, der Puls kaum fühlbar, die Lippen blau, das Gesicht totenblaß, Hände und Füße kalt und steif. Jedoch hatte er sich schon gegen 8 Uhr, nach Einflößung etwas warmen Weines, so weit erholt, daß eine Art Verhör mit ihm angestellt werden konnte. Er antwortete durch Zeichen. Auf die Frage, ob er Kotzebue ermordet habe, richtete er den Kopf in die Höhe, riß die Augen weit auf und nickte kräftig und schnell mit dem Kopfe. Dann verlangte er Papier und schrieb mit Bleistift die Worte: »A. v. Kotzebue ist der Verführer unserer Jugend, der Schänder unserer Volksgeschichte und der russische Spion unseres Vaterlandes.«

In der folgenden Nacht hatte er viel Schmerzen; er gab durch Zeichen seinen Wunsch zu verstehen, daß der Aufseher Violine oder Gitarre spielen möchte. Dann ließ er sich aus Kohlrauschs deutscher Geschichte die Schlacht von Sempach vorlesen.

Das Wundfieber war am siebenten Tage behoben; nach vierzehn Tagen waren die Wunden geheilt. Aber es hatte sich in der linken Brusthöhle ein Extravasat gebildet. Die Heilung konnte nur durch eine Operation bewirkt werden.

Seine Gemütsstimmung war in den ersten Tagen nach der Tat aufgeregt, später ruhig und ernst. Als ihm angekündigt wurde, daß er, mehr der Sicherheit wegen, aus dem Hospital ins Zuchthaus gebracht werden müsse, vergoß er Tränen; schämte sich aber bald der, wie er sagte, unmännlichen Regung. Man verschonte ihn mit Ketten und wies ihm im Zuchthaus ein bequemes, von den anderen Sträflingen abgesondertes Zimmer an; doch wurde er mit der größten Strenge bewacht, und es scheinen ihm während seiner ganzen Haft keine anderen Mitteilungen zugekommen zu sein als solche, die durch die Hände seiner Richter gingen.

Anfänglich ließ man Sand seine langen Antworten zu Protokoll diktieren, um desto buchstäblichere Aussagen von ihm zu bekommen. Als dies Verfahren die Untersuchung, zu der extra in Mannheim eine Kommission gebildet worden war, bedeutend verzögerte und er sich später zu sehr davon ermüdet erklärte, ging man in das gewöhnliche Verfahren über.

Der Tatbestand des zunächst vorliegenden Verbrechens war ohne Schwierigkeit festgestellt. Kotzebue war schon gestorben, als die Ärzte herbeieilten. Er hatte drei Wunden erhalten. Eine im Gesicht war nicht von Bedeutung, die andere in der Mitte der Brust hatte die Lunge nur oberflächlich verletzt und wurde nicht für tödlich erkannt. Die dritte, auf der linken Brustseite, hatte den gemeinschaftlichen Stamm der Lungenarterien durchschnitten.

Die Untersuchung richtete sich zunächst, da Sand; hinsichtlich des vorliegenden Mordes und seiner Motive die bestimmtesten und bejahende Antworten gab, auf die Ermittlung seiner möglichen Komplizen. Daß man keine auffand, ist schon gesagt. Wo das Verbrechen in die sogenannten hochverräterischen Umtriebe, die durch ganz Deutschland gesucht wurden, überging, trat die inzwischen von seiten des Bundestages errichtete Zentral-Untersuchungskommission in Mainz als Richterin auf.

Aber während man von seiten der Richter nichts unversucht ließ, ihn zum Geständnis seiner Mitwissenden oder Teilnehmer zu bringen, operierte Sand dagegen, indem er nicht nur die Wahrheit verschwieg, sondern sich offenbar Lügen erlaubte, die ihm später nachgewiesen wurden oder die er, durch sich selbst überführt, endlich bekennen mußte. Das geschah nicht, um seine Tat zu bestreiten oder vor dem Richter ein milderes Licht darauf zu werfen, sondern meistens im Glauben, seiner Sache zu dienen und diejenigen, von denen er das meiste dafür erwartete, vor Nachforschungen zu sichern.

In der Überzeugung, eine Pflicht gegenüber seinem Vaterland erfüllt zu haben, starb er nach vierzehn Monaten, ohne daß Richter, Geistliche, Freunde oder die Briefe seiner Eltern andere Gefühle in ihm zu erwecken imstande gewesen waren. Im Februar 1820 protestierte er gegen das die Untersuchung führende Gericht, er erklärte: »Als junger Deutscher und Bekenner Christi« könne er sich nicht einem Gericht unterwerfen, das nicht nach Gesetzen des Volkes richte. Sein Verbrechen bestehe einzig und allein darin, daß er den jetzt Gewalthabenden als einzelner entgegengetreten sei. Er unterwerfe sich geduldig dem Recht des Stärkeren. Er erkenne alle Maximen der Politik als gegen sich erlaubt, da er, als ein Feind der alten Ordnung und im Begriffe, sie umzustürzen, von seinen offenen Feinden ergriffen sei; nur müsse ihn niemand dadurch zum Toren machen wollen, daß man von ihm »unbestechliche Pflichttreue« fordere, die nur von einem Gerichte, das das gesamte Volk vorstellt, billig gefordert werden könne!

Nach der badenschen Verfassung erstatten die Hofgerichte in Kriminalsachen, wenn die gesetzliche Strafe zehnjähriges Zuchthaus erreicht, nur ein Gutachten an das Oberhofgericht. Dieses spricht das Urteil. Alle zwölf Stimmen des begutachtenden Gerichts gingen auf Enthauptung. Auf die Frage, ob ein Antrag auf Begnadigung zu stellen sei, übergingen fünf einen solchen stillschweigend, zwei wollten die Beurteilung dem urteilenden Richter überlassen, drei verneinten, nur zwei bejahten die Frage, indem Gründe vorhanden seien, die Todesstrafe im Wege der Gnade zu umgehen. Unterm 5. Mai 1820 fällte das Oberhofgericht sein Urteil dahin, »daß Inquisit Karl Ludwig Sand aus Wunsiedel des an dem kaiserlich-russischen Staatsrat von

Kotzebue verübten Meuchelmordes für schuldig und geständig zu erklären, daher derselbe – ihm zur gerechten Strafe, anderen aber zum abschreckenden Beispiele – mit dem Schwerte vom Leben zum Tode zu bringen sei«.

Am 17. Mai wurde das vom Großherzog von Baden bestätigte Urteil Sand bekanntgegeben. Das Urteil hörte er ruhig an und gab zu Protokoll: »Es erscheine ihm diese Stunde und der verehrliche Richter mit der endlichen Entscheidung willkommen; in der Kraft seines Gottes wolle er sich fassen; denn er habe schon oft und deutlich an den Tag gegeben, daß unter menschlichen Leiden ihm keines diesem gleich dünke, als das ist: zu leben, ohne dem Vaterlande und den höchsten Zwecken der Menschheit leben zu können; er sterbe gern, wo er nicht in seiner Liebe wirken dürfe für die Idee, wo er nicht könne frei sein … Er nähre die Hoffnung, durch seinen Tod denjenigen zu genügen, die ihn hassen, und wiederum die zu befriedigen, mit denen er die Gesinnung teile und deren Liebe mit seiner Erdenseligkeit eins sei. Willkommen erscheine ihm der Tod, da er noch die nötigen Kräfte in sich fühle, um mit Gottes Kraft so sterben zu können, wie man solle.«

In dem 1821 in Stuttgart herausgegebenen »Nachtrag zur ausführlichen Darstellung von Karl Ludwig Sands letzten Tagen und Augenblicken« findet sich ein Bericht über ein Gespräch Sands mit einem jungen Künstler und Handwerker. Der Zuchthausverwalter Kiefer, der Sand mit besonderer Zuneigung behandelt zu haben scheint, und diese Neigung wurde erwidert, führte ihm morgens um sieben Uhr einen jungen Künstler zu, der ihn zu malen wünschte. Sand hieß den letzteren freundlich willkommen als Freund seines treusten Freundes, er glaubte ihn schon öfter aus dem Fenster im Garten des Verwalters gesehen zu haben. Der Gefangene hatte einen frischen Blumenstrauß vor sich. Kiefer bemerkte, daß nun bald auch die Rosen wieder da wären: »Sie blühen und verwelken.« Sand nahm den Gegenstand auf: »Ich habe neulich Gelegenheit gehabt, Betrachtungen darüber anzustellen, wie in der Natur das Schöne vergehen muß, wenn es sich zeigen und entfalten will. Der Oberzuchtmeister Kloster brachte mir eine Rose, eine sogenannte Monatsrose. Die war so schön. – Ich war an ihrem Anblick recht erfreut. Die Nacht darauf war kalt und daher etwas Feuer im Ofen. Da sah ich die Rose völlig aufgegangen. Sie sah schwächlich aus und kam mir in ihrer blassen Schönheit wie eine erst entbundene Mutter vor. In ihrer Mitte war ein weißer Streif, vom Biß eines Wurms verursacht.«

Das Frühstück unterbrach hier die Unterhaltung. Sand trank, liegend auf dem Bette, drei kleine Tassen Kaffee mit Wohlbehagen und noch eine Schale Milch. Der Künstler nahm währenddessen Sands Gesicht scharf ins Auge und bemerkte, daß das Porträt des Malers Mosbrucker Sand zwar in den Formen ähnlich aufgefaßt habe, doch sei es kleinlich und ohne Ausdruck. Sand erklärte, er sei damals noch sehr krank gewesen: »Ich meine, wenn ich mir hier ein Urteil erlauben darf, er hat mich zu studentenmäßig aufgefaßt, und den Arm so im Rock, den Dolch ziehend – dies sagte mir nicht zu.«

Nachdem noch einige Worte über Malerei gewechselt waren, äußerte Sand: »Unsere größte Glückseligkeit ist eben diese Ruhe, die wir hier in der Unruhe finden. Ich kann daher auch diejenigen nicht leiden, welche diesen Drang nicht haben, die sich an nichts stoßen, denen alles recht ist. Der Mensch muß etwas liebgewinnen. Was er einmal als recht und gut erkannt hat, muß er als sein Höchstes sich erwählen und festhalten; daß er unter keinem Verhältnis davon lasse, muß er bereit sein, seinem höchsten, heiligsten Gute jedes Opfer zu bringen. Dieses kann nur die Liebe. Die Liebe muß lebendig in uns sein, und diese Liebe kann selbst rein bei denjenigen sein und bleiben, die sonst – mit manchen menschlichen Flecken behaftet sind ... Mir gefallen die, welche dasjenige, was sie einmal liebgewinnen, beharrlich verfolgen und die man so gewöhnlich die Unruhigen nennt. Auch ich bin von Jugend auf daran gewöhnt worden, um der Wahrheit mich zu stoßen.«

Inzwischen wurde ein junger Mann gemeldet, der Sand zu sprechen wünsche. Es war ein Schuhmachergesell aus Wunsiedel, ein ehemaliger Schulkamerad Sands namens Bietenfried. Sand freute sich, denn Bietenfried sei ein gutgearteter Mensch gewesen. Er reichte dem Eintretenden die Hand und sagte: »Grüß dich Gott, lieber Bietenfried. Sei herzlich willkommen. Ich kenne dich noch; es freut mich, daß du meiner gedenkst.« Bietenfried fragte: »Wie geht es dir, Sand?« – »Mir geht es gut. Wie geht es denn dir?« Bietenfried: »Auch gut, wenn es dir gut geht.« Sand hub wieder an: »Wir sind aus einer schönen Gegend, die ist der natürliche Mittelpunkt des lieben Vaterlandes. Unserem Urgebirg entströmen viele schiffbare Flüsse nach allen Richtungen desselben; es ist der Vaterlandsaltar, auf den man jedes Opfer gern legen muß. Freue dich dessen, wenn du zurückkehrst ins Urgebirge, und trage auch du zum Wohle des Vaterlandes bei, was du kannst, und wenn's auch noch sowenig wäre. Soll das Ganze gut werden, so muß jeder einzelne es sein und nach Kräften dazu beitragen. Und nun lebe wohl, recht herzlich wohl.« – »Du auch«, sprach Bietenfried.

Sand reichte ihm die Hand und wandte sich dann wieder zum Künstler. »Wir sind unterbrochen worden, und ich rede so gern von der Kunst. In ihr zeigt sich der Sinn des Volks, und ich hoffe mit Zuversicht, daß es im Vaterland besser und so werden wird, daß unsere neue Bildnerei; eigen und groß sich zeigen kann. Das Gute, was gesäet ist, geht nicht verloren, und kommt es auch jetzt noch nicht zur Reife, so ist die Zeit seiner nicht wert; aber wir wollen ein besseres Vertrauen zu ihm haben. Auch das Turnen läßt vieles für die Jugend hoffen. Die Gebrauchskraft, wie Jahn sie nennt, wird dadurch entwickelt, und gibt es, wie er sich ausdrückt, auch jetzt in Deutschland allenthalben Großigkeiten, aber doch noch keine selbständige Größe, so wird doch die Hilfe Gottes kommen und dann unsere Kunst groß werden.« Da bat der Geistliche, Sand möge sich nicht zu sehr anstrengen; der Künstler, dessen Hand in der des Gefangenen ruhte, wollte aufbrechen. »Wenn wir Menschen treffen«, schloß Sand mit tiefer, innerer Bewegung, »die unsere Gesinnungen verstehen und teilen, so bekommen wir sie lieb; und sich seine Gefühle wechselseitig zu äußern ist ja ein so seltnes Glück.« Dabei entflossen ihm Tränen. »Wir haben es gefühlt und drücken uns die Hände, und dies sei zum Abschied unser Lebewohl.«

Der badensche Oberst von Holzungen, der Sand mit verhaftet hatte, besuchte ihn und fragte, ob er ihn noch kenne. Sand erkannte ihn und wußte sich noch aller Umstände zu erinnern. Als die Rede auf den Tod kam, dem er so jung entgegengehe, äußerte er: »Es ist nur der Unterschied zwischen Ihnen und mir, daß ich für meine Meinung sterbe. Sie aber, wenn Sie den Tod finden, für eine fremde.«

Sand hatte gewünscht, den Scharfrichter vorher zu sprechen. Widmann aus Heidelberg kam am 19. in Mannheim an. Als er in Sands Zimmer trat und der Zuchthausverwalter, der neben ihm am Bette saß, Sand den Namen des Eintretenden nannte, soll sich sein Gesicht plötzlich erheitert haben. Er richtete sich auf, faßte den Scharfrichter bei der Hand, ließ ihn neben sich setzen und hielt ihm während der ganzen Unterhaltung die Hand. Oft drückte er sie herzlich. Widmann war niedergeschlagen und konnte seine tiefe Bewegung nicht unterdrücken. Sand mußte ihn ermutigen. Überwältigt von dem Auftritt, wußte er nachher wenig davon zu erzählen. Nur erinnerte er sich, daß Sand unter anderem gesagt habe: »Bleiben Sie nur standhaft; an mir soll es nicht fehlen. Ich werde nicht zucken. Und wenn auch zwei oder drei Hiebe erforderlich sind, so sollen Sie darum die Fassung nicht verlieren.« Auch bat er ihn, sich Zeit zu nehmen, und fragte, wie er sich verhalten solle, und dankte ihm im voraus für seine Mühe. »Denn nachher«, soll er hinzu gefügt haben, »werde ich Ihnen nicht mehr danken können.«

Am Morgen des 18. Mai ließ er seine langen, dunkelbraunen Haare ordnen und den ganzen Körper waschen. Er bemerkte dabei, daß es die Völker des Altertums auch so gemacht hätten, ehe sie ins Treffen gingen. Nach dem Zeugnis seiner Freunde blieb er in diesen letzten Tagen ruhig und sanft, freundlich und ermutigend gegen jedermann. Nicht als der Trostbedürftige erschien er, sondern als der Trostgebende für alle, die schluchzend und weinend von ihm schieden.

Die Begleitung durch einen Geistlichen auf den Richtplatz hatte er schon früher entschieden abgelehnt, weil er darin eine Entwürdigung der Religion erblickte. Dagegen unterhielt er sich mit drei Geistlichen am Abend des 19. über Religionsgegenstände. Der eine derselben, der mehrere Stunden bei ihm blieb, nahm ihm, im Auftrag, das Versprechen ab, nicht zum Volke zu reden. Sand versprach es, indem er hinzusetzte, wenn er auch wolle, würde seine Stimme doch zu schwach sein. Er legte sich an diesem Abend erst nach elf Uhr zur Ruhe und schlief so fest, daß er vor vier Uhr geweckt werden mußte. Um vier Uhr kamen die drei Geistlichen wieder, und man eröffnete ihm, daß die Hinrichtung, statt um elf Uhr wegen des gefürchteten Volksandranges schon um fünf Uhr vor sich gehen solle, falls er dazu vorbereitet sei. »Das bin ich in diesem Augenblicke«, erwiderte Sand. Er nutzte die übrige Zeit, sich mit den Geistlichen zu unterhalten, und bat sie, leise mit ihm zu beten. Nachdem dies geschehen, sprach er Körners Worte: »Alles Ird'sche ist vollendet, und das Himmlische geht auf.«

Am 20. Mai, am Sonnabend vor dem Pfingstfest, war der Tag der Hinrichtung. Zum Richtplatz war eine Wiese vor dem Heidelberger Tore erwählt. Das Schafott, das man dort errichtet hatte, war fünf bis sechs Fuß hoch. Aber die Nachricht von dem bevorstehenden Ereignis hatte sich sehr schnell verbreitet, daß eine Menschenmasse von allen Seiten, auch viel Studenten aus Heidelberg (in der Burschenschaft hatte man sich verabredet, in stiller Trauer daheim zu bleiben), nach Mannheim strömte.

Die meisten übernachteten auf den Dörfern. Zur Vermeidung jeder möglichen unruhigen Bewegung hatte man deshalb die Hinrichtungsstunde vorgezogen. Von den Studenten kamen daher die meisten erst an, nachdem das blutige Schauspiel schon geschlossen war. Auch waren alle möglichen Vorsichtsmaßregeln durch Verstärkung der Gefängniswachen getroffen worden. Das Militär, aus 1200 Mann Infanterie bestehend, umgab im Karree das Schafott, 350

Mann Kavallerie wurden zur Eskorte aus dem Gefängnis verwendet, und selbst ein Detachement Artillerie stand unter Waffen.

Von den gebildeten Bewohnern Mannheims, die eine während des Prozesses vielfach an den Tag gelegte und auch später noch lange ausdauernde Teilnahme für Sand bezeigt hatten, ließ sich niemand außer seinem Hause sehen. Viele hatten sogar die Stadt verlassen. Dennoch wimmelten die Straßen von Neugierigen und Patrouillen; aber es ging alles ruhig ab. Noch wurde am Morgen selbst eine Stunde lang am Schafott gehämmert. Als es fertig war, erschien der Scharfrichter mit seinen Helfern, alle schwarz gekleidet; er trug über dem Rocke einen Schanzläufer von Biber, das Richtschwert darunter. Die Henkersknechte sollen auf dem Blutgerüste ihr Frühstück verzehrt und ihre Pfeifen geraucht haben!

Im verschlossenen Hofe des Zuchthauses wurde Sand in eine niedrige offene Chaise gehoben, die man zu diesem Zwecke hatte kaufen müssen, denn in ganz Mannheim hatte niemand seinen Wagen dazu hergeben wollen. Er grüßte rings umherschauend und stillschweigend die Gefangenen, die an den Fenstern lagen und weinten. Sie sollen während der Untersuchung, wenn sie an seinem Fenster vorübergeführt wurden, ihre Ketten in die Höhe gehoben haben, um ihn nicht durch das Klirren zu beunruhigen. Als das Hoftor aufging und die versammelte Menge den Verurteilten erblickte, soll ein lautes Schluchzen allgemein geworden sein. Sand bat darauf den Oberzuchtmeister, der auf seine Bitte neben ihm saß, wenn er etwas Schwächliches an ihm bemerke, ihm seinen Namen zuzurufen.

Der Richtplatz war kaum 800 Schritte vom Gefängnis entfernt. Der Zug ging langsam. Zu Seiten der Chaise gingen zwei Zuchtmeister mit Trauerfloren. Ein zweiter Wagen mit Stadtbeamten folgte. Die Glocken wurden nicht geläutet. Nur einzelne Stimmen »Sand, lebe wohl!« unterbrachen die allgemeine Stille. Es hatte geregnet, die Luft war kalt. Sand war zu schwach, um aufrecht sitzen zu bleiben. Er saß, halb zurückgelehnt, im Arm des Oberzuchtmeisters. Sein Gesicht war leidend, die Stirn offen und frei. Die Züge waren interessant, ohne schön zu sein. Alles Jugendliche war daraus fort. Er trug nicht, wie fast aller Orten gedruckt ist, einen schwarzen, altdeutschen Rock, sondern einen dunkelgrünen Überrock, weißleinene Beinkleider und Schnürstiefel. Der Kopf war unbedeckt.

Auf die Schultern zweier Zuchtmeister gelehnt, bestieg Sand das Blutgerüst. Er blickte noch einmal nach Mannheim und auf das versammelte Volk zurück, dann einmal, so schien es, auf die Natur im Frühlingskleide, ein Schauspiel, das ihm vierzehn Monate verschlossen geblieben war. Nach allen aktenmäßigen Darstellungen hat Sand nichts zum Publikum gesprochen. Nach den Berichten seiner Freunde fing er mit lauter Stimme an zu sprechen: »Ich sterbe im Vertrauen auf Gott«, als ihn jemand unterbrach: »Sand? was haben Sie versprochen!«, worauf er schwieg, die Rechte feierlich, wie zum Schwur, in die Höhe hob und leise fortfuhr: »Ich nehme Gott zum Zeugen, daß ich für Deutschlands Freiheit sterbe.«

Nach dem kommissarischen Bericht sprach Sand für sich nur folgende Worte mit kaum hörbarer Stimme: »Gott gibt mir in meinem Tode viel Freudigkeit – es ist vollbracht, ich sterbe in der Gnade meines Gottes.« Nachdem der Aktuar das Todesurteil mit lauter Stimme vorgelesen hatte, wurden dem Delinquenten die Hände und der Leib an den Pfahl festgebunden. Er bat dabei leise die Scharfrichterknechte, ihn nicht so fest zu binden, weil ihn die Wunde schmerze. Man band ihm darauf die Hände statt auf der Brust, weil sie ihm dort das Atmen erschwerten, auf dem Schoße. Auch bat er, die Binde vor den Augen so zu schieben, daß ihm das Licht nicht ganz entzogen werde. Als er eine Schere am Nacken fühlte, bat er, ihm das Haar zu lassen. Der Nachrichter flüsterte ihm zu, es sei für seine Mutter bestimmt. Sand nickte dazu. Man schnitt ihm nur wenige Haare ab und band die übrigen in die Höhe.

Schon der erste Hieb war tödlich. Der Kopf wurde vom Rumpfe getrennt; nur blieb derselbe an einigen Fleischteilen des Vorderhalses haften. Übrigens geschah die Hinrichtung in der größten Ordnung. Feierlicher Ernst und tiefes Schweigen herrschten umher. Nur im Augenblick des Kopfabschlagens selbst durchzuckte unwillkürlich die Versammelten das Mitleid.

Aber kaum war es geschehen, so drängten, nach den Berichten seiner Freunde, alle Umstehenden an das Gerüst. Das Blut wurde mit Tüchern aufgewischt, der Richtstuhl durch einen Knaben vom Schafott geworfen, zerschlagen und in kleinen Stücken verteilt, und wer davon nichts habhaft werden konnte, schnitt sich wenigstens einen blutigen Splitter vom Gerüste ab. Nach anderen Berichten hatte ein Gutsbesitzer den ganzen Stuhl käuflich vom Scharfrichter an sich gebracht. Dies wird aber dahin berichtigt, daß der Gutsbesitzer den Stuhl vom Scharfrichter geschenkt erhalten und ihn selbst vom Schafott bis auf sein Landgut, einundhalb Stunden von Heidelberg, getragen habe. Auch mit einzelnen Haaren soll Handel getrieben worden sein, doch protestiert der Scharfrichter dagegen, »etwas verkauft zu haben«, vielmehr scheint es, daß Spekulanten vorrätiges Haar, als von Sand herrührend, an den Mann gebracht hätten.

Körper und Haupt wurden sofort in den Sarg getan, den man auf der Stelle zunagelte. Nachdem er unter militärischer Eskorte wieder ins Zuchthaus zurückgebracht und später noch einmal vom Oberzuchtmeister untersucht worden war, um sich über die Identität des Leichnams zu versichern, wurde er, nachts um elf Uhr, in einer Ecke des benachbarten lutherischen Kirchhofs, wo auch Kotzebue ruht, unter Begleitung mehrerer Personen nach den gewöhnlichen Gebeten eingesenkt. Das Grab aber wurde sofort mit dem ausgehobenen Rasen wieder überdeckt und eben gemacht. Ein Wachtposten sollte dort stehen, bis der Verwesungsprozeß erfolgt wäre. Nach anderen Aussagen war es derselbe Posten, der das Zuchthaus bewacht. Er sei aber so gestellt worden, daß nur die niedrige Kirchhofsmauer ihn von der Grabstätte Sands trennte. Der Platz soll nicht schwer zu finden sein, wenn man links vom Eingangstor die Mauer bis zur Ecke verfolgt. Die übrigen Gräber sind entfernt. Ein Pflaumenstämmchen grünte rechts nach unten hin vom Grabe. Wein rankte sich an der Mauer auf. Der Platz war mit ewigem Klee und Vergißmeinnicht eingesät. Mannheims Einwohner wallfahrteten häufig dahin, und des Morgens fand man oft Blumen und Trauerweiden daraufgestreut.

Das Volk habe – schreiben die Freunde 1821 – die Wiese, worauf die Hinrichtung erfolgte, Sands Himmelfahrtswieschen genannt.

DIE GOLDPRINZESSIN

In den Jahren 1835 und 1836 waren wohl wenige in Berlin, die nicht von der Goldprinzessin gehört hätten. Wer sie nicht selbst gesehen hatte, hatte sich doch von anderen erzählen lassen, wie sie aussah. Der allgemeine Gegenstand der Unterhaltung, beschäftigte sie die höheren Kreise der Gesellschaft und war doch noch mehr Gegenstand der Neugier, der Bewunderung und des Staunens in den unteren. Wenn ihr Wagen durch die Straßen rollte, raunte man sich zu: Dort kommt sie. Wenn er vor einem Hause, einem Laden hielt, sammelten sich Neugierige in ehrerbietiger Entfernung, aber auch die umliegenden Fenster öffneten sich, und selbst Personen, die sonst dem Kitzel für Wunderdinge mit ungläubiger Miene oder einem verächtlichen Achselzucken begegnen, widerstanden doch nicht, einmal den Kopf hinauszustecken, um zu erfahren, wie denn das Wunderkind aussah.

Man hat die Bemerkung gemacht, daß Berlin, gleich anderen großen Städten, wo viel Müßige sind, wenn nicht alljährlich, doch Jahr um Jahr, zur Belebung des Alltagslebens, einer allgemeinen Nahrung aus dem Reiche des Wunderbaren bedürfe, und wenn dieses Verlangen recht lebhaft geworden sei, böte der Stoff sich von selbst dar.

Die Goldprinzessin in Berlin schien zu den Spukgestalten schalkhafter Art zu gehören; sie war ein anmutiges Mädchen. Denn daß hinter ihrer Erscheinung eine Mystifikation ruhe, behauptete die Kritik, die mitten im Fanatismus der Illusionen in Berlin tätig ist schon bald nach ihrem Auftreten. Es war zu auffällig.

Aufgetaucht, man wußte nicht, wie, entfaltete die junge Dame einen Glanz und Aufwand, der den Neid erregte. In der elegantesten Equipage fuhr sie durch die Berliner Straßen, und Spaziergänge, anfänglich mit gemieteten Pferden und Wagen, wurden bald darauf mit eigenen bestritten. Wenigstens hatte sie zwei schöne Pferde gekauft, deren Furagelieferung allein monatlich über 50 Taler kostete.

Außerdem mußten für eine gleiche Summe noch täglich zwei Pferde bei einem Fuhrherrn zu ihrer Disposition stehen. Sie hatte sich anfangs mit bescheidenen Wohnungen begnügt, bald mietete sie größere, kostbarere, eine ganze Villa, zuerst in Charlottenburg, dann im Tiergarten. Sie möblierte sie selbst mit den ausgesuchtesten Gerätschaften. Sie hielt einen Livreebedienten, der sehr im Vertrauen seiner Herrin zu stehen schien, einen Kutscher, Köchin, Dienstmädchen und eine Gesellschafterin!

Man sah diese Equipage und die Dame mit ihrer Begleiterin Tag für Tag auf den Straßen; im Winter war sie fast alle Abende im Theater. Sie hielt stundenlang vor den besuchtesten Modeläden und kaufte dort kostbare Stoffe, Bijouterien, Uhren, silberne Leuchter, Geschirr, auch Kunstsachen. Die Goldprinzessin war bald die gefeiertste Kundin für die Kaufleute, von ihnen aufgesucht, mit Anerbietungen, Anliegen bedrängt.

Aber nicht von diesen allein, auch mit den Wagenfabrikanten stand sie im lebhaftesten Verkehr. Sie tauschte ihren Wagen mehrmals auf deren Vorstellungen ein, um immer den elegantesten zu haben, und diese Fabrikanten und Kaufleute machten mit der liebenswürdigen Dame doppelt gute Geschäfte. Sie war nicht schwierig im Handel und zeigte dem Publikum die neuesten Moden, war doch ihre Equipage vor den Kaufläden schon zu einer Schaustellung geworden. Zugänglich, freundlich, verschaffte sie dem und jenem die Kapitalien, deren er bedurfte, wenigstens hieß es so, und die Armen umlagerten ihre Tür mit mündlichen und schriftlichen Bittgesuchen. Es verlautete, sie gibt allen.

Man sprach von Reisen, die sie nach Brüssel, London unternommen hatte; gewiß wußte man, daß sie mehrmals nach Hamburg und in die böhmischen Wälder gefahren war. Nach Karlsbad und Prag fuhr sie mit vier Pferden Extrapost. Von dort aus hatte sie reiche Geschenke mitgebracht, und auch in Berlin machte sie sehr kostbare an silbernen Kronleuchtern, Uhren, Gemälden an ihre Bekannten. Der Gattin eines reichen jüdischen Bankiers, mit der sie früher in Verbindung stand, hatte ein Wagen beim Sattler Konrad sehr gefallen; die Bankiersfrau führte mit ihm deshalb Unterhandlungen. Als die Goldprinzessin dies erfuhr, kaufte sie den Wagen schnell für 1500 Taler und bot ihn der Dame zum Geschenk an. Das Geschenk wurde abgelehnt, die Geschichte aber bekannt. Sie hatte Bekannte, das wußte man, aber ihr eigentlicher Umgang entsprach doch dem Glanze nicht, mit dem sie auftrat. Sie kam in keine Gesellschaft, noch sah sie Gesellschaft bei sich.

Dies konnte den Verdacht gegen sie bestärken, und der Grund, der dafür angeführt wurde, war nicht geeignet, ihn zu schwächen. Man sagte, sie sei die Braut eines reichen brasilianischen Grafen Villamor, der sich in Hamburg, Brüssel oder Baden in sie verliebt hätte, mit ihr verlobt sei und sie jetzt reisen und in Berlin verweilen lasse, um sie für die höheren Kreise, in der er sie einführen wolle, auszubilden; nach anderen war es ein überaus reicher Senator in Hamburg, dessen Name damals viel in Berlin im Zusammenhang mit einer anderen Heiratsangelegenheit genannt wurde. Auch deutsche Grafen, ja sogar Fürsten hatten die Ehre, als Verlobte der interessanten Fremden genannt zu werden. Indessen hatte doch der Brasilianer die meisten Stimmen für sich. Daher ihr ungeheurer Reichtum – so sollte sie oft Weisungen von ihrem Bräutigam erhalten, sich von ihren früheren ökonomisch-bürgerlichen Begriffen zu befreien und mehr auszugeben, als sie tat –, daher aber auch ihre Zurückhaltung von der Gesellschaft.

Der brasilianische Graf kannte entweder die Berliner Gesellschaft nicht, oder er wollte seine Braut aus der Ferne beobachten und preisen. Henriette Wilke, diesen bescheidenen Namen führte die reiche Dame, war nicht schön; wenigstens lag in den gewöhnlichen Zügen ihres sonst regelmäßig hübschen Gesichtes nichts von einem ungewöhnlichen Zauber, der auf den ersten Blick fesseln kann. In den Gesellschaften, in denen man sie früher gesehen hatte, galt sie für unbedeutend. Wie konnte ein reicher Graf sich so sterblich in sie verliebt haben, daß er mit so ungeheuren Kosten die junge Dame zum Heiraten sich erziehen ließ? Auch dafür wußte der Volksmund eine ausreichende Erklärung: Henriette hatte einen blendendweißen Teint und ins Rötliche gehende blonde Haare; Graf Villamor war nach diesen Vorstellungen ein Mulatte, oder gar ein Schwarzer. Weiße Haut ist in Amerika Adel, Schönheit; der Farbige, auch reich, auch Graf, ist ein Wesen niederer Art, der seine Blicke zu keiner einheimischen weißen Schönheit erheben darf. Er muß Länder suchen, wo dies Vorurteil nicht herrscht. Wer an die anderen weißen Bräutigame, Senatoren oder Grafen glaubte, wußte von einer so abschreckenden Häßlichkeit derselben, daß es schon für eine Art Opfer galt, wenn ein einigermaßen wohlgebildetes Mädchen sich entschloß, ihnen die Hand zu reichen.

Alle diese Umstände erschienen als Indizien, einen weiblichen

Glücksritter vor sich zu haben. Es sprachen aber auch ebenso viele Indizien dagegen:

Henriette Wilke war keine Fremde, Unbekannte. Sie war ein Berliner Kind aus Charlottenburg. Früh hatte sie ihre Eltern verloren, doch nahm sich ihrer eine sehr geachtete, wohlhabende Familie an, bei der ihre Großmutter diente, und gab ihr eine Erziehung, die über ihren schlichten Geburtsstand hinausging. Sie war von einem Familienmitglied zum anderen übergegangen und überall mehr als Pflegetochter denn als Dienstbote behandelt. Nachdem sie als Kindermädchen in einer jüdischen Bankiersfamilie einige Zeit verbrachte, auch hier dem Familienkreise näherstehend, als es in der Regel bei Kindermädchen der Fall ist, war sie zu einer alten, unverheirateten Dame, die sie schon durch ihre Eltern kannte, nach Charlottenburg gezogen, einer bejahrten Dame besten Rufes aus einer angesehenen Familie, mit der sie auf dem vertrautesten Fuße lebte.

Schon die Namen aller dieser Familien und das Ansehen, dessen sie sich in Berlin erfreuten, waren für sie eine gewisse Bürgschaft, daß wenigstens die Polizei keinen Anlaß hatte, sie mit lästigen Fragen und einer strengen Beobachtung zu verfolgen. Ihre Person, ihr Herkommen waren bekannt, und sie machte kein Hehl daraus. Nur die Quelle ihres Reichtums war unbekannt; da aber nirgends die Spur eines großen Diebstahls, einer Betrügerei sich zeigte, da niemand gegen sie Klage erhob, nicht einmal Verdächtigungen einliefen, war kein Grund vorhanden, gegen sie einzuschreiten, weil sie mehr ausgab, als man vernünftigerweise annehmen durfte, daß sie eingenommen habe. War die Polizei auch nicht verpflichtet zu glauben, daß sie einen reichen Brasilianer zum Bräutigam habe, so war sie doch auch nicht berechtigt, es zu bezweifeln.

Zudem, wäre sie eine Abenteurerin, was könnte der Zweck ihres Auftretens sein? – Sie drängte sich nicht in die Gesellschaft reicher und vornehmer Familien, wie Personen dieses Schlages tun, um die Gelegenheit zum Diebstahl und Betruge abzulauschen, sie lebte eigentlich ganz isoliert. Auch die Leute, mit denen sie sich umgab, waren durchaus nicht gefährlicher Art. Ihr Bedienter, ein unverdächtiger Mann, hatte früher bei den achtbarsten Herrschaften, zu deren Zufriedenheit, in Diensten gestanden. Ihre Gesellschafterin war eine gebildete Dame, die Tochter eines ehemaligen höheren Justizbeamten, eines akademischen Lehrers und namhaften Schriftstellers seiner Zeit.

Und wen hätte sie betrügen sollen und worum? Dummköpfe um Geld und Güter? Sie sagte ja selbst, daß sie persönlich kein Vermögen habe, daß sie alles der Großmut ihres Bräutigams verdanke. Durch ihre Reize konnte sie niemand ins Garn locken wollen, da sie sich als Braut eines angesehenen Fremden ausgab, der jeden Augenblick kommen und sie abholen konnte. Außerdem traf sie auch nicht der leiseste Verdacht eines unsittlichen Wandels. Ihr ganzes Auftreten hatte vielmehr etwas Bescheidenes. Während sie ihre Gesellschafterin mit Ketten und Federn ausschmückte, ging sie verhältnismäßig einfach gekleidet, doch in kostbaren Stoffen.

Was sie kaufte, bezahlte sie bar, sehr hoch; man kann eher nach den späteren aktenmäßigen Ermittlungen annehmen, daß sie betrogen wurde. Sie nahm, was ihr gefiel, sie fragte wenig nach dem Preise, und die Verkäufer wußten den Glanz des Reichtums, den sie um sich verbreitete, und die Wahrnehmung, daß das Geld leicht in ihrer Hand saß, zu ihrem Vorteil auszubeuten.

Sie war auch außerordentlich wohltätig. Die Armen, die ihre Tür belagerten, gingen nie mit leeren Händen fort. Sie gab nicht groschen-, talerweis, sondern ihre einzelnen Almosen gingen bis in die Hunderte. So rettete sie einen verarmten Edelmann durch eine solche außerordentliche Gabe. Erst als der Ruf ihrer Großmut sich durch die Stadt verbreitete und die Hilfsbedürftigen von nah und fern sich scharenweis zu ihr drängten, sah sie sich zu ernsteren Prüfungen genötigt.

Sie schämte sich ihrer armen Verwandten nicht, auch vor deren Türen hielt oft ihr Wagen. Sie ging zu ihnen hinein, häufiger ließ sie diese zu sich herauskommen und unterhielt sich mit ihnen von ihrem Wagensitz aus freundlich. Würde eine Glücksritterin sich so öffentlich als Verwandte armer Leute aus den niedrigsten Ständen vor aller Welt gezeigt haben?

Alles dies sprach für sie. Und gegen zwei Jahre schon dauerte diese Sache, der Glanz ihrer Erscheinung hatte sich nicht gemindert. Warum will man die einzige gegebene Erklärung nicht annehmen? Warum will man etwas Merkwürdiges und Ungewöhnliches für ein Märchen erklären, wo doch sonst keine andere vernünftige Erklärung ausreicht? Dies war die vorherrschende Stimmung im Publikum geworden, und die ihr Wohlgesinnten sprachen allein die Besorgnis aus: Wenn der brasilianische Graf nur nicht das arme Mädchen sitzenläßt!

Die ihr kritisch Gesinnten ließen sich dagegen ihre Zweifel nicht ausreden. Sie hörten mit sarkastischem Lächeln die Lobpreisungen der bekannten Unbekannten und antworteten darauf, daß ein Krug nur so lange zu Wasser geht, bis er bricht, und der Tag werde schon kommen, wo die Polizei die bewunderte Prinzessin abholen werde.

Unter den gläubigen Gemütern, die keinen Zweifel hegten, befand sich der Besitzer einer bekannten großen Möbelhandlung in Berlin, Schröder. Die Wilke hatte in seinem Magazin bedeutende Ankäufe zu ihrer Einrichtung gemacht. Sie hatte alles bar bezahlt; er hielt sie für reich und hatte sich eines Tages die Frage erlaubt, ob sie, die über so große Kapitalien gebiete, ihm wohl zur Vergrößerung seines Geschäftes einige tausend Taler verschaffen könne.

Die Wilke erwiderte, wenn sie volljährig würde, sie war dreiundzwanzig Jahre alt, wäre sie gern bereit, sie ihm selbst zu geben; doch wolle sie auch inzwischen sehen, ob sie ihm vielleicht bei einer guten Freundin Geld beschaffen könne. Schon am folgenden Tage kam die Wilke zu Schröder und eröffnete ihm, daß ihre mütterliche Freundin, die Demoiselle Niemann in Charlottenburg, gern bereit sei, ihm 5000 Taler und nur zu vier Prozent und ohne weitere Sicherheit zu leihen. Das Geld aber liege in Pfandbriefen gegen aufgenommene 500 Taler irgendwo deponiert. Diese Pfandbriefe auszulösen, bedürfe sie aber gerade dieser Summe, und wenn Schröder sie vorstrecken wolle, könne das ganze Geschäft bald abgemacht werden. Schröder erkundigte sich nach dem Ruf und den Umständen der alten Niemann, und nachdem er nur Vorteilhaftes und ganz Beruhigendes über sie erfahren hatte, ging er selbst nach Charlottenburg und händigte die 500 Taler der alten Dame in Gegenwart der Wilke ein. Die 5000 Taler sollte er nun in einigen Tagen erhalten. Aber schon kurz darauf kam die Wilke wieder zu ihm: Die Einlösung der Pfandbriefe lasse sich erst gegen Zahlung von 1000 Talern bewirken; die Niemann müsse daher noch 500 Taler haben; dagegen verspreche sie ihm statt der 5000 Taler ein Darlehn von 8000 Talern. Schröder ließ sich, nach einigen Verhandlungen, auch zur Zahlung der zweiten 500 Taler bewegen, doch nur nachdem er die zuverlässigsten Nachrichten über die Solidität der Niemann eingezogen hatte, die sich schriftlich verpflichtet, ihm am 28. Juni 1836 ein Kapital von 8000 Talern zu leihen und die 1000 Taler zurückzuzahlen.

Statt des Geldes kam abermals die Wilke zu ihm und verkündete, daß die Niemann sein Glück machen wolle. Sie habe sich mit ihrer Familie besprochen, und statt 8000 Taler wolle sie ihm 20 000 Taler leihen. Um den höheren Betrag der Pfandbriefe einzulösen, bedürfe sie aber noch 500 Taler. Schröder wollte nicht; ein abermaliger Besuch bei den beiden Damen stimmte ihn aber um. Er zahlte die dritten 500 Taler, dafür sollte ihm am 10. Februar ein Kapital von 20 000 Talern ausgehändigt werden.

Der 10. Februar verstrich, aber das Geld kam nicht, statt dessen die

Antwort, daß er am nächsten Montag wenigstens 8000 Taler erhalten solle. Am Montag erschien die Wilke, ohne Geld, jedoch mit der Nachricht, da der Bankier ihrer Freundin die versprochene Zahlung nicht geleistet habe, werde sie es von einer anderen Bekannten besorgen. Schröder glaubte ihr und zahlte zu den 1500 Talern, die er nicht verloren glaubte, der Wilke noch 100 Taler, die sie zur Einlösung zu brauchen vorgab. Auch über diese letzte Einzahlung von 100 Talern erhielt er, bei einem neuen Besuche, von der Niemann einen Schein, und der 13. Februar wurde jetzt als Zahlungstag bestimmt.

Aber noch am selben Tage erfuhr Schröder, daß andere Personen, namentlich ein Futterhändler in Charlottenburg, aus den Händen der Wilke Kassenscheine erhalten, die er ihr oder der Niemann zur Einlösung der Pfandbriefe gegeben hatte. Ja, für einen der Scheine von 300 Talern hatte die Wilke zwei Pferde gekauft.

Er stürzte nach Charlottenburg und traf die Wilke und ihre Gesellschafterin Alfrede bei der Niemann. Auf seine heftigen Vorwürfe antwortete mit gleicher Heftigkeit die Gesellschafterin, er urteile voreilig, ihm könne es doch ganz gleich sein, ob die Wilke ihre Privatschulden mit dem von ihm geliehenen oder mit ihrem eigenen Gelde ausgezahlt habe; die Wilke selbst schien zuerst verlegen, später empört. Die heftige Szene endete mit einer Aussöhnung, die die Gesellschafterin bewirkte. Schröder ließ sich bereden, noch bis zum 27. Februar zu warten.

Als auch am 27. Februar kein Geld kam, erwuchs bei Schröder eine sehr begreifliche Angst. Er ging zur Polizei. Der damalige Präsident Gerlach fand keinen Grund, gegen die Wilke und noch weniger gegen die anerkannt unbescholtene und wohlhabende Demoiselle Niemann, die noch dazu Eigentümerin in Charlottenburg war, einzuschreiten, und auch der berühmte Polizeirat Duncker mußte von seiner entgegengesetzten Ansicht abstehen, als die Wilke sich vollkommen gegen ihn legitimiert hatte.

Schröder blieb nichts übrig, als gegen die Niemann zu klagen. Inzwischen verständigte man sich jedoch. Schröder beschränkte seine Forderung auf die Rückzahlung der 1600 Taler und auf ein kleines Kapital von 8000 Talern. Beides wurde ihm zugestanden. Damit er aber kein weiteres Mißtrauen hegen solle, forderte die Wilke die Demoiselle Niemann auf, ihm wenigstens das Geld zu zeigen, das er erhalten solle. Die Niemann holte aus ihrem Schrank ein versiegeltes Paket mit der Aufschrift »10 000 Taler in pommerschen Pfandbriefen«. Schröder verlangte die sofortige Übergabe, die Wilke, die immer für die Niemann das Wort führte, erklärte, daß dies wegen der Familienverhältnisse nicht anginge, er könne die Pfandbriefe erst am 30. März erhalten.

Auch am 30. März erhielt er noch nicht sein Geld. Aber die Wilke kam mit ihrer Gesellschafterin zu ihm und erklärte ihm, daß dieselben Familienverhältnisse es auch jetzt der Niemann noch immer unmöglich machten, ihr Versprechen zu erfüllen. Zu seiner vollkommenen Sicherheit, und damit er keinen Verdacht schöpfe, händigte sie ihm aber im Namen der Niemann das versiegelte Paket mit den 10 000 Talern in Pfandbriefen ein, jedoch mit der Auflage, das Paket erst am 5. April zu öffnen, und wenn bis da keine Zahlung erfolgt sei, die Pfandbriefe zu verkaufen, 1600 Taler für sich zurückzubehalten, 8000 Taler als Darlehn anzunehmen und den Rest der Niemann zurückzuerstatten.

Alle Teile schienen nun befriedigt. Zwar hatte Schröder den Versuch gemacht, die Erlaubnis zur Öffnung schon für den 2. April zu erwirken; aber als er scherzhaft gedroht, es auch ohne Erlaubnis zu tun, hatte die Gesellschafterin, Demoiselle Alfrede, ihm das Ungeziemliche dieser eigenmächtigen Handlung ernsthaft vorgestellt: Es würde dies die gute Niemann aufs äußerste beleidigen; sie halte ihn aber für einen so ehrlichen Mann, daß sie des Vertrauens sei, er werde es nicht tun. »Aber am fünften werde ich die Öffnung in Gegenwart von Zeugen vornehmen«, erwiderte Schröder. Bei dieser Äußerung schien die Wilke und ihre Gesellschafterin sichtbar befangen.

Am 4. April ersuchte die Wilke den Schröder, das Paket bei der Niemann in Gegenwart ihrer Verwandten zu öffnen. Schröder versprach es zwar, ging aber am fünften statt dessen, auf polizeiliche Anweisung, zu einem Notar, der die Siegel erbrach und statt der 10 000 Taler in Pfandbriefen in dem Kuvert nur mehrere Bogen leeren Papiers fand. So war das Rätsel denn mit einem Scherenschnitt bloßgelegt. Ein Betrug lag vor, der weit mehr ahnen ließ. Aber wer waren die Betrogenen, wer die Betrüger? Von jenen erschien auf dem Platze nur der Möbelhändler Schröder, dessen 1600 Taler aber unmöglich zu dem Aufwande der Wilke ausgereicht hätten auch waren sie erst in letzter Zeit ihm entlockt worden. Woher kamen die Mittel zu ihrer Verschwendung bis zu diesem Zeitpunkt? Und war denn die Wilke die alleinige Betrügerin? Sie hatte ja nur als Vermittlerin für die Demoiselle Niemann gehandelt, diese hatte das Geld empfangen, diese darüber Verschreibungen ausgestellt, diese das Paket mit leerem Papier in ihrem Besitz gehabt und es Schröder gezeigt und später zugestellt. Die Gesellschafterin Alfrede hatte am lebhaftesten zu Schröders Täuschung das Wort geführt.

Also erschien auf den ersten Blick hier ein ganzes Komplott weiblicher Schwindler versammelt, die sofort hätten verhaftet werden müssen. Dies geschah jedoch nicht, und mit Recht, wie sich bald ergab.

Ehe wir zur Auflösung schreiten, gehen wir neun Jahre zurück, um die Hauptpersonen in der Tragödie kennenzulernen. Das überwiegende Interesse an diesem Rechtsfall ist psychologischer Natur. Man muß die Persönlichkeit der Betrogenen kennen, um das kühne, leichtsinnige und schamlose Intrigenspiel zu begreifen, das jedem mit dieser Individualität nicht Vertrauten ganz unglaublich erscheinen mußte.

In Charlottenburg lebte in ihrem Hause eine siebzigjährige unverheiratete Dame, die wir Niemann genannt haben. Es wäre möglich, daß ihre achtbaren noch lebenden Verwandten durch Nennung des Namens bei einer ohnedies für sie traurigen Erinnerung unangenehm berührt würden. Auch die jetzt verstorbene Demoiselle Niemann war eine durchaus achtbare, ganz unbescholtene Dame. Tochter eines längst verstorbenen Kriegs- und Domänenrates, lebte sie von den Einkünften des ihr gehörenden Hauses und einem Vermögen von etwa 12 000 Talern, das sie in Staatspapieren und Pfandbriefen selbst in Verwahrung hatte.

Sie lebte still und häuslich und genoß, weil sie niemand wehe tat und alle rechtlichen Verbindlichkeiten gewissenhaft erfüllte, die allgemeine Achtung, verbrauchte aber bei ihrer großen, dem Rufe nach an Geiz grenzenden Sparsamkeit nicht alle Einkünfte, so daß ihr Vermögen im Verlauf der Jahre noch anwuchs. Sie galt für sehr reich.

Man konnte sie, wie auch die spätere Untersuchung ergab, nicht für eigentlich schwachsinnig erklären; aber das Alter, die Zurückgezogenheit von der Welt, hatten sie, die immer beschränkten Verstandes war, schwach gemacht. Während sie mißtrauisch war gegen ihre nächsten Verwandten, deren Aufmerksamkeiten und Liebesbeweise erwartend und doch gelegentlich darin nur Zeichen einer klugen Berechnung und Spekulation auf die Erblasserin fürchtend, immer gekränkt in ihrem Selbstgefühl, konnte sie ohne Ahnung von den Ränken und Listen, die in der Welt vorkommen, ihr Vertrauen fremden Personen zuwenden, die sie nicht kannte und daher auch nicht fürchtete.

Pauline Henriette Wilke war der Niemann seit ihrer Geburt gut bekannt. Sie war die Tochter des Hausdieners einer nahen Verwandten. Die Niemann hatte bei ihr Patenstelle vertreten und sich schon früh für das Kind interessiert, besonders als eine andere Dame, die sich ihrer Erziehung aus Mitleid angenommen hatte, die Niemann auf dem Totenbett gebeten hatte, nun ferner die Sorge für das Mädchen zu übernehmen.

Pauline war auch wirklich nach dem Tode der Madame Sanderath bei der Niemann aufgenommen worden, bis sich eine Stellung für sie als Kindermädchen in einer reichen Bankiersfamilie in Berlin fand. Das freundschaftliche Verhältnis änderte sich auch jetzt nicht, vielmehr erzählte Pauline der alten Dame alles, was sie erlebte, von den Herrschaften in dem reichen Hause, den Spazierfahrten, die sie mit der Familie machte, und manchen interessanten und vornehmen Bekanntschaften.

Pauline hatte auch die Fürstin Radziwill kennengelernt. Diese Prinzessin, aus königlichem Geblüt, war wegen ihrer Leutseligkeit, ihrer Bildung und ihres Wohltätigkeitssinnes bekannt; daß sie sich einer jungen, angenehmen Waise annahm, hatte nichts Auffälliges; sie hat sich vieler angenommen, für deren Erziehung und Fortkommen Sorge getragen.

Die Fürstin hatte Pauline auf deren Bitte ganz in ihren Schutz genommen, um ihr bei einer auf Staatskosten zu errichtenden Schulanstalt eine Stellung zu verschaffen. Hierzu aber war, gab Pauline vor, ein gewisser Fonds erforderlich.

Die Niemann, um das Glück Paulines zu begründen, gab 500 Taler, die diese mit Dank annahm, um sie der Fürstin zu überbringen.

Das innige Verhältnis zwischen der Patin und dem Patenkinde wuchs dadurch. Voll Dankbarkeit besuchte Pauline ihre Wohltäterin nur noch öfter, sprach mit Lebhaftigkeit über die Schule, daß sie auf Veranstaltung des Finanzministers Maaßen jetzt examiniert worden sei, daß man sich über ihre Fähigkeiten gewundert hätte, daß ihre Anstellung unzweifelhaft sei, die Fürstin Radziwill aber gewünscht habe, daß Pauline noch etwas reise, um sich zuvor auszubilden.

Pauline reiste auch wirklich fort, und während ihrer Abwesenheit in Hamburg empfing die Niemann einen ersten eigenhändigen Brief von der Prinzessin Radziwill. Da die Korrespondenz zwischen der Fürstin und der alten Dame später sehr lebhaft wurde, können wir nur einige dieser charakteristischen Briefe mitteilen, halten es aber doch für angemessen, diesen ersten, soweit er sich aus den von Staub und Alter angefressenen Aktenstücken herstellen läßt, ganz mitzuteilen.

»Wertgeschätzte Mademoiselle Niemann.
Erlauben Sie, daß ich Sie so nennen darf, denn ein Vertrauen ver-

dient das andere. Ich wollte Ihnen nur zu wissen tun, daß die Sachen der Schulübernahme, unserer guten Jettchen betreffend, jetzt ganz in Ordnung sind und daß Sie, gute Mademoiselle Niemann, die Sparkassenbücher sowie die 100 Taler vom Schuldepositorium am 1. Oktober eigenhändig werden ausgeliefert bekommen. Empfangen Sie meinen, des Schulrats und der Stadt allerherzlichsten Dank; denn durch Ihre große Güte, liebe Mademoiselle, haben wir etwas Großes zustande gebracht. Das Mädchen hat einen außerordentlichen ge- scheiten Kopf, hellen Verstand, so daß man bedauern muß, daß es kein Mann ist. Was besser für König und Vaterland wäre!

Unser gutes Jettchen befindet sich jetzt in Hamburg bei Herrn Humbert; indes wir erwarten sie alle Tage zurück. Wir haben näm- lich die 500 Taler zum Schulfonds bestimmt, allein es haben sich doch noch einige Ausgaben eingefunden, mit denen wir nicht gerechnet hatten, so daß uns jetzt noch 250 Taler übriggeblieben sind; der König, der mit dieser unserer Unternehmung außerordentlich zufrieden ist und den Unternehmungsgeist des jungen unschuldigen Kindes be- wundert und anstaunt, wünscht aber, daß der Fonds um 400 Taler vermehrt werden möchte, so daß er doch aus 650 Talern bestehe; der König erbietet sich, alle halbe Jahre sechs Prozent zu erstatten, damit diese Summe so bald als möglich abgetragen werden kann: So werde ich nun von Sr. Majestät, unserm gnädigen Könige, beauftragt, Sie, beste Mademoiselle, zu fragen, ob Sie bereit wären, dem Staate zu die- sem Unternehmen auch diese Summe noch auszuzahlen. Der König bewundert Ihre Liebe und Güte und beauftragt mich, Ihnen zu sa- gen, daß er gern höchstselbst Sie mit einem eigenhändigen Schreiben beehrt haben würde, wenn sich Se. Majestät nicht in Teplitz befän- den. Der Herr Justizminister Maaßen« (Es ist stark, daß die Fürstin Radziwill nicht einmal den Justiz- vom Finanzminister zu unter- scheiden weiß! – W. A.) »wird Ihnen im Namen Sr. Majestät des Königs so bald als möglich seine Aufwartung machen, weil der König wünscht, daß diese Sache nur durch Sie, gute Mademoiselle Niemann, durch mich, durch …« (Name, der nicht zu lesen ist) »und durch ihn abgemacht werden soll, weil es dann eine königliche Schule ist und nicht allein dem Staate, sondern auch der jungen Unternehmerin ei- nen unberechenbaren Nutzen einbringen kann. So habe ich nun den Antrag Sr. Majestät an Sie, beste Mademoiselle, ausgerichtet und hof- fe im Vertrauen zu Gott und Ihrer Liebe, daß das Unternehmen ge- segnet sein möge. Sie erwarten Ihr Jettchen ganz gewiß, ihr erster Gang ist dann zu Ihnen(?); sowie sie aus dem Postwagen steigt, fährt sie nach Charlottenburg, bitte, aber ihr nichts vom Könige zu sagen, der König will durch ein eigenhändiges Schreiben überraschen, zeigen Sie ihr auch nicht diesen Brief, sondern sagen ihr, ich wäre bei Ihnen gewesen und hätte mit Ihnen darüber gesprochen. Wollen Sie nun gütigst des Königs Bitte erfüllen, so schreiben Sie gefälligst an Minister Maaßen ein paar Zeilen, siegeln Sie die Staatsschuldscheine gut zu, und geben Sie beides der Jettchen, und sagen Sie ihr, daß sie dies gleich zum Minister Maaßen bringt ...« (eine unleserliche Zeile), »denn wohl, gute Mademoiselle Niemann, der Himmel segne Sie, ich werde nächstens so frei sein und Sie besuchen. Jettchen soll mich den Tag zuvor bei Ihnen anmelden.

Louise
Fürstin Radziwill
Königl. Hoheit«

Wie hätte die alte, gerührte Dame einer fürstlichen Bitte, vorgetragen in einem mehr als leutseligen Briefe, widerstehen können! Ihr Herz war erweicht, ein Acker, fruchtbar gemacht für weitere Aussaat. Sie tat, um was sie gebeten war, schrieb an den Minister Maaßen, siegelte die 400 Taler ein und händigte ihrem Jettchen, das zur rechten Zeit kam, den Brief ein.

Bald darauf erhielt sie durch deren Vermittlung auf einem 15-Silbergroschen-Stempelbogen folgende Quittung:

»Ein Königlich-Preußisches Schuldepositorio bescheinigt hiermit, daß es von Demoiselle Henriette Niemann aus Charlottenburg 900 Taler in Staatsschuldscheinen gegen 12 Prozent Zinsen jährlich geliehen bekommen hat.

Berlin, den 9. August 1834

Ein Königl.-Preuß. Schuldepositorium
Unterschrift der Schulvorsteherin
H. L. P. Wilke

Maaßen
Staatsminister«

Wenn noch ein Zweifel in der alten Dame gewesen wäre, mußte ihn ein solches Dokument vollständig beseitigt haben. Es war auf einem Stempelbogen, der Name eines Ministers stand darunter, ihr Jettchen hatte es schon als Schulvorsteherin mit unterzeichnen müssen, und ihr waren 12 Prozent Zinsen versprochen.

Aber Pauline oder Jettchen, so wurde sie gewöhnlich genannt, mußte sich weiter ausbilden, sie mußte weiter reisen. Eine Gräfin Osten-Sacken, eine spezielle Freundin der Fürstin Radziwill, nahm sie mit nach Frankreich und England. Doch kehrte sie schon Anfang Oktober 1834 zurück, nachdem sie ihrer Patin von Hamburg aus geschrieben hatte, daß sie auf einem Schiffe in der Nähe dieser Stadt die Bekanntschaft des Grafen Villamor gemacht und sich mit ihm verlobt habe.

Ihre Erzählungen bei der Rückkehr flossen über von Seligkeit und Entzücken. Wie reich hatte der großmütige Graf sie beschenkt; von seinem Gelde konnte sie eine eigene Wohnung mieten, eine bessere Einrichtung sich beschaffen. In einem halben Jahr wollte er sie abholen. Die Fürstin Radziwill hatte sich dahin geäußert, daß dem König der Graf Villamor bekannt sei. Aus der Schule dürfte nun wohl nichts werden.

Pauline Wilke fuhr nun häufig zur Fürstin Radziwill, wo sie auch die Bekanntschaft des Königs Friedrich Wilhelm III. machte, eine für sie und die alte Niemann höchst einflußreiche Bekanntschaft. Zuvor müssen wir jedoch die mit der Fürstin Radziwill noch näher ins Auge fassen. Die alte Dame war ohne ihr Wissen und Willen in eine Korrespondenz mit der edlen Fürstin geraten, die, immer inniger werdend, endlich in eine Art von Freundschaftsbund zwischen beiden, die sich nur aus ihren Briefen kannten, mündete.

Die Briefe der Fürstin atmeten sämtlich eine Güte und Herzlichkeit, wie sie auch in Romanen selten vorkommt, aber auch hier und da ihre reellen Zwecke hat.

So heißt es in dem einen: »Meine gute, liebe Niemann, allemal freue ich mich, wenn mein Paulinchen mir einen Brief von Ihnen bringt. Aber, gute Niemann, warum sagen Sie mir so vielen Dank für das, was ich an Sie zu tun schuldig bin, waren Sie denn nicht gegen mich so liebevoll und freundschaftlich! Das werde ich Ihnen nie vergelten können.« Die Prinzessin verspricht ihr dafür nächstens Moiré zum Sofaüberzug. Zum Schluß aber bittet sie, wenn die Niemann Pfandbriefe von verschiedenen kleinen Summen habe, ihr dieselben zu schicken, sie werde ihr dafür andere zum Silberbetrage durch Fräulein von Langen, ihre Hofdame, zurückschicken. »Fräulein von Langen möchte Sie so gern einmal sprechen.«

Die Prinzessin schüttete aber auch ihr Herz vertrauensvoll gegen die neue Freundin aus, sie machte sie zur Mitwisserin ihres Kummers.

»Meine gute, liebe Mamsell Niemann, wie konnte ich es wohl länger anstehen lassen, Ihnen zu sagen, was für ein freundschaftliches Gefühl ich für Sie beste Seele in meinem Herzen trage! Sie nehmen an all meinen Schicksalen einen so innigen, so ungeheuchelten Anteil, und ich sollte Ihnen meine Dankbarkeit dafür nicht an den Tag legen? Gerne wäre ich schon zu Ihnen gekommen, meine Beste, um an Ihrer Seite, an Ihrem teilnehmenden Herzen meinen Kummer auszuschütten, allein meine Umstände wollen es mir nicht erlauben, auch eine Fürstin kann sich in eine traurige Lage versetzt sehen, in einer solchen Lage, die sie niemandem beschreiben darf, sondern ausharren muß, bis Gott sie ändert! – Unser Jettchen ist eine glückliche Braut! Wohl ihr, sie verdient es, glücklich zu sein, sie ist ohne Falsch und ein gutes Kind, die kleinen Faseleien habe ich von Herzen verziehen! Jetzt, meine liebe Freundin, will ich Ihnen Lebewohl sagen, bald werde ich einmal bei Ihnen sein, leider ohne mein Kind. Schreiben Sie mir ein Briefchen, und schicken Sie's mir durch das gute Jettchen, nicht mit der Post, indem ich die Briefe von der Post nicht selbst öffne; ich erwarte ihn mit Sehnsucht, könnte ich Sie doch nur erst sprechen; ich fuhr eines Tages vorbei und sah Sie mit einigen Damen vor der Tür stehen, ich wäre gern ausgestiegen, aber ich wollte Sie nicht stören, indes ich habe keine Ruhe, bald werde ich bei Ihnen sein und mir Ihre Freundschaft ausbitten.

Noch einmal leben Sie wohl, meine gute Mamsell Niemann, und erfreuen Sie bald mit einem Brief Ihre Sie aufrichtig liebende Freundin

Louise de Radziwill«.

Über diesen seltsamen Brief mit der deutungsvollen Stelle: »Auch eine Fürstin kann sich in eine traurige Lage versetzt sehen« gab Pauline der alten Dame auf deren Befragen eine für die Niemann allerdings zuerst überraschende Aufklärung: Die Fürstin liege mit ihrem Bruder, dem wohlbekannten Prinzen August, in einem Prozesse wegen Brillanten. Deshalb befinde sie sich in Geldverlegenheiten und brauche gerade 700 Taler, die sie nirgends auftreiben könne, wenn die Niemann ihr dieselben nicht verschaffen wolle.

Daß die edle Fürstin in einer solchen Lage sich befand, geht auch aus anderen Briefen an ihre Freundin hervor, die, beiläufig gesagt, wie die meisten Damenbriefe ohne Datum sind. In dem einen heißt es: »Daß Sie betrübt sind, liebe Gute, kann ich mir sehr gut denken und es Ihnen nicht verargen, denn es geht mir ebenso, ich muß mir das Meinige erbetteln und habe es vor Weihnachten nicht zu erwarten. Ich möchte gern reisen, auch hierzu weigert der Eigensinn des Monarchen, mir zu zahlen.«

Die gute Niemann half der Prinzessin aus ihrer Not, indem sie ihr 700 Taler durch die Wilke übersandte, und es war dies nicht das letzte Mal. Die Korrespondenz zwischen beiden drehte sich von nun an um die drückenden Verhältnisse der Fürstin, um ihre Dankbarkeit, um ihre Geschenke, die sie der Niemann sandte, um ihre Wünsche, die edle Dame doch endlich einmal persönlich zu sehen, Wünsche, deren Realisierung aber immer etwas in den Weg trat.

Da heißt es denn: »Von der Dankbarkeit Ihres Herzens bin ich fest überzeugt, und es tut mir weh, wenn Sie mir danken für das, was ich Ihnen zu geben schuldig bin. Die Reihe zu danken ist an mir.« – Die Prinzessin »nimmt sich die Freiheit«, der Niemann etwas von ihrem Weihnachtstische zu schicken. Dann heißt es im Briefe weiter: »Auch war ich so frei, für Sie, meine Gute, Tibet zu kaufen zu einem Oberrock, allein Jettchen ist so eigensinnig, dieses Zeug nicht mitzunehmen, denn sie sagt, Sie möchten sonst glauben, sie hätte mir gesagt, dieses Zeug für Sie zu kaufen, was doch der Fall nicht ist. Ich bin auf Jettchen entsetzlich böse, denn ich will meinen Willen durchsetzen, sie soll es Ihnen übergeben. Was sagen Sie zu unserem guten Monarchen, er meint es so gut mit Ihnen und spricht so gern von Ihnen, er hat Ihrem Herrn Bruder, den Bergkommissarius, den Sie am liebsten haben, die Sache anvertraut, bittet aber Jettchen, nicht zu sagen, daß ich Ihnen dies geschrieben. Denn sie ist mit dem König sehr vertraut, was mir sehr viel Freude macht. Ende Mai wird der Graf Villamor hier sein, er wird sie überraschen, meine Freude ist groß.

Was mögen Sie von mir denken, meine gute Niemann, so oft habe ich versprochen, Sie zu besuchen oder Sie zu mir kommen zu lassen, indes der passende Augenblick war immer noch nicht da, doch bald wird er erscheinen. Dann wollen wir manches Stündchen uns von den Bildern der Vergangenheit erzählen, die noch so lebhaft vor Augen stehen. Nur meine Elise fehlt dann. Bitte Paulinchen den Kopf waschen, schicken Sie mir bald eine Antwort durch das liebe Mädchen.«

Es hatte nicht an mancherlei Störungen dieses schönen Verhältnisses von außen gefehlt. Nicht, daß die Familie der alten Dame von deren Verbindung mit der Fürstin Radziwill oder der späteren mit dem Monarchen mehr als dunkle Andeutungen erfuhr; aber das immer engere Zusammenhalten ihrer Schwester und Tante mit Pauline Wilke hatte dem Bruder und den Nichten Besorgnis eingeflößt. Es fehlte nicht an Winken, Warnungen, Reibungen. Die Nichten konnten es nicht verbergen, daß Paulinens Anwesenheit bei der Tante sie in Unruhe versetzte, die von Pauline ihnen übersandten kleinen Geschenke waren ihnen ein Ärgernis, es gab Verstimmungen, Reibungen.

Wie unglücklich die gütige Prinzessin war, daß immer Hindernisse einer persönlichen Zusammenkunft zwischen ihr und der alten Dame in den Weg treten mußten, geht auch aus diesen Zeilen hervor: »Die Prinzessin der Niederlande wird heute erwartet, und da sind sämtliche Damen vom Hofe bestellt, selbige in ihrem Palais zu bewillkommnen. Sie, gute Niemann, werden mir die Freude machen, am Mittwoch ein Täßchen Kaffee bei mir zu trinken, und dabei soll uns niemand stören. Paulinchen weiß noch von gar nichts, bitte ihr auch ja nichts zu sagen, denn das liebe Kind würde sich gewiß grämen.«

Solche Briefe wurden dann durch andere Briefe erwidert, in denen die gute alte Dame nicht Worte genug für ihre gerührte Dankbarkeit und Beschämung zu finden wußte, wovon die Konzepte und auch die Originale sich ziemlich vollständig in den Akten wiederfinden.

»Gott legt den Menschen Prüfungen auf« (schreibt sie der Prinzessin, welche kurz vorher ihre Tochter verloren hatte – W. A.), »die wir mit Vertrauen zu ihm ertragen müssen, indem er die schöne Hoffnung des Wiederfindens in unsere Herzen gelegt hat, welches uns die Beruhigung gibt, daß sie für uns nicht verloren seien, sondern wir sie in einer besseren Heimat als verklärte Engel wieder begrüßen werden. Gott wolle Ew. Königl. Hoheit mütterliche Trauer auch darin lindern. Die Verwandlung mit Paulinens Schicksal war mir sehr überraschend, es soll mich freuen, wenn es zu ihrem Glück ist, oft ist es der äußere Glanz nicht; will nur wünschen, daß ihr Gegenstand recht gut mit ihr meint, es ist ein starker Entschluß von ihr, so weit in ein fremdes Land zu gehen, wo sie niemand kennt. Es scheint, daß sie zu etwas Außerordentlichem bestimmt ist; ich hätte gewünscht, daß sie sich Ew. Königl. Hoheit früher entdeckt hätte, da lediglich Höchstdieselben den Weg zu ihrem Glücke bereitet haben.«

Der Glaube in der alten Dame war übrigens erst durch Zeit und Umstände gewachsen. Zu Anfang schien es doch ihr selbst überraschend und kaum glaublich, daß ein so einfaches Mädchen wie ihre Pauline nicht allein Zutritt, sondern auch ein solches Vertrauen bei der Fürstin und in so kurzer Zeit sich erworben haben sollte. Während Paulines erster Reise nach Hamburg hatte sie deshalb mit der Post zwei Briefe an die hohe Dame gerichtet, in denen sie, dunkel auf die Verhältnisse anspielend, um eine Audienz bat. Das erste Mal wurde sie ihr abgeschlagen, weil die Fürstin krank sei, auf den zweiten erhielt sie unterm 10. November 1834 folgende Antwort von der Hofdame der Fürstin, Fräulein von Langen: »Ew. Wohlgeboren muß ich im Auftrag Ihrer Königl. Hoheit sagen, daß ihr leider der Brief, den Sie ihr geschrieben, ganz unverständlich ist. Die Prinzessin weiß nicht, wen Sie unter Jettchen verstehen, auch hat sie nichts erhalten, wie Sie es zu vermuten scheinen. Sie ersucht daher Ew. Wohlgeboren, ihr deutlicher auseinanderzusetzen, welcher Art Ihr Anliegen ist und wer Jettchen ist.«

Ein solches Schreiben hätte der Niemann vielleicht die Augen geöffnet, aber ehe sie es empfing, war Pauline von ihrer Reise zurückgekehrt. Sie kam plötzlich zu ihr in die Stube mit der Nachricht: Eben habe die Prinzessin Radziwill einen reitenden Jäger zu ihr geschickt und ihr sagen lassen, sie sei in hohem Grade darüber aufgebracht, daß die Niemann sich erdreiste, direkt durch die Post Briefe an sie zu schicken und in Briefen, die, wenn sie auf diesem Wege ankämen, auch durch andere Personen erbrochen würden, von ihren gegenseitigen Verhältnissen zu sprechen. Dadurch werde ein Geheimnis veröffentlicht, dessen gewissenhafte Bewahrung Sr. Majestät der König ausdrücklich verlangt habe. Sie, die Niemann, möge sich nicht wieder unterfangen, sei der ausdrückliche Befehl der hohen Frau, so wenig dem allerhöchsten Vertrauen des Königs zu entsprechen. Diesmal wolle sie noch diesen Schritt vergeben; die Fürstin habe sich aber nicht anders zu helfen gewußt, als zur Täuschung ihrer Umgebung ihre Verwunderung auszusprechen und ihr schreiben zu lassen, als wisse sie von dem ganzen Verhältnisse nichts.

Erst nach diesem Auftritte kam der Brief der Hofdame an. Nur wer ein Auge und Ohr in den geheimsten Zimmern der prinzlichen Hofhaltung hatte, konnte die Sendung des Briefes und seinen Inhalt vorauswissen. Durfte sie nun auch an der Wahrheit von allem, was Pauline ihr mitteilte, zweifeln? Und was wollten jetzt alle Warnungen, die verdeckter- oder offenerweise von ihren Nichten kamen, bedeuten? Was die Notiz, die im Brief einer dieser Nichten vorkommt: daß, als einer der Mißtrauischen sich beim Portier des Radziwillschen Palais nach den Besuchen Fräulein Wilkes bei der Fürstin erkundigt und gefragt habe, ob sie denn wirklich zu jeder Stunde aus und ein ginge, wie sie behaupte, dieser Portier halb verächtlich, halb entrüstet geantwortet habe: Wie man sich denken könne, daß eine solche Person bei seiner Fürstin keinen Zutritt habe! – Alles dies war Verleumdung, schändliche Verleumdung, angestiftet von ihren nächsten Verwandten, die das Mädchen von ihr entfernen wollten. So hatte dieser eine von der Niemann selbständig gewagte Schritt, die Wahrheit zu erfahren, ihren Glauben nur noch gefestigt. Die hohe Verehrung, die sie für die Fürstin Radziwill hegte, die tiefste Ehrfurcht und Liebe, mit der ihr loyales Gemüt für den König erfüllt war, hielten sie von nun ab gefesselt und untersagten ihr, irgend etwas zu wagen, das bei diesen hohen Personen ein Mißfallen erregen könnte.

So stand Pauline Wilkes Verhältnis zur Fürstin Radziwill nach den Angaben der Niemann. Nicht so deutlich ist ihr Verhältnis zum Könige Friedrich Wilhelm III.

Die Wilke hatte den guten König bei der guten Fürstin Radziwill kennengelernt; er hatte ein Wohlgefallen an ihr gefunden; er hatte sie oft gesehen; sie war in seinem Palais gewesen und hatte fortwährend dort Zutritt; er interessierte sich für sie und ihren Schulplan; später für die Verlobung, die er billigte, für ihren Bräutigam, den Grafen Villamor, den er kannte, wenigstens dem Rufe nach; sie durfte ihn »Papa« nennen, eine vertrauliche Benennung, die der König dem allgemeinen Glauben nach gern von den jungen Mädchen, für die er sich interessierte, hörte, eben wie sie auch die Fürstin Radziwill nur »Mama« nannte.

Dies alles hatte die Niemann von Paulinen gehört, und sie durfte es glauben, denn es war nichts Unerhörtes, man hörte von solchen Dingen; es war vielmehr in der Ordnung, sobald Pauline wirklich das Glück gehabt hatte, dem Könige bekannt zu werden und ihm zu gefallen, sei es durch ihre Anmut, Frische, Natürlichkeit. Der König wollte in diesen Kreisen nichts Gelehrtes, Geistreiches, Vornehmes; der Zauber der Natur, des gesunden Menschenverstandes, der Schalkheit, der Herzensgüte zog ihn an. Wer ihn so gewonnen hatte, für den mochte er sich bis in die Details seines Familienlebens zu interessieren, wie wir es in den Briefen der Fürstin Radziwill sehen.

Nachdem die Niemann schon sehr viel Geld zu verschiedenen Malen hergegeben hatte, um den neuen Schulfonds zu dotieren, wurde sie zu Opfern für noch größere Dinge gewürdigt. Pauline Wilke wußte vom Könige, daß es seine Absicht sei, ein Kapital von einigen seiner Untertanen aufzunehmen, um die sonst nötige Erhöhung der Abgaben zu vermeiden, und erklärte der Niemann, daß Seine Majestät von ihrem bekannten loyalen Charakter erwarte, daß sie sich daran beteiligen werde. Fast zur selben Zeit empfing sie auch folgende Kabinettsorder: »Wir von Gottes Gnaden Friedrich Wilhelm III., König von Preußen, tun der Mlle. Ch. Niemann hierdurch kund und zu wissen, daß Wir ihr für so viele Uns in treuer Freundschaft geleistete Dienste wieder einen Freundschaftsdienst erzeigen wollen. Wir haben nämlich beschlossen, Ihnen die Abgaben, die Sie auf Ihrem Grundstück und Äckern erlegen möchten, abzulassen, und Sie werden denn daher solcher vom 1. Januar 1834 enthoben und hierüber vom Polizeipräsidenten Gerlach eine Bescheinigung erhalten. Bitte aber bis dahin niemandem von dieser Sache, sei es auch den nächsten Blutsverwandten, etwas wissen zu lassen. Unsere kleine Gesandte wird

Ihnen wiederum eine dringende Bitte von Uns ans Herz legen, die Wir nicht gern zu Papier bringen möchten. Leben Sie wohl und noch lange zum Wohl meiner Untertanen.

Ich versichere Ihr
in Freundschaft Ihr
Friedrich Wilhelm«

Die mündliche Bitte betraf ein Darlehen. Unterwürfig übergab die sich hochgeehrt fühlende Niemann ein Kapital aus ihren Staatsschuldscheinen an die »kleine Gesandtin«, um es dem Könige zu übergeben.

Aber der König brauchte immer mehr Geld. Nachdem die Niemann ihre Staatsschuldscheine fortgegeben hatte, kamen ihre Pfandbriefe an die Reihe, und als auch diese zu Ende waren, wurde sie bewogen, auf ihr Haus in Charlottenburg zuerst 4000, dann noch 3000 Taler aufzunehmen – wahrscheinlich über den Wert des Hauses, alles für ihren König.

Sie oder Pauline Wilke empfing darüber gegen zwölf Briefe des Königs oder Kabinettsschreiben, alle eigenhändig – denn von diesem Geheimnis durfte niemand wissen –, und sie sind interessant genug, wenn nicht für die Geschichte des verewigten Monarchen, doch für die Geschichte der Zeit.

»Unserer lieben treuen Niemann
Unser herzliches Willkommen!
Zuerst Unserer guten Niemann Unseren herzlichen Dank für die 3000 Taler, die richtig in Unsere Hände gekommen sind; nicht im Stande sind Wir, Euch diese Gefälligkeit zu lohnen, wie sich's gehöret. Euch aber nach Euer Verdienst zu lohnen, schwöre ich, beteuern Wir Euch hiermit. Im Vertrauen auf Eure unbegrenzte Liebe und Gefälligkeit wagen Wir noch eine Bitte: Wäre es Euch wohl möglich, Uns Euer Kapital noch bis zum ersten Januar in Händen zu lassen, worauf Wir Euch bei der Wiederkehr von Fräulein Pauline Wilke in vier Wochen 1000 Taler auszahlen werden. Die Schulden der Elberfelder Feuerkasse haben die Gebrüder Rothschild unternommen zu decken. Der Kassenschaden darf nicht publiziert werden, d. h. müssen Wir Gelder aufnehmen, so fordern Wir denn auch das Kapital der Fürstin Radziwill. Erhalten zu ebendiesem Zweck. Willigen Sie ein, Unsere gute Niemann, so lassen Sie es Uns bald durch wenige Zeilen wissen. Wir gehen nach Kalisch. Werden aber nur kurze Zeit dort sein. Wir bitten Euch aber, auch hierin wie schon in den anderen Angelegen-

heiten, die größte Verschwiegenheit zu beobachten, besonders gegen Eure Verwandten.

Lebt wohl, gute Getreue, zürnt uns nicht, bei Unserer Rückkehr sprechen Wir Euch persönlich Unseren schuldigen Dank aus, noch einmal lebt wohl, behaltet in gutem Andenken Euren Euch wohlgewogenen

König
Friedrich Wilhelm

Bewahret diesen Brief als Sicherheit, als Pfand Eures Vermögens von 16 000 Taler (in Unsern Händen), so auch die 3000, die Ihr auf Euer Grundstück aufgenommen.«

»Unserer treuen, vielgeliebten Niemann
Unseren herzlichen Gruß!

Wir freuen Uns herzlich, zu hören, daß es Euch, Unsere gute Niemann, besser geht, und daher sind Wir gesonnen, Euch am Freitag oder Sonnabend auszuzahlen, und zwar auf Unserem Palais zu Berlin. Wir würden es eher getan haben, wäre Uns nicht ein treuer Freund abberufen worden, was Uns in tiefste Trauer versetzt hat. Gute Niemann, die Zinsen von Eurem Kapital wollen Wir Euch gern in Staatsschuldscheinen auszahlen, es fehlen Uns deren, haben Sie doch die Güte, Ihren Bruder darum durch ein Paar Zeilen ersuchen zu lassen, weil er selbst Uns gesagt, daß er welche hat, wenn Not am Mann sein sollte. Pauline wird Ihnen sagen, wie Sie es anfangen sollen, da Wir sie gestern schon durch der Fürstin Radziwill Königl. Hoheit davon in Kenntnis haben setzen lassen.

Lebt wohl, ich erwarte Euch Freitag!

Euer wohlgeneigter
König
Friedrich Wilhelm«

»Gott grüß Euch, liebe gute getreue Niemann! Unzählige Male haben Wir schon gewünscht, Euch kennenzulernen und Euch bei uns zu sehen! Was werdet Ihr von Uns denken, gute Niemann. Sie halten Uns für keinen gerechten Monarchen, doch Gott sei bei Uns, am Montag sollt Ihr es erfahren, daß Wir dennoch Einer sind. Montag Nachmittag, gute liebe Niemann, fahret hin zu unserer Cousine, der Frau Fürstin de Radziwill, trinkt dort Kaffee und kommt von da zu Uns mit Pauline. Die Fürstin ist auf Euren Besuch eingerichtet. Colmann könnt Ihr nicht eher kündigen als am 1. April, so ist es gerichtlich ausgemacht. Der Hermann dort ist eher ausgezahlt worden als am Mittwoch oder Donnerstag. Am Dienstag kommen Sie noch einmal zu mir, und zwar mit Ihrem Herrn Bruder, mit welchem ich sehr unzufrieden bin. Dafür zufriedener mit Sie. Eine zweite Niemann gibt es nicht, auch bringen Sie morgen Ihre Hausjungfer mit. Bitte aber, sich übermorgen gegen 5 Uhr bei Uns einzufinden, nicht später. Übermorgen werde ich Euch einen Brief, einen sogenannten Abbitte-Brief, Eures Herrn Bruders überreichen. Ihr werdet bestimmt alles von ihm wissen, wie er sich gegen Uns benommen, und gewiß werden Wir dann Eure Verzeihung schon erhalten haben.

In … sehen wir uns.

Euer Euch wohlgewogener
König
Friedrich Wilhelm«

»Unseren herzlichsten Gruß und die innigsten Wünsche für Dero dauernde Gesundheit zuvor. Wohl haben Sie Ursache, gute treue Niemann, bös und zornig auf Uns zu sein, doch Gott sei mein Zeuge, daß Wir nie schlechte Absichten zum Grunde hatten.

Leider müssen Wir noch einmal, aber zum letzten Mal, aufschieben. Sonnabend Nachmittag, eher kann ich Sie nicht sehen; hielten Wir dann nicht Wort, dann sind Wir nicht würdig, von der Erde getragen zu werden. Sie haben viel, ja sehr viel für Uns getan und gewirkt, nie können Wir Dank genug für Sie haben, doch wie als Mensch Wir danken können, werden Wir Ihnen danken, dazu möge Gott Uns helfen. Nun bitten Wir herzlich, Pauline keine Vorwürfe zu machen. Es ist nicht ihre Schuld. Das Nähere wird sie Ihnen erzählen. Sie weiß alles. Sie wird alles in Ordnung bringen.

Halten Sie Uns immerhin für ungerecht. Wir sind überzeugt, daß Sie am Sonnabend Ihr strenges Urteil über das zurücknehmen. Viel Ärger und Verdruß haben Wir durch Ihren Herrn Bruder gehabt, besonders bei der Aufnahme von 1000 Talern … den Gott möge selig haben. Noch einmal, treue Niemann, sein Sie Uns nicht böse, ich bitte Sie darum; zürnen Sie nicht Ihrem

Ihnen wohlgeneigten
König
Friedrich Wilhelm«

»Unsere gute Niemann!

Ihren Pfandbrief von 8000 Talern haben Wir richtig empfangen, auch dabei versprochen, Ihnen Staatsschuldscheine dagegen zu schicken, doch Wir ließen Ihnen am Donnerstag sagen, Uns noch einen desgleichen von 1000 Talern zu übersenden. Sie sollen dann am Sonnabend zu Uns kommen und das Ihrige in Empfang nehmen. Durch Paulinchens Ungehorsam aber hat sich die Sache wieder verzögert. Wir sind ob diesem Ungehorsam sehr erzürnt. Lassen Sie sich die genauer erklären und erteilen Uns dann genauen Bescheid hierüber, was der Sache zum Grunde liegt. Wir haben bis jetzt väterlich gehandelt und werden nie aufhören, es fernerhin zu tun

Euer wohlgewogener
König
Friedrich Wilhelm«

»Berlin, den 21. Dezember

Unserer vielgetreuen Niemann versichern Wir hiermit Unsere Liebe und Wohlwollen! Zu Unserem Bedauern haben Wir gehört, daß Ihnen die Fahrt nach Berlin ein Unwohlsein zugezogen hat. Gott gebe, daß es bald beendet ist. Wir wollen Euch hierdurch bekunden, daß Wir gesonnen sind, Euch nicht allein dies der Jettchen geliehene Kapital in Staatsschuldscheinen zurückzuliefern, sondern auch das der Fürstin und Uns geliehene. Da aber jetzt die neuen Kupons zu Wege gebracht werden müssen, so sind Wir entschlossen, Euch diese noch zu besorgen, da dies doch für Euch viele Umstände verursachen würde. Zu den übrigen Staatsschuldscheinen, die Ihr noch habt, werden Wir das noch hinzuschicken, damit der kleine Bankier nur abschreiben darf. Bitte, meine treue Niemann, Uns in ein paar Zeilen zu schreiben, ob Unser Wille Euch gefällt. Zu Mittwoch bitten Wir Uns ein Schreiben von Euch durch Unsere kleine Schatzmeisterin aus.

Gott erhalte Euch und schenke Euch frohe und zufriedene Festtage, und fangt mit einem ebensolchen Herzen das neue Jahr an, dies ist der aufrichtige Wunsch Eures Euch wohlgewogenen

Königs
Friedrich Wilhelm«.

Auch der König hatte in dieser Korrespondenz die unglückliche Angewohnheit der Damen, seine Briefe selten zu datieren, so daß wir nicht gewiß sind, ob sie in der historischen Reihe aufeinanderfolgen. Wenn auch mehreres in diesen Kabinettsschreiben undeutlich ist, so spricht doch der Gesamtinhalt deutlich genug. Der König ist wie die Fürstin Radziwill mit allem, was in dem Hause der alten Dame vorgeht, vertraut, er kennt alle Klatschgeschichten, den Zwiespalt der Familie, auch er warnt vor den Verwandten, er kennt die einzelnen

Gläubiger und Schuldner der Niemann, er gibt ihr guten Rat, wie sie mit ihnen verfahren soll, er scherzt unmutig über die kleinen Unarten der liebenswürdigen Abgesandten, er schreibt mit derselben holdseligen Popularität und ist endlich ebenso dienstfertig und ebenso in Geldbedrängnissen wie die Fürstin Radziwill.

Die Niemann war jetzt ohne alles Disponible, ja eigentlich ohne alles Vermögen und erhielt nicht einmal Zinsen, weil immer etwas dazwischenkam, wenn der König ihr die Papiere zurückerstatten wollte. Jetzt sollte sie es erhalten, ehe der König nach Teplitz ginge, dann, wenn er zurückkehrte; dann hinderte der Besuch in Kalisch, schließlich sollte sie es zum 1. Januar 1836 haben. Sie drang nun auf Rückzahlung, mehrmals, auch recht kurz und dringend. Wir lesen, wie der König sich selbst für einen unwürdigen König erklärte, wenn er es nicht wiedergäbe; aber die Schuld war zu schwer für ihn, er konnte nur vertrösten.

Endlich erhielt die Niemann vom Könige durch die Wilke eine verschlossene Mappe mit dem dazugehörigen Schlüssel, in der sich ihr Geld in Papieren befinden sollte. Aber zugleich wurde sie angewiesen, sich ja nicht zu unterstehen, die Mappe zu öffnen, bevor der König selbst ihr den Zeitpunkt angegeben habe. Er werde deshalb den Kammergerichtsrat Ballhorn zu ihr schicken, aber der Kammergerichtsrat Ballhorn wurde krank, und so verzögerte sich auch der ersehnte Zeitpunkt von Woche zu Woche.

Demoiselle Niemann war stark in ihrem Vertrauen und nicht von weiblicher Neugier geplagt wie König Blaubarts Frauen. Obgleich sie den Schlüssel in Verwahrung hatte, obgleich die Wilke ihr gesagt habe, sie werde sich überrascht finden, wenn sie die Mappe öffne, denn der König habe sie königlich für ihr Vertrauen belohnt, und anstatt der 19 000 Taler, die sie im ganzen dem Staate geliehen habe, werde sie gegen 50 000 Taler in Papieren finden, widerstand sie der Versuchung und öffnete nicht.

Der Luxus und Aufwand, den die Wilke trieb, stach sehr auffällig von dem bescheidenen Haushalt der alten Dame ab, aber dies konnte das Band der Eintracht zwischen beiden nicht stören. Die Niemann war so durch das Glück bezaubert, welches ihren Liebling hob und trug, daß sie auch ihrerseits alles tat, ihr das Leben angenehm zu machen, denn sie glaubte, dadurch nur ihrem König gefällig zu sein. Nicht allein mit ihrer Familie hatte sie sich deshalb überworfen, sondern sie söhnte auch aus, wo es zwischen ihrer jungen Freundin und der Familie ihrer Gesellschafterin Zwist gab.

Es kam ihr nie in den Sinn, daß Pauline ihren Aufwand mit ihrem

Gelde bestreite. Sie war mit allem zufrieden, sie glaubte alles, was Pauline ihr sagte, sie folgte ihr in unterwürfiger Befangenheit in ihren wechselnden Angaben über den Quell ihres Vermögens. Anfänglich glaubte sie, daß ihr Geld von den Geschenken des Grafen Villamor herrühre, auch von einem Lotteriegewinn, den Pauline in Hamburg gemacht haben wollte; später hatte sie es von »Mama«, dann von »Papa« erhalten.

Dies war auch nötig, denn mit einem Male schienen die Heiratspläne mit dem Grafen Villamor in den Hintergrund zu treten. Er zögerte vielleicht zu lange, Brasilien war ihr zu fern, und sie hatte einen neuen Bräutigam, einen Adjudanten des Königs, Grafen von Witzleben, eine Partie, mit der der König anfänglich sehr zufrieden war. Sie blieb ja im Lande und in seiner Nähe. Sie hatte schon kostbare Ringe mit ihm gewechselt, die sie der alten Dame zeigte.

Nur die Fürstin Radziwill war, wie aus einem ihrer Briefe zu ersehen, mit der Partie nicht einverstanden. Es heißt darin: »In Paulinchens Verlobung willige ich nicht ein, wie Sie schon wissen werden. Der Herr Graf von Witzleben ist ...« (Der Grund am Rande des Papiers ist hier abgerissen – W. A.) »Ich habe einen Besseren für Paulinchen. Tun Sie mir den Gefallen und verwahren den Ring noch acht Wochen.« – Späterhin ging die Partie auseinander, weil der Graf von Witzleben sich eines Hochverrats schuldig gemacht hatte!

Die Niemann glaubte alles: auch daß ihr König, der bekanntlich in seinen Privatfinanzen stets sehr wohl arrangiert war, immerfort Geld bedurfte, daß er es, um der Elberfelder Assekuranzkasse beizuspringen, nötig habe, eine Privatperson anzusprechen, daß er nie sein Wort halten konnte, das Geliehene zurückzuerstatten, daß es ihm nicht einmal möglich war, die Zinsen aufzubringen. Ja, sie glaubte, als sie wenigstens auf die Zinszahlung heftig drang, daß Pauline ein Recht habe, was ihr streng untersagt war; denn Pauline öffnete jetzt mit dem Schlüssel die geheimnisvolle Mappe und nahm ein Papier, angeblich im Werte von 1000 Talern, heraus, um es zu Bargeld zu machen, und sie blieb auch bei diesem Glauben, als es aus diesem Umtausch und der Zinszahlung nichts wurde.

Während die alte Dame schon die Entziehung ihrer Einkünfte schmerzlich zu empfinden anfing, fuhr das Glückskind mit vier Pferden Extrapost, einer Gesellschafterin und Bedienten in den böhmischen Bädern umher und machte Ausflüge nach Prag. Ihre Briefe atmen Seligkeit über das freie, wonnige Leben. Sie macht angesehene Bekanntschaften, sie sieht, besucht alles, kauft ein und genießt das Leben wie die sorgenfreieste Person von der Welt.

Geschenke werden gekauft, Einrichtungen für ihre Wohnung bestellt. Der Melniker Wein schmeckt ihr besonders, sie will davon und eingemachte Forellen nach Berlin mitbringen, sonst aber nichts, ihre Verwandten und Freunde haben schon genug von ihr erhalten.

Dafür aber überschüttet sie mit Erzählungen, Klatschereien und Liebesversicherungen ihre teure Niemann. Wie nur ein liebenswürdiges, unschuldiges Mädchen, das zum ersten Mal auf Reisen ist, berichtet sie alles den Lieben nach Hause oder läßt es durch die Gesellschafterin schreiben. Noch das Geringste ist ihr von Wichtigkeit, sie erzählt die Sagen und Märchen des Karlsbader Tales, und wie sie von den anderen Glauben fordert, erscheint sie selbst gläubig. Man könnte an eine Romanschreiberin denken. Vornehme Bekanntschaften macht sie auch dort, die Tochter der Herzogin von Berry hat ihr Kußhände zugeworfen, wo sie sie nur erblickte, der und jener Prinz war erfreut, sie zu sehen, zu sprechen, und leider mußte sie nur Rücksichten nehmen, dem lieben »Papa« um den Hals zu fallen, der gerade in Teplitz war.

Die Geldbedrängnis des Königs wurde immer größer, das Geld immer knapper. Die dreiundsechzigjährige Magd der Niemann hatte ersparte 275 Taler Staatsschuldscheine in Verwahrung liegen bei ihrer Herrin. Befragt, ob auch sie diese dem Könige leihen wolle gegen gute Verzinsung und eine angemessene Belohnung, willigte sie gern ein. Eine Köchin sollte die Ehre haben, ihrem Könige Geld zu leihen und dabei noch gewinnen! Warum sollte sie das nicht wagen, was ihre Herrschaft mit solcher Bereitwilligkeit tat? Sie wurde in das Geheimnis mit dem Gelöbnis tiefster Verschwiegenheit gezogen. Zudem mußte sie der Wilke Geld borgen, etwa 30 Taler von ihren Ersparnissen. In der letzten Zeit borgte sie von ihrer Gesellschafterin, ihrem Bedienten, bei ihrer Verhaftung fand man nicht einen Taler bares Geld vor.

Inzwischen war die Angelegenheit mit dem Möbelhändler in Gang gekommen. Um Neujahr 1836 teilte Pauline ihrer mütterlichen Freundin mit, daß der König die Absicht habe, dem Möbelhändler Schröder ein Kapital von 8000 bis 10 000 Talern vorzuschießen, damit dieser imstande sei, die Ausstattung für den Prinzen von Hessen-Darmstadt vorzunehmen. Der König wolle dies nicht in eigenem Namen machen und wünsche, daß seine immer bereite Freundin, die Niemann, ihn vertrete. Die loyale Untertanin war auch wirklich dazu bereit, obgleich sie diesmal nicht einmal eine schriftliche Zeile vom König erhielt; sie war der festen Überzeugung, die Wilke sei der Mund des Monarchen.

Die weiteren Verhandlungen gingen so vor sich, wie sie nach den Angaben Schröders erzählt sind. Er konnte das Geld nicht bekommen, er mußte erst 500, dann noch zweimal 500 und endlich 100, in Summe 1600 Taler, vorschießen, damit der König seine versetzten Pfandbriefe einlösen könne! Davon war die Niemann fest überzeugt. Sie selbst empfing die ersten 1500 Taler aus Schröders Händen, quittierte darüber und übergab sie Paulinen, um sie dem Könige nach dem Palais zu überbringen. Daß dies wirklich geschähe, war für sie außer allem Zweifel. Aber der König löste nicht ein und zahlte nicht, und Schröder wurde mit seinem Drängen sehr unangenehm; ihr war es zur heiligen Pflicht gemacht worden, den wirklichen Kreditgeber nicht zu verraten.

Pauline vertröstete sie von Tag zu Tag, daß die Summe für Schröder nächstens vom Palais eingehen werde. Als indes die Ungeduld der unglücklichen Alten, die nicht allein die empfangenen 1600 Taler quittiert hatte, sondern auch das schriftlich versprochene Kapital immer größer wurde, sagte die Wilke, sie wolle ihrer Freundin helfen. Sie ließ sich die verschlossene Mappe des Königs geben – die doch nur der Kammergerichtsrat Ballhorn öffnen sollte –, schloß sie auf, nahm ein Paket heraus, das sie mit fünf Siegeln und der Aufschrift versah: »10 000 Taler in pommerschen Pfandbriefen für Herrn Schröder in Berlin.« Dieses Paket, mit seinem Inhalt, von dem die Niemann fest überzeugt war, wurde dem Möbelhändler zuerst gezeigt, dann von der Wilke ausgehändigt und der Termin zur Öffnung bestimmt, der immer weiter hinausgerückt wurde, weil kein Geld kam.

Erst am 5. April, dem letzten Termin, kam die Wilke mit einer seltsamen Äußerung zur Niemann: Se. Majestät der König sei im höchsten Grade unwillig gewesen, daß sie, die Wilke, jenes Paket dem Schröder überliefert hätte. In diesem Paket befänden sich nämlich leere Papiere und nicht Pfandbriefe. Se. Majestät hatten beabsichtigt, künftig an die Stelle des leeren Papiers Staatsschuldscheine zu legen. Er wäre nun besorgt, daß sein Name beim Öffnen des Paketes kompromittiert werden könnte. Nun käme alles darauf an, den Schröder zu bewegen, daß er noch bis zum 9. April warte, bis dahin werde der König gewiß das Geld auftreiben.

Aber Schröder ließ sich ebensowenig bereden, wie die Niemann in ihrem festen Glauben erschüttert wurde. Schröder machte bei der Polizei, nachdem er noch einmal zu einem letzten Versuche nach Charlottenburg gekommen war und wenigstens ein letztes schriftliches Anerkenntnis des Schuldverhältnisses von der Niemann ertrotzt hatte, Anzeige -- und das Ungewitter brach herein.

Der Polizeirat Duncker erschien plötzlich in Charlottenburg. Die Wilke mußte, wenn sie einigermaßen mit ihren Gedanken zu Rate gegangen wäre, darauf vorbereitet sein. Aber nichts davon. Als gedankenloses Kind des Augenblicks überließ sie sich dem Moment und seinen Eingebungen, und die Spannkraft ihrer Phantasie schien mit einem Male versiegt.

Zu diesem Zeitpunkt war der Polizei nur der an Schröder verübte Betrug bekannt. Wie die Sache lag, erschien die alte Demoiselle Niemann als wissentliche Betrügerin, als Haupttäterin, die Wilke und die Gesellschafterin Alfrede als Helferinnen. In den Befugnissen und gewissermaßen auch in der Pflicht des Polizeibevollmächtigten hatte es also gelegen, alle drei Personen zu verhaften, um der Sache auf den Grund zu kommen. Es gehörte Dunckers psychologischer Scharfblick dazu, hier zu sondern und, indem er die eigentliche und allein Straffällige zum Geständnis nötigte, zwei durch ihre Leichtgläubigkeit schon hartgestrafte Frauen vor einer Festnahme zu bewahren.

Die Wilke leugnete, schwankte aber; die Niemann verteidigte ihren Glauben sowohl der Polizei als den Gerichten gegenüber. Duncker sagte der alten Dame auf den Kopf zu, daß sie betrogen worden sei, daß die Pflicht der Verschwiegenheit, die sie vorschütze, ihn zwingen würde, sie zu verhaften.

Sie erwiderte: »Man mag mich für eine Betrügerin halten; ich weiß, ich bin es nicht. Man mag mich ins Gefängnis bringen, und es schmerzt mich sehr, meine äußere Ehre gefährdet zu sehen, ich lasse mich aber getrost arretieren. Ich werde mein Geheimnis nicht verraten, ich darf es nicht, und wenn es auch mein Leben mir kosten sollte. Sie, Herr Polizeirat, scheinen ein guter Mann zu sein und versichern, Sie könnten nicht anders handeln; ich will aber wünschen, daß Sie später selbst nicht bereuen, was Sie an mir tun, und daß Sie sich nicht schaden. Ich weiß, daß ich wieder zu Ehren komme, ich habe einen Beschützer und Erretter, den ich nicht nennen werde, der aber meine Befreiung gewiß in wenigen Tagen erwirken kann und wird.«

Pauline Wilke hatte die Frechheit, in Dunckers Gegenwart darauf zur Niemann zu sagen: »Sie müssen am besten wissen, liebe Niemann, ob Sie Ihr Geheimnis dem Herrn Polizeirat offenbaren dürfen. Es tut mir leid, daß Sie zu mir nicht offen genug gewesen sind, um mich in den Stand zu setzen, selbst zu wissen, was ich sagen kann und soll. Hätten Sie mir doch gleich gesagt, was Sie vorhatten, wieviel Gelder Sie besaßen und woher Sie dieselben bekommen haben! Nun habe ich immer nur nach Ihrem Willen gehandelt und kann deshalb selbst über nichts weiter Auskunft geben.«

Die Niemann erwiderte darauf: »Sei ruhig und ängstige dich nicht, mein Kind; ich verrate nichts und bewahre unser Geheimnis.«

Pauline Wilke war nicht so stark; sie legte schon vor dem Polizeirat ein ziemlich vollständiges, außergerichtliches Geständnis ab. Er veranlaßte darauf noch am selben Tage eine gerichtliche Vernehmung der alten Niemann. Auch hier erklärte sie zuerst: »Wo ich mein Geld habe, ist ein Geheimnis, welches ich nicht verraten darf.« Erst auf die dringende Vorstellung des Richters, daß das Geheimnis in den Akten bleibe, erklärte sie zitternd: »Ich habe es dem Könige in Verwahrung gegeben, er hat es, 12 000 Taler, durch Pauline Wilke von mir fordern lassen; Pauline Wilke hat Sr. Majestät selbst auf dem Palais dieses Geld übergeben.«

Hierauf folgte die Geschichte, die wir kennen, in ihren Grundzügen, und sie schloß mit den Worten: »Ich bin ganz fest von der Redlichkeit der Pauline Wilke überzeugt, weil es unmöglich ist, daß sie die Handschrift von so hohen Personen, wie Sr. Majestät des Königs und der Fürstin Radziwill, nachgemacht haben kann!«

Die Gerichtspersonen registrierten: Die Niemann erscheine in einem so hohen Grade von der Wilke eingenommen, daß sie nichts vom Glauben an ihre Redlichkeit abbringen könne. Über die Zweifel, die sie in den Gesichtern der Gerichtspersonen zu sehen glaubte, war sie entrüstet und forderte förmlich Verantwortung, weil die Ehre der Wilke dadurch gekränkt werde.

Endlich – die Wilke hatte jetzt erst gestanden, auch sämtliche Briefe der Fürstin Radziwill und des Königs selbst geschrieben zu haben – gingen ihr die Augen auf. Mit dem Ausdruck des natürlichsten und tiefsten Schmerzes rief sie aus: »Wenn das so ist, da bin ich hintergangen. Ach Gott, ich bin um mein ganzes Vermögen betrogen!«

Und so war es. Die unglückliche Alte war durch ihr blindes Vertrauen nicht allein um ihr ganzes Vermögen gebracht und auf die Mildtätigkeit derselben Verwandten angewiesen, deren Warnungen sie mit Entrüstung von sich gewiesen hatte; sie hatte sich zudem zu einer schriftlichen Verpflichtung gegen den Möbelhändler Schröder verleiten lassen, der sie nicht mehr nachkommen konnte. Wie diese Verbindlichkeit gelöst wurde, ist weder bekannt, noch gehört es hierher.

Dagegen beschäftigte eine andere Frage als diese Geschichte, die so großes Aufsehen erregte, die Gemüter in Berlin, ob nämlich der König der bejammernswerten Dame, als Trost für ihre Leiden, als Belohnung für ihre mehr als loyale Aufopferung und blinde Unterwürfigkeit in seinen angeblichen Willen, ihr eine kleine Pension für die wenigen ihr noch übrigen Lebenstage aussetzen werde?

Ein Teil des Publikums hielt das für gewiß. Entsprechende Bitten wurden jedoch entschieden abgewiesen, weil das als eine Aufmunterung für ähnliche Betrügereien hätte verstanden werden können. Dann aber fragte sich, ob die Aufopferung der alten Demoiselle Niemann wirklich als so tugendhaft betrachtet werden konnte? Sie gab nicht, ohne an das Nehmen zu denken. Daß der Minister Maaßen ihr 12 Prozent für ihr Kapital bewilligte und der König bei der Rückgabe es mehr als verdoppeln wollte, vertrug ihr Patriotismus und ihre loyale Hingabe.

Was die Niemann zu ihrer Verteidigung vorbrachte, war einfach und naheliegend. Sie hatte nie die Handschrift des Königs noch die der Fürstin Radziwill gesehen. Sie hatte kein Mißtrauen gegen die Wilke, die ihr als Patenkind, als mütterlicher Freundin, als Wohltäterin zum innigsten Dank verpflichtet sein mußte! Ihr vor fürstlichen und königlichen Personen in Ehrfurcht erstarrendes Gemüt hielt es für absolut unmöglich, daß jemand und am wenigsten ein so junges, schuldloses Mädchen es wagen könne, die Handschrift ihres Königs nachzuahmen, ein solches Majestätsverbrechen zu begehen. Sie berief sich ferner darauf, daß sie sich nie um Staatsangelegenheiten gekümmert, nie etwas von den dahin einschlagenden Verhältnissen gewußt habe und daß die Wilke nie in Verlegenheit gekommen sei, sondern stets mit der größten Bestimmtheit und Sicherheit ihre Angaben gemacht habe, auch daß sie auf die mehrfachen Verdächtigungen durch die Verwandten der Niemann und andere nie die geringste Verlegenheit gezeigt, sondern immer mit völliger Ruhe geantwortet habe. Da ihr die tiefste Verschwiegenheit zur heiligsten Pflicht gemacht war, konnte und mochte sie mit niemand darüber sprechen; und so war es möglich, daß sie so lange in ihrer Täuschung bleiben konnte. Auch gab es keinen Grund, gegen ihre Gesellschafterin Alfrede einzuschreiten. Auch sie war befangen von der Vorstellung von Paulinens Rechtlichkeit.

Nur Pauline Wilke blieb als Schuldige übrig. Alle Spuren auf Mitschuldige deuteten ins Leere. Alles, was sie war, war sie durch sich selbst, alles, was sie erreicht hatte, verdankte sie ihrem eigenen Genius.

In einem violettseidenen Kleide, einem bunt gesäumten Atlastuche? in feinen weißen Strümpfen wurde dieselbe Pauline Wilke ins Stadtvogteigefängnis eingeliefert, die wenige Monate vorher mit vier Pferden Extrapost in Karlsbad eingezogen war und durch ihren Luxus, ihre Ausgaben und Vergnügungspartien die reichsten und vornehmsten Besucher des Badeorts ausgestochen hatte, in deren Gesellschaft umherzufahren angesehene Fremde sich zu Ehre und Vergnügen rechneten. Einige Blätter weiter, wo ihre kostbare Kleidung verzeichnet steht, finden wir schon ihre Bitte um etwas neue Wäsche; aber der Bericht zählt so weniges Weißzeug als in Beschlag genommen auf, daß man vermuten muß, sie habe, wenn es ihr nicht gestohlen worden war, in den letzten Jahren bereits das Nötigste veräußert, um nur zu leben!

Vor dem Richter legte sie nach anfänglichem Zögern ein vollständiges Bekenntnis ab. Mit weiblicher Schlauheit suchte sie hier und da einiges zu beschönigen, weniger das Verbrecherische, als was sie in ungünstigem Lichte, als töricht und unwissend darstellen könnte. Das Maß ihrer Schuld war voll, und es kam deshalb auch nicht darauf an, ihre Reisen nach Hamburg strenger zu verfolgen, als es geschehen war. Auch dort war sie schon der Polizeibehörde durch ihre Verschwendung aufgefallen und hatte einmal wenigstens die Weisung erhalten fortzugehen.

Ob sie mit Sporen an den Füßen ausgefahren sei, einen Jockei als Vorreiter, Zigarren im Munde, wie ein dortiger Wirt, bei dem sie wohnte, behauptete, sie aber in Abrede stellte, tut zur Sache nichts und würde nur zu ihrer Charakteristik einen Zug mehr liefern.

Und was war das Motiv eines so großen, mit solcher Ausdauer von einem jungen Mädchen verübten Betruges? In ihrer Aussage vom 4. Mai 1836 heißt es: »Zu den Betrügereien gegen die Niemann bin ich dadurch gekommen, daß ich durchaus keine Lust hatte, mir durch Konditionieren bei anderen Leuten meinen Unterhalt zu verschaffen. Da ich selbst kein Vermögen besaß, kam ich auf den Gedanken, mir die Mittel zu einem selbständigen Leben durch Schwindeleien zu verschaffen. Als ich auf die Art erst einmal von der Niemann Geld erhalten hatte, wurde ich durch die Leichtigkeit, mit der ich das Geld von ihr erhielt, nur aufgemuntert, darin weiter fortzufahren. Anfänglich und bis zu der Zeit, wo ich sah, daß die Niemann Geld auf ihr Grundstück aufnehmen mußte, hielt ich sie für sehr reich und glaubte, es mache auch keinen großen Schaden, wenn ich ihr von ihrem Überfluß abzapfe. Erst als sie auf ihr Haus mußte eintragen lassen, um das Geld zu bekommen, merkte ich, daß sie kein Vermögen mehr besäße, aber da war ich nun einmal drin und konnte nicht mehr zurück.«

Befragt, ob sie denn aber nie weiter gedacht habe und daß ihr Betrug entdeckt werden müsse, antwortete sie mit völliger Unbefangenheit: »Mir ist nie der Gedanke gekommen, daß mein Verfahren entdeckt werden könnte, und ich habe auch nie daran gedacht, daß meine

Betrügereien doch einmal ein Ende nehmen müßten, daß ich dann nichts hätte, wovon ich meinen Lebensunterhalt bestreiten könnte. Ich habe alles, was ich von der Niemann und anderen erhalten, ausgegeben, um meinen Hang, als große Dame in der Welt zu leben, ausführen zu können. Ich habe sehr viel Geld gebraucht, für meine Reisen, Wagen, Pferde, Dienstpersonal, für Geschenke an Reiche, für Almosen an Bedürftige, so daß ich begreiflicherweise nichts übrigbehielt als die paar Sachen, die man noch bei mir gefunden hat.«

Pauline Wilke spielte übrigens die Rolle, die sie gelernt hatte, im Gefängnis weiter. Mit in einem Fingerhut gesammeltem Blute – wie sie behauptete, aus dem Daumen einer Mitgefangenen – schrieb sie auf ein entwandtes Blatt Papier folgendes: »Eure Majestät unser allergnädigster König wollen huldvoll entschuldigen, daß eine alte, siebzigjährige Person es wagt, vor Allerhöchst Dero Thron eine Bitte zu legen. Von. Ew. Majestät allbekannten Herzensgüte und Milde fest überzeugt, hege ich schon im voraus die feste Hoffnung, daß Ew. Majestät sie mir erfüllen werden. Ew. Königl. Majestät wird nicht unbewußt sein, wie vor einiger Zeit ein junges Mädchen mit Namen Wilke sowohl in Berlin als auch in Charlottenburg, ihrem Wohnorte, viel Aufsehen unter den. Einwohnern erregte, weil sie von niederer Herkunft war und durchaus gar kein Vermögen besaß. Mit einemmal trat sie auf, besaß Vermögen, lebte danach, teilte aber besonders reichlich davon unter den Armen aus, welches ihr die Liebe und Teilnahme Tausender zuzog. Auch hat sie sich nie einen Tadel oder Vorwurf zuschulden kommen lassen, in Hinsicht eines schlechten, liederlichen Lebenswandels. Doch jetzt machte es ein Umstand nötig, daß es ans Licht kommen mußte, wo sie dies Vermögen herbekommen hatte. Dies junge Mädchen war von Jugend auf nie an Abhängigkeit gewöhnt, denn sie wurde erzogen beim verstorbenen Geheimrat … hernach von dessen Schwägerin, nach deren Tode ihr nichts übrigblieb, als bei anderen Leuten ihr Fortkommen zu suchen.

Der Zufall führte sie zu mir nach Charlottenburg; ich bin ihre Patin, sie suchte Zuflucht bei mir, ich schenkte ihr häufig bedeutende Summen Geldes, welches in ihr vorzüglich den Grund zu einem leichtsinnigen Charakter legen mußte. Dies freudenvolle Leben gefiel ihr, sie suchte von dieser Zeit an, sich in den Besitz meines Vermögens von 18 000 Talern zu bringen, dadurch, daß sie mir vorspiegelte, sie stehe mit Ew. Königl. Majestät in Verbindung, Ew. Königl. Majestät wünschten dies Vermögen zu besitzen, und brachte mir auch Schreiben von Ew. Majestät, die sie aber selbst ausgefertigt hatte.

Jetzt befindet sich dies junge Mädchen in kriminalistischer Haft und Untersuchung, was mich tief, tief schmerzt und mich alte Person dem Tode nahe bringt, da ich die eigentliche Schuld bin mit meinem Gelde, in ihr diesen Leichtsinn gebracht zu haben. Ew. Königl. Majestät Name ist gemißbraucht, doch Allerhöchst Dero Gnade, die so manchem Übeltäter schon das Leben schenkte, läßt mich mit fester Zuversicht hoffen, daß Ew. Königl. Majestät auch an diesem jungen Mädchen das Wort der Gnade und Milde werden ergehen lassen!

Ich bin alt; solange ich noch leben werde, wird Gott mir durchhelfen, auch verlassen mich meine Verwandten, die vermögend sind, nicht; ich habe ihr vergeben, was sie mir getan hat, mein Tod würde es sein, wenn die Strafe an ihr vollzogen würde, die ihre Richter jetzt über sie verhängen. Ich werfe mich daher mit festem Vertrauen auf Ew. Königl. Majestät Gnade zu Allerhöchst Dero Füßen und flehe Ew. Königl. Majestät an, diesem jungen Mädchen zu vergeben, die schwere Strafe von ihr zu nehmen und die Türen ihres Kerkers zu öffnen! Oh! Ew. Majestät, ich bitte Sie um Gottes willen, Allerhöchst dieselben wollen mein Flehen erhören und mir die letzten Stunden meines Lebens durch dieses Gnadenwort versüßen! Um die Wunden und das Blut Jesu bitte ich Ew. Königl. Majestät um Erfüllung meiner Bitte! In tiefster Demut verharre ich, Ew. Königl. Majestät usw.

Niemann«

Darunter stand: »Liebe gute Alfrede, nur diese Zeilen können uns alle wieder in Ruhe bringen. Die Niemann muß dies wörtlich abschreiben, und Sie, gute Alfrede, müssen diese Zeilen dann dem König im Namen der Niemann selbst abliefern; sollten Sie aber den König nicht persönlich zu sprechen bekommen, wozu Sie sich bei Müller melden müssen, so binden Sie Müller dies Schreiben auf die Seele und bitten um schleunige Antwort, denn es gilt ein Menschenleben zu retten! Oder sehen Sie zu, daß Sie die Liegnitz sprechen können. Doch wahrscheinlich wird der König die Bitte das erste Mal nicht gewähren können, dann verabsäumen Sie ja nicht, zum zweiten und dritten Mal zu schreiben, aber nur so, daß jedes Schreiben sich auf obigen Brief bezieht; ja, keine Erwähnung von meinem früheren Verhältnis, auch nicht bei einer persönlichen Unterredung; wenn Sie eine solche haben sollten, dann bitten Sie ja herzlich für mich; sagen Sie, daß meine Reue groß wäre und ganz in Melancholie überginge. Das übrige wird Ihnen Gott eingeben.

Die Niemann ist keineswegs um ihr Vermögen; sobald ich frei bin, ist sie im Besitz desselben und wir alle glücklich; ich wollte keinen

Verrat begehen, darum leide ich jetzt unschuldig; ich durfte mich nicht anders benehmen, ich durfte nicht anders handeln, ich redete stets die Wahrheit zur Niemann; glaubt die Niemann, daß dies Unwahrheiten sind und zeigt sie diesen Brief, so bin ich in drei Wochen tot, und alles ist unglücklich, denn ich sterbe unschuldig; mit meinem Gott bin ich versöhnt, ich sehne mich nur nach seiner Wohnung. Befolgen Sie alles pünktlich, und wir sind glücklich.

Die Niemann soll sich nicht grämen, was ihr versprochen ist, kriegt sie, nur ich muß frei sein; sie muß nur nicht nachlassen mit Bitten beim König, sie soll die Gerichte nur tun lassen, was sie wollen, sie soll nur ruhig sein, nur Verschwiegenheit über diesen Brief gegen jedermann.

Pauline«

Die Sache wurde durch eine Mitgefangene verraten, der Zettel bei einer anderen, als sie aus dem Gefängnis entlassen wurde, gefunden. Die Schrift blieb ohne Wirkung.

Das Urteil wurde am 21. Mai 1836 in erster Instanz gesprochen. Nach preußischen Gesetzen wurde der Betrug nur durch eine Geldstrafe im doppelten Werte der Summe, um die der Verbrecher jemand übervorteilt, und erst im Unvermögensfalle mit einer gleich abzuschätzenden Leibesstrafe gebüßt. Dieses Duplum schätzte der erkennende Richter auf 42 450 Taler und verurteilte die vermögenslose Wilke dafür unter Einbeziehung der verschiedenen Verschärfungsgründe zu zwölfjähriger Strafarbeit. In zweiter Instanz wurde dieses Urteil vom Kammergericht bestätigt.

Den polizeilichen Antrag, die Betrügerin auch wegen der beleidigten Majestät zur Untersuchung zu ziehen und zu bestrafen, hatte das erkennende Gericht nicht berücksichtigt.

DAS GELÖBNIS DER DREI DIEBE

Der Diener einer vornehmen Familie in Berlin trat am Abend des 2. Dezember 1843 in einen Branntweinladen und forderte ein Glas Likör. Der Wirt, bei dem er ein alter Kunde war, befragte ihn, warum er sich so lange nicht eingefunden habe. Der Diener, in reicher Jägerlivree, klagte über das Jammerleben, das er zu führen habe, tagaus, tagein im Frondienste, seine Fräuleins, die Herrschaft, von morgens bis abends in Putzläden, zum Juwelier, zu Besuch begleiten zu müssen, dann nach dem Dienst im Hause ins Konzert, ins Theater. Er wisse gar nicht, wo ihm von dem vielen Laufen und Rennen, Bestellen und Befehlen der Kopf stünde. Heute sei es aber kaum auszuhalten, denn das älteste gnädige Fräulein mache Hochzeit. Alles Silberzeug habe hervorgeholt und geputzt werden müssen.

Eben jetzt müsse er noch zum Goldarbeiter, um einen Armleuchter zu holen, der dort in Arbeit sei. Der Jäger ging, nachdem er die Hoffnung aussprach, daß, wenn der schwere Tag vorbei sei, wohl wieder etwas Ruhe eintreten werde.

Ein Mensch in abgetragener Kleidung im Winkel der Stube, aber ein Stammkunde, fragte den Wirt, wer der Jäger sei. Der Wirt nannte den Namen und die Herrschaft, bei welcher der Jäger diente, und setzte hinzu, daß sie ungeheuer reich und freigebig sei; der Dienstbote habe es da gut. Der Fragende stieß einen Fluch aus: »Ja, wer hat, bei dem liegt's in Haufen!« Er brummte über die ungerechte Verteilung der Güter und zog sich auf eine Bank im Hintergrunde zurück, wo er mit noch zwei anderen Gästen ein leises Gespräch führte. Dann bezahlten alle drei und verließen zugleich den Schenkladen.

Im Dunkel der Straße setzten sie ihr Gespräch fort. Der eine sagte leise: »Ich will des Teufels sein, komme ich nicht.« Der zweite: »Bruder,

verlaß dich auf mich, wenn ich nicht das Bein breche, so komme ich.«
Der dritte sagte: »Und soll mich's zehn Jahr kosten, ich bin dabei.«

»Schlag zwei Uhr, wenn der Wächter vorbei!« war das Losungswort,
mit dem sie sich trennten.

Das Haus, in dem die Herrschaft des Jägers wohnte, stieß mit sei-
nem Hintergebäude auf eine Gasse, von der aus die Diebe ihren
Einbruch bewerkstelligten. Kein Wächter störte sie, als sie mit dem
Schlage zwei nach Mitternacht eine mitgebrachte Leiter an ein Fenster
der oberen Etage setzten. Der Vorderste drückte ohne Geräusch die
Scheibe ein und öffnete das Fenster, durch das alle drei mit Äxten,
Nachschlüsseln und Säcken stiegen. Der letzte zog die Leiter noch her-
ein und lehnte sie auf dem Gange, wo sie sich befanden, an die Wand.

Mit der Lokalität des Hauses vertraut, schlichen sie über den Gang
bis zu einer Treppe, die nach dem Hofe führte, und gingen von da ins
Vorderhaus. Die Hoftür war nur angelehnt. Erst die Glastür des
Vorsaals fanden sie verschlossen. Mit einem Dietrich wurde sie leicht
geöffnet. Nicht mehr Schwierigkeit stellte ihnen die Flügeltür entgegen, die zu dem großen Saale führte, wo das Hochzeitsmahl gefeiert
worden war.

Alles war still, als sie ihre Diebeslaterne anzündeten, bei deren mat-
tem Schein sie auf der noch unabgeräumten langen Tafel den ganzen
Reichtum an Silbergeschirr entdeckten. Freudig erstaunt, griffen sie
hastig, doch ohne den geringsten Lärm zu machen, zu, warfen und
stopften in die Säcke, was ihnen wertvoll schien und darin Platz hatte. Auch dies Werk war vollkommen gelungen, und mit leisen
Schritten machten sie sich auf den Rückweg.

Der Jäger, der unbewußt der Verräter seiner Herrschaft geworden
war, erwachte nicht durch das Geräusch, sondern durch einen kalten
Luftzug, der über sein Gesicht strich. Er schlief im Hinterhause; seine Kammer ging auf den Gang. Der Luftzug kam aus der zerbroche-
nen Scheibe. In der Meinung, daß er oder ein anderer ein Fenster auf-
gelassen hätte, sprang er auf, um es zu schließen. In der Dunkelheit
stieß er an eine Leiter, die nie hier gestanden hatte. Seine bloßen Füße
traten auf Glasscherben, und beim nächsten Blick bemerkte er die ein-
geschlagene Scheibe.

Schnell bewußt und rasch entschlossen, sprang er in die Kammer
zurück, riß den Hirschfänger aus der Scheide und war schon auf dem
Gange, als er die Diebe die Treppe heraufkommen hörte. Mutig stürzte er ihnen entgegen, »Diebe! Diebe!« schreiend.

Sie warfen ihre Säcke fort. Der eine schwang seine Axt und wollte
auf den Jäger losgehen. Bevor dieser seine schwere Waffe benutzen

konnte, gab er ihm mit der Klinge einen Hieb über den Kopf, so daß er bewußtlos niederstürzte. Der zweite war währenddessen rasch durch das offene Fenster auf die Straße gesprungen. Der dritte, vor Angst und Furcht regungslos, wagte weder zu fliehen noch Widerstand zu leisten.

Der Jäger hielt ihn gepackt, während auf sein Schreien die anderen Hausbewohner erwachten und herbeieilten. Von draußen war auch der Nachtwächter herbeigekommen und schrie hinauf, was es denn gäbe; auf dem Steinpflaster läge ein Kerl, der jämmerlich ächze. Die Polizei war bald herbeigerufen und verhaftete die Diebe. Zwei von ihnen wurden in das Gefängnislazarett gebracht.

Derjenige, den der Hirschfänger des Jägers getroffen hatte, konnte nicht mehr bekennen und nicht mehr vernommen werden. Der Hieb des Jägers war tief ins Gehirn gedrungen. Nach elfstündigem Todeskampfe verschied er am Tage darauf. Man erkannte in ihm einen mehrmals verurteilten Dieb und Betrüger.

Der zweite Verwundete hatte den rechten Schenkel durch den Sprung aus dem Fenster an zwei Stellen gebrochen. Auch hatte er eine starke Gehirnerschütterung und Prellungen der Brust erlitten und konnte nur wenig sprechen. Auch in ihm erkannte man einen schon mehrmals verurteilten Dieb, der sich längere Zeit als Vagabund in Berlin herumgetrieben hatte.

Der Brand kam in das rechte Bein, und es mußte ihm abgenommen werden. Er legte vor Gericht vollständiges Bekenntnis ab, noch vollständiger vor dem Arzt. Es ist eine Lebensgeschichte, die sich tausendmal wiederholt, und doch erinnern wir uns nicht, sie so schon aus dem Munde eines Verbrechers von seiner Bildungsstufe gehört zu haben.

»Ich bin zu Brandenburg im Jahre 1807 geboren, wo mein Vater Maurergeselle war. Er hatte Arbeit genug, und meine Mutter verdiente als Wäscherin schönes Geld. In meiner Jugend bis zum achten Jahre ging mir nichts ab, ich war gesund und wurde zu kleinen häuslichen Verrichtungen, zum Warten und Wiegen meiner jüngeren Geschwister angehalten, aber zur Schule schickte man mich nicht. Von der Mutter lernte ich das Vaterunser und die Zehn Gebote, die ich alle Morgen und Abende beten mußte, vor die Tür zu andern Jungen durfte ich nicht.

Da es in den damaligen Kriegsjahren an Durchmärschen und Gelegenheit zum Verdienst nicht fehlte, hatte mein Vater einen kleinen Schnapsladen angelegt; seitdem sah und hörte ich viel Böses, das ich leider schnell genug lernte. Das Fluchen, Schwören und Lästern der Gäste, zumal der, die täglich kamen, und ihre Reden träuften Gift in meine Seele, und der Branntwein, den mir der eine oder der andere gab, verwilderte mich vollends. Ich ward trotzig gegen die Mutter, stahl dem Vater heimlich Geld aus der Lade, ging ihm über die Flaschen; als er mich einige Male ertappte, züchtigte und zur Strafe in die Schule schickte, hielt ich es dort kaum ein Jahr aus. Ich lernte notdürftig lesen, und da meine Beihilfe in der Schenke erforderlich wurde, behielt mich der Vater wieder ganz zu Hause.

Ich habe seitdem viele Bücher gelesen. Räuber- und Diebesgeschichten verschlang ich gleichsam. Ein Gast, der eine Leihbibliothek hatte, erlaubte mir, sie zu benutzen, und ehe ich fünfzehn Jahre alt wurde, hatte ich sie durchlesen. Das verdarb mich vollends, ich wollte auch ein berühmter Räuber werden, und alles, was ich von dem freien Leben dieser Menschen las, reizte mich außerordentlich. Eine Bibel war in unserem Hause nicht zu finden, nur ein alter Katechismus, und meine Mutter besaß ein Gesangbuch, worin sie zuweilen las. Zur Kirche ging keiner von uns, denn des Sonntags und Feiertags war die ganze Zeit bei uns Gastverkehr.

Erst als ich eingesegnet werden sollte, bekam ich eine Bibel. Ich wurde sechs Wochen von einem Geistlichen unterrichtet, was mir sehr langweilig vorkam. Nach meiner Einsegnung, wobei ich viel Tränen vergoß, weil auch die anderen Kinder weinten, ging ich mit meiner Mutter zum Abendmahl. Seitdem habe ich es nur im Gefängnis wieder genossen.

Inzwischen war in unserem Hause eine traurige Veränderung vorgegangen. Mein Vater fand beim Schank seine Rechnung nicht mehr. Es ging rückwärts, und war er früher schon gerade kein Säufer, aber doch ein Liebhaber des Branntweins, so trank er jetzt immer stärker, mißhandelte die Mutter und uns Kinder, zerschlug in der Besoffenheit alles, was er ergriff, und wollte sich von der Mutter, die ihm zu stille war und auf die er alle Schuld warf, scheiden lassen. Der Tod der Mutter, die sich abkehrte, kam dazwischen.

Dieser Tod brachte in unser Hauswesen die größte Zerrüttung, mit dem Vater war es nicht mehr auszuhalten, er lebte mit der Magd, die uns Kinder ganz vernachlässigte, so daß wir vom Ungeziefer fast aufgerieben waren, viel Schläge, aber keine regelmäßigen Mahlzeiten bekamen und in zerrissenen Kleidern gingen.

Was man mir nicht gab, das suchte ich zu nehmen. Aus Schlägen und Scheltworten machte ich mir nichts. Ich wuchs dem Vater über den Kopf.

Um mich loszuwerden, gab er mich als Handlanger unter die

Maurer seiner Bekanntschaft. Hier bekam ich die weitere Ausbildung im Fluchen, Saufen und rohen Wesen. Des Winters, wo es keine Arbeit gab, kam ich wohl zum Vater zurück und half in der Wirtschaft. Öfter besoff ich mich und prügelte mich mit ihm, denn ich ließ mir nichts sagen. Er warf mich auf die Straße, und ich geriet nun mit den verworfensten Menschen in Gemeinschaft. Noch hatte ich nicht fremde Leute bestohlen, jetzt nahmen mich die Kameraden mit, lehrten mich alle Schliche und Listen, und ich wurde nicht nur ihnen gleich, sondern tat es ihnen bald zuvor.

Mein Gewissen, wenn es mich mahnen wollte, erstickte ich in Branntwein und Ausschweifungen. Aber es war doch ein jämmerliches Leben. Keine Ruhe im Herzen, Blöße und Hunger im Winter. Oft wußte ich nicht, wo ich nachts Herberge finden würde; war ein Sündengeld durch Betrug und Diebstahl erworben, wurde es, wie im Sommer der Wochenlohn, verjubelt.

Ich habe manchmal vor Gericht gestanden, aber ich log frech und befreite mich. Das machte mich nur noch dreister im Stehlen. Einmal aber wurde ich doch ertappt und kam auf fünf Monate in das Untersuchungsgefängnis. Hatte ich zuvor noch nicht ausgelernt, so erhielt ich hier erst die rechte Einweihung in die Diebsgenossenschaft. Ich kam viel schlechter heraus, als ich hineingekommen war, und wußte nun meine Diebereien schlauer und durch Mitwirkung Bekannter erfolgreicher zu betreiben.

Jetzt fand ich Unterkommen, jetzt kannte ich die Hehler, jetzt war ich unterrichtet, wie man sich aus den Schlingen ziehen und den Richter auslachen kann.

Auch die Strafe fürchtete ich nicht mehr, denn es ging mir im Gefängnis gar nichts ab. Wir waren da in Gesellschaft beieinander, erzählten uns, waren lustig und guter Dinge und zeigten unter uns ganz andere Gesichter als vor den Aufsehern und Richtern. Auch standen wir mit unseren Leuten draußen in fortwährendem Verkehr, und es bedurfte nicht eben großer Schlauheit, um durch Entlassene unsere gemeinschaftlich ausgesonnenen Diebespläne auszuführen.

An Essen und Trinken, Kleidern und Wäsche fehlte es nicht, die Arbeit war ein Kinderspiel; und wurde man entlassen, bekam man noch ein paar Hemden, Schuhe, ja selbst noch etwas Geld. Da hatte man wieder etwas zu vertun und zu verkaufen. War's alle, ging die Dieberei wieder los, und wurde man erwischt, was konnte einem Arges passieren? Denn wenn es auch im Zuchthaus etwas strenger war und die Schläge weh taten, wenn man da auch zum Geistlichen in den Unterricht und in die Kirche mußte, so ging's ja immer noch sorgenlos und lustig genug zu, und wenn man gut heucheln konnte, wie ich's aus dem Grunde lernte, und seine Arbeit verrichtete, die immer leichter war, als sie jeder Arme draußen tun muß, da war's ein prächtiges Leben, besonders wenn's nicht gar zu lange dauerte.

So hab ich's Jahre lang getrieben. Zu den Soldaten mochten sie mich nicht nehmen, ich wäre auch ausgerissen, denn nichts war mir unausstehlicher als Zwang, dem ich mich im Gefängnis doch leicht fügte. Da mich zuletzt auch keiner mehr in Arbeit haben wollte, zog ich in die große Stadt Berlin, wo ich viele Bekannte aus denZuchthäusern her hatte.

Mein Vater war inzwischen verstorben, und auf jedes Kind kamen 12 Taler Erbteil. Ich mietete mit dem Geld einen Keller und legte einen kleinen Holzhandel an, wobei mir eine geschiedene Frau, zu der ich mich hielt, behilflich wurde; aber das war nur der Deckmantel vor der Polizei. Es glückte mir auch lange genug. Ich wurde aber doch zuletzt entlarvt; mir wurde alles genommen und ich selbst nach sechswöchigem Arrest in meine Heimat gewiesen.

Mein ältester Bruder diente als Kutscher, die anderen Geschwister waren im Elend verkommen, niemand nahm mich auf, und ich fing an, zu vagabundieren und von Bettelei und Diebstahl zu leben. Sperrte man mich ein, so fütterte ich mich im Gefängnis wieder auf, bekam Kleider, wurde dann an Gesellschaften gewiesen, welche entlassene Sträflinge unterstützten, und habe so manchen Taler bekommen, der durch die Gurgel ging. Arbeiten wollte ich durchaus nicht mehr; Arbeit war mir im freien Zustande das Schrecklichste.

So bin ich wieder nach Berlin zurückgekommen und wurde Bote in einer Buchhandlung, wo ich Zeitschriften an die Abnehmer in der Stadt umhertragen mußte. Weil ich nun bei diesem Geschäft viele Gelegenheiten in den Häusern abpassen konnte, kamen meine alten Kameraden, von denen ich mich eine Zeitlang getrennt sah, wieder an mich.

›Kerl, du wirst uns doch nicht untreu werden, du wirst dich hier um ein Lumpengeld schinden und plagen, du kannst es besser haben; komm mit in die Schenke, wir müssen dir etwas sagen!‹ Ich ging wieder zu ihnen, und das ganze Lasterleben fing von neuem an.

Meine Herren jagten mich aus dem Botendienste, nun war ich wieder ganz in der Gewalt derjenigen, die mich freihielten und mit denen ich nun auf Betrug, Dieberei und Raub ausging.«

Die drei Diebe, die sich in der Branntweinschenke getroffen hatten, schworen feierlich, sich in der Nacht wieder zu treffen. Der Tischler beteuerte es mit den Worten: »Ich will des Teufels sein!« Er war es, dem der Hirschfänger des Jägers den Schädel spaltete. Der Maurerhandlanger mit den Worten: »Ich will das Bein brechen!« Er sprang aus dem Fenster und brach das Bein. Der dritte, der Jüngste unter ihnen, mit den Worten: »Und soll mich's zehn Jahre kosten!«

Er wurde wegen gewaltsamen Einbruchs zu zehn Jahren Zuchthaus verurteilt.

GESTÄNDNIS DES RÄUBERS
KARL FRIEDRICH MASCH

Ich bin der jüngste Sohn des Handarbeiters Martin Masch und wurde am 28. April 1824 im Forsthaus Brunken bei Berlinchen geboren. Meine Eltern zogen bald nach meiner Geburt nach Hohenziethen, wo ich in die Schule gegangen und konfirmiert worden bin.

Mein Vater trank, war aber fleißig und kam selten den Tag über nach Hause. Die Sorge für die Erziehung der Kinder überließ er der Mutter.

In die Schule ging ich ungern, das Lernen wurde mir zwar leicht, aber ich hatte keine Freude an den Büchern und sprang lieber in Feld und Wald umher. Ich fing Tauben ein und verkaufte sie, stellte Sprenkel, nahm Vogelnester aus und plünderte mit meinen Kameraden die Obstgärten der wohlhabenden Bauern. Die Mutter strafte mich zwar mitunter, aber ihre Züchtigungen waren mir meistens sehr gleichgültig; wenn sie ja einmal derb zuschlug, lief ich davon und hielt mich tagelang verborgen, damit sie sich recht ängstigen sollte.

Der Vater kränkelte viel und starb, nachdem ich eingesegnet war. Im Jahre 1838 trat ich auf dem Rittergute Hohenziethen in Dienst; anfangs mußte ich die Ochsen hüten; als meine Körperkräfte zunahmen, wurde ich zu den gewöhnlichen Arbeiten der Knechte herangezogen.

Es verdroß mich, daß mein Herr nicht zufrieden mit mir war, am liebsten wäre ich bei dem ersten unfreundlichen Wort weggelaufen, denn Tadel vertrug ich nun einmal nicht. Vier Jahre hielt ich aus, dann wurde ich weggeschickt, weil ich mich betrunken und im betrunkenen Zustande unbesonnene Streiche gemacht hatte.

Bei einem Bauern in Beyersdorf fand ich ein Unterkommen. Mein

Bruder Johann Gottlieb diente in demselben Orte und richtete sich damals durch seine Leidenschaft, die er nicht beherrschen konnte, zugrunde. Er hatte mit der Tochter seines Dienstherrn eine Liebschaft angeknüpft und überwachte das Benehmen seiner Geliebten mit eifersüchtigen Augen. Es fiel ihm auf, daß sie auch gegen andere Burschen freundlich war, er bildete sich ein, daß er von ihr betrogen werde, und schwor ihr Rache.

Als er sie eines Tages bei der Arbeit allein traf, stieß er ihr ein Messer in die Brust und sprang darauf in den nahen Brunnen, um sich den Tod zu geben. Allein das Wasser wollte ihn nicht haben, immer wieder trieb es ihn an die Oberfläche, und nachdem er viermal untergetaucht und viermal wieder in die Höhe gehoben worden war, wurde er ergriffen.

Das Mädchen starb infolge des Messerstichs, mein Bruder wurde als ihr Mörder zum Tode durch das Rad verurteilt, aber zu lebenslänglichem Zuchthaus begnadigt.

Ich war ebensosehr zum Jähzorn geneigt wie Johann und wundere mich jetzt noch darüber, daß mir sein Geschick nicht zur Warnung gedient hat. Ich kann indes nicht anders sagen, als daß der Eindruck der ganzen Sache auf mich nicht tief ging, ich schlug mir das Unglück des Bruders aus dem Sinn, und am wenigsten fiel es mir ein, daß mir mein heißes Blut je einen ähnlichen Streich spielen könnte.

Im Dienste behagte es mir gar nicht, ich überwarf mich mit meinem Herrn und wollte mich dafür rächen, daß er mich schalt. Am Abend war die Rede davon, es solle am nächsten Morgen Getreide in der Scheune ausgedroschen werden; dabei stieg in mir der Gedanke auf, daß ich dem Bauern alle Unbill vergelten könne, wenn ich die gefüllte Scheune in Asche lege.

Der Gedanke wurde mir immer süßer und reifte allmählich zum festen Entschluß. Mit dem Grauen des Tages machte ich das mir anvertraute Gespann zur Abfahrt nach dem Felde zurecht; ehe ich den Hof verließ, nahm ich noch ein Stück glimmenden Schwamm, umwickelte es mit einer tüchtigen Menge Flachs und steckte das Bündel unter das Strohdach. Ich rechnete darauf, daß der Flachs erst allmählich in Brand geraten und das Feuer erst in einigen Minuten aufgehen würde.

Ich hatte mich nicht geirrt, denn ich war schon auf dem Felde, als die Lohe emporstieg. Schnell eilte ich mit den Pferden nach Hause und half retten. Kein Mensch hatte Verdacht auf mich, und doch schwebte ich in einer entsetzlichen Angst. Der Bauer dauerte mich, denn der Schaden war größer geworden, als ich gewollt hatte; in jedem Augenblick dachte ich, man würde kommen und mich festnehmen.

Als das Gericht zur Feststellung des Tatbestandes eintraf, war meine Unruhe so stark, daß ich glaubte, man müßte mir das böse Gewissen ansehen; mehreremal nahm ich einen Anlauf, freiwillig alles zu gestehen, die Furcht vor der Strafe hielt mich indes ab. Nach einigen Tagen war ich bereits sicher geworden und machte mir nun Vorwürfe über meine Dummheit.

Ich wußte jetzt aus Erfahrung, daß nicht alles Unrecht an den Tag kommt, und schritt deshalb auf dem einmal betretenen Wege mutiger vorwärts. Zunächst entwendete ich einem meiner Mitknechte etliche Groschen aus der Lade, dann wechselte ich den Dienst und zog nach Neuendorf; auch hier blieb ich nur kurze Zeit, ich wurde fortgeschickt und auf dem Rittergute Hohenziethen, wo ich schon früher gedient hatte, wieder aufgenommen.

Von dort schlich ich mich eines Nachts nach Neuendorf in das Geschäft meines früheren Brotherrn. Ich schnitt den Pferden die Schwänze ab, nahm die Messer von der Häckselschneidebank mit und warf sie ins Wasser. Ich war hocherfreut darüber, daß ich mich auf diese Weise an dem Bauern hatte rächen können. Auf dem Rittergute war meines Bleibens nicht lange, der Herr jagte mich vom Hofe, weil er nicht zufrieden mit meiner Arbeit und mit meiner Führung war; ich befand mich in Not, verschaffte mir aber Geld, indem ich eine Gans stahl und sie in Pyritz verkaufte.

Inzwischen kam die Zeit heran, wo ich Soldat werden mußte. Ich wurde im Jahre 1844 bei den damals in Soldin garnisonierenden zweiten Bataillon des 14. Infanterieregiments eingestellt und hatte eine zweijährige Dienstzeit zu bestehen. Ich war klug genug, einzusehen, daß es für mich vorteilhafter war, wenn ich mich der strengen Disziplin ohne Murren fügte. Ich fühlte den eisernen Zwang zu gehorchen und war daher auch gehorsam. Geldmittel besaß ich außer der Löhnung nicht, folglich mußte ich auf die Teilnahme an öffentlichen Vergnügungen verzichten; ich blieb meist in meinem Quartier und vertrieb mir die Zeit durch Lesen.

Schon in Hohenziethen hatte ich mit einem dort dienenden Mädchen ein Verhältnis angeknüpft. Meine Geliebte kehrte zu ihren Eltern nach Soldin zurück, und wir setzten hier den Umgang fort. Meine Vorgesetzten waren mit mir zufrieden, ich wurde als Soldat nur ein einziges Mal wegen Nachlässigkeit im Dienst mit Arrest bestraft.

Vom Militär entlassen, trat ich wiederum auf dem Rittergute in Hohenziethen in Dienst; ich wurde zum drittenmal angenommen, weil man glaubte, daß ich nun gefügiger geworden wäre. Ich blieb indes nicht lange, sondern vermietete mich bald darauf als Knecht in der Brennerei zu Dertzow, später bei einem Fleischer in Soldin und zuletzt auf dem Gutshofe in Naulin, wo ich einem anderen Knechte aus der Lade etliche Taler entwendete.

Im März 1848 wurde mobilgemacht, ich trat als Reservist in das 9. Infanterieregiment ein und marschierte mit nach Berlin. Der Aufstand war bei unserem Eintreffen schon vorüber, es kam nicht zum Gefecht, wir blieben in der Hauptstadt, und mir gefiel es da sehr gut. Im Herbst wurde ich ausgekleidet und fand in meiner Heimat, in der Brennerei zu Mellenthin, Beschäftigung. Nach wenigen Monaten als Landwehrmann einberufen, zog ich mit dem 8. Landwehrregiment nach Schlesien und von da nach Dresden. Auch in dieser Stadt war der Kampf bei unserer Ankunft vorüber, das Regiment verweilte nur kurze Zeit dort und trat den Marsch nach Baden an. In Erfurt wurde ich in das Lazarett geschickt, um von einem Flechtenübel geheilt zu werden. Nach etlichen Wochen bekam ich den Abschied, das Leiden war indes nicht völlig behoben und ist bis jetzt immer wieder einmal aufgetreten.

Die militärische Disziplin hatte mich genötigt, meinen Willen unterzuordnen und ohne Widerspruch zu tun, was mir befohlen wurde. Nun war ich wieder ein freier Mann und suchte mich schadlos zu halten für alles, was ich entbehrt hatte. Ich wollte zwar Bediensteter sein, aber mir nichts gefallen lassen; so kam es, daß ich mich mit dem Oberinspektor auf dem Gute in Dertzow, wo ich eine Stelle erhielt, sehr bald überwarf und abziehen mußte. Ich überlegte mir nun, daß das Dienen auf dem Lande doch eine harte Plage sei. Das Leben in den großen Städten, von dem ich einen Begriff bekommen hatte, schien mir weit verlockender, namentlich reizte es mich, daß man so leicht und frei mit dem weiblichen Geschlecht verkehren konnte.

Ich machte mich auf den Weg nach Berlin und wurde dort von einem Gärtner angenommen, für den ich Gemüse feilhalten mußte. Diese Beschäftigung war mir gerade recht, denn ich konnte stundenlang an den Straßen sitzen, mich mit den Käufern unterhalten und brauchte mich nicht im geringsten anzustrengen.

Zufällig wurde ich mit einem Restaurateur bekannt, der öfter von mir Gartenfrüchte bezog. Meine Persönlichkeit gefiel ihm, und er bot mir die Stelle eines Hausdieners an. Ich griff mit Freuden zu, siedelte in die Restauration über und trat zu meinem Herrn nach und nach in ein sehr intimes Verhältnis. Wir verschafften uns durch uns selbst sinnliche Genüsse, wie sie auf natürlichem Wege nur bei Verschiedenheit der Geschlechter möglich sind. Er konnte nicht ohne mich leben und behandelte mich mehr als Freund denn als Diener.

In der Folge gab er die Gastwirtschaft auf und übernahm die Stelle eines Siedemeisters in einer Zuckersiederei bei Magdeburg, mich aber brachte er dort zuerst als Arbeiter, später als Aufseher unter, weil er sich nicht von mir trennen wollte. Da er mit dem Besitzer der Siederei uneinig wurde, löste sich das Verhältnis bald; wir gingen nach Berlin zurück und von hier nach Potsdam, wo wir kurze Zeit in einer Destillation arbeiteten. Ich begleitete meinen Herrn unter dem Namen seines Bedienten überallhin, sogar nach Hamburg, wo er sein Glück versuchen wollte.

Bei der Rückkehr in die Residenz traf ich mit meiner alten Geliebten zusammen, die mir nachgereist war. Das bestimmte mich, meinen Dienst, der mir ohnehin nicht mehr zusagte, zu quittieren. Ich wanderte mit meiner Verlobten nach Soldin und beabsichtigte, sie zu heiraten und mich dort häuslich niederzulassen. Wir zogen in eine und dieselbe Wohnung, ich arbeitete als Tagelöhner, sie besorgte den Haushalt, und wir waren im Begriff, uns trauen zu lassen, da kam mir plötzlich ein von fremder Hand adressierter Brief zu Gesicht. Die Aufschrift ließ mich vermuten, daß ein Nebenbuhler ihn geschrieben habe; ich geriet darüber in heftigen Zorn und verließ das Mädchen, weil ich fest daran glaubte, daß sie mir untreu geworden sei.

Später sah ich freilich ein, wie grundlos meine Eifersucht gewesen war, allein das Band zwischen uns hatte ich einmal gelöst, und es gelang mir nicht, es von neuem zu knüpfen.

Wenn ich die Geliebte geheiratet und mit ihr den eigenen Hausstand gegründet hätte, so wäre ich vielleicht ein braver, tüchtiger Mensch geworden. Da ich mich also von ihr betrogen wähnte, trieb es mich fort aus der Gegend von Soldin, ich ging nach Berlin, von da nach Potsdam, wo ich bei einem Kaufmann, und dann nach Buckow, wo ich bei einem Bauern diente.

Hier wurde ich krank, man duldete mich nicht länger, ich mußte mich, vom Fieber geschüttelt, in meine Heimat betteln und nahm in Dertzow die Hilfe meines Bruders Martin in Anspruch. Er hatte zwar Frau, Kinder und die Mutter zu erhalten, aber dennoch wies er mich nicht ab, der schmale Bissen wurde bereitwillig mit mir geteilt, ich fand bei ihm ein gastliches Obdach.

Nachdem ich genesen war, gab mir meine Schwägerin zu verstehen, daß es nun wohl an der Zeit sei, ihr Haus zu verlassen und ihnen nicht länger lästig zu fallen. Sie sprach ihre Meinung eines Tages ganz unverhohlen aus, und das brachte mein Blut so in Wallung, daß ich ein

Tischmesser ergriff und in voller Wut auf sie losstürzte. Ich hätte sie unfehlbar erstochen, wäre nicht meine Mutter schützend dazwischengetreten. Sie warf sich dem gezückten Messer entgegen und trug eine leichte Verwundung davon, ich aber mußte mir nach dieser Szene ein anderes Unterkommen suchen.

Der Dienst als Knecht war mir im höchsten Maße zuwider, ich hielt nirgends aus und fing an, im Lande herumzustreichen und zu betteln. Den Sommer über arbeitete ich bei Wriezen an der Oder, mit dem Winter hörte jedoch die Arbeit auf, und es blieb mir nichts übrig, als mich abermals nach Dertzow zu wenden und die Meinigen um Verzeihung zu bitten. Sie nahmen mich auf, und nun war ich wieder auf einige Zeit versorgt.

Freilich sah ich ein, daß ich nicht monatelang auf Kosten meines Bruders leben konnte, doch ich hatte auch keine Lust, schwere Arbeit zu verrichten, ich wollte eben ein bequemes Leben führen wie ehemals in Berlin.

Da hörte ich zufällig von dem Kriege, den England und Frankreich gegen Rußland führten, und daß englische Fremdenlegionen gebildet würden. Mir war im Vaterlande kein Glück beschieden, ich hoffte es in der Ferne auf den Schlachtfeldern zu finden. Mut besaß ich, das Leben war mir nicht so teuer, daß ich es nicht hätte riskieren sollen, und nach überstandenen Gefahren stand reicher Lohn in Aussicht. Ich beschloß, mich anwerben zu lassen.

Ohne Geld und in dürftiger Kleidung trat ich bei rauhem Wetter die Wanderung nach Hamburg an. Die notwendige Nahrung erbettelte ich vor den Türen, die Nächte verbrachte ich meist im Freien, im glücklichsten Falle schlief ich in einer Scheune oder auf einem Boden. Ich hatte unsägliche Anstrengungen zu überstehen. Das kalte, nasse Wetter und der Mangel an kräftigen Speisen erschütterte meine Gesundheit, ich kam auf das äußerste erschöpft in Hamburg an. Die Werber überwiesen mich den Depots auf Helgoland, und voll freudiger Hoffnung bestieg ich das Schiff, das mich dem Ziele meiner Wünsche zuführen sollte.

Nachdem ich in Helgoland gelandet war, mußte ich mich einer ärztlichen Untersuchung unterwerfen und wurde – man denke sich meinen furchtbaren Schrecken! – als untauglich abgewiesen. Diese Stunde war die schwerste meines Lebens, ich fühlte, daß ich mit jedem Schritte rückwärts meinem Verderben näher kam, und doch mußte ich zurück auf den deutschen Boden, von dem ich schon für ewig Abschied genommen hatte.

Zum Glück war ausgemacht worden, daß jeder, der in die Fremdenlegion eingestellt würde, zum Besten der Zurückgewiesenen einen Taler bezahlen sollte. Mit Hilfe dieser Unterstützung erreichte ich Hamburg und gelangte auf dieselbe elende und klägliche Weise wieder nach Dertzow. Das war im Januar des Jahres 1856. Mein Bruder Martin wies mich auch diesmal nicht von seiner Tür, und ich lebte von neuem mit ihm und seiner Familie zusammen.

Um mir ein Anrecht auf den Platz im Hause und am Tische zu erwerben, sann ich auf Gelegenheit zum Stehlen. Martin, den ich von meinen Plänen unterrichtete, war damit einverstanden, ich brach in den Getreideboden des Gutshofes ein, entwendete Getreide und gab es meinem Bruder als Zahlung für Kost und Wohnung.

Ich geriet in Verdacht und wurde verhaftet, aber das Gefängnis war nicht fest genug verwahrt, ich kroch mit Leichtigkeit durch das Eisengitter. Ursprünglich hatte ich gar nicht die Absicht zu fliehen, ich wollte mir nur ein Brot holen, weil ich von der Gefangenenkost nicht satt wurde. Im Freien besann ich mich jedoch anders, ich nahm aus den Ställen des Gutshofes eine Partie Brot und Kleider und flüchtete in den Wald. Hier kam ich zu einer Köhlerhütte, der Köhler schlief, neben ihm stand ein mit Eßwaren gefüllter Kober. Ich ergriff den Kober und schlich mich davon. In der folgenden Nacht brach ich auf dem Rittergut in Hohenziethen in die Speisekammer ein und holte mir Fleischvorräte.

Ich befürchtete, daß man mich verfolgen, festnehmen und zu langer Freiheitsstrafe verurteilen würde, deshalb beschloß ich, mich ins Ausland zu begeben, vorher aber die Kasse des Oberinspektors in Dertzow zu plündern. Ich zerschlug eine Fensterscheibe, stieg ein und holte vom Feuerherd eine glühende Kohle, die ich im Kopf meiner Pfeife verbarg. Darauf entfernte ich mich wieder aus dem Hause und stieg auf einen Zaun, von dem aus ich das Strohdach erreichen konnte. Ich steckte die Kohle hinein und erwartete nun, daß das Feuer aufgehen und der Inspektor sein Zimmer verlassen würde. Ich lehnte ein Pfluggestell an sein Fenster, um jeden Augenblick bequem hineinkommen zu können, und hoffte, daß ich in der durch den Brand entstehenden Verwirrung das Geld ohne große Schwierigkeit rauben könnte. Nach wenigen Minuten schlugen die Flammen empor, der Nachtwächter aber machte einen Strich durch meine Rechnung, denn er gab das Feuerzeichen erst, als das Dach lichterloh brannte und die Umgebung des Hauses so erhellt war, daß ich nicht länger auf meinem Platze bleiben durfte. Ehe noch der Inspektor durch den Feuerlärm geweckt war, mußte ich um meiner Sicherheit willen die Flucht ergreifen.

Ich lebte etliche Wochen im Walde, verlor aber den Mut und stellte mich freiwillig dem Gericht. Wider mein Erwarten wurde ich nach Lippehne zurückgebracht und auch wegen der Brandstiftung in Untersuchung genommen.

Das machte mich doch bedenklich, ich brach zum zweitenmal aus und verließ nun ohne Zaudern die dortige Gegend. Ich stahl an verschiedenen Orten, verkaufte das gestohlene Gut und schlug mich nach Hamburg durch. Hier ging ich von einem Schiff zum anderen und bat, mir Arbeit zu geben, aber meine Bemühungen waren umsonst, ich hatte keine Legitimationspapiere und sah heruntergekommen aus, deshalb wiesen mich die Kapitäne, bei denen ich mich meldete, ab. Nun stahl und bettelte ich mich durch nach Glückstadt, auch hier nahm man mich nicht an.

Ich war in einer verzweifelten Lage. In meiner Heimat wagte ich mich nicht zu zeigen, in der Fremde war ich keinen Tag sicher vor der Polizei, denn ich besaß weder Geld noch einen Paß. Ich wünschte mir den Tod und machte einen Versuch, mich mit Gift umzubringen.

Ich kochte eine gehörige Menge Schwefelhölzer in Wasser und genoß den stark nach Phosphor schmeckenden Trank. Mir wurde danach übel, ich bekam Leibschmerzen, aber nach einigen Tagen war ich wieder völlig gesund, und die Lust zum Leben erwachte von neuem. Ich dachte an die Wälder, in denen ich als Knabe umhergestreift war, und beschloß endlich, mich dort zu verbergen, mein Leben auf jede mögliche Art zu fristen und es jedenfalls so teuer als möglich zu verkaufen, wenn man mich verfolgen sollte.

Hätte ich früher den Mut gehabt, die verdiente Strafe zu leiden und einige Jahre Gefängnis zu überstehen, so wäre ich nicht zum Brandstifter, hätte ich mich nachher nicht vor dem Zuchthause gefürchtet, so wäre ich nicht zum Mörder geworden.

Zunächst wanderte ich fechtend und stehlend durch Mecklenburg nach Pommern. In den Wäldern, die sich von Stettin bis über Pyritz hinaus erstrecken, verbrachte ich den Sommer. Um mich vor dem Unwetter zu schützen, wühlte ich an einsamen Stellen im Dickicht Löcher in die Erde und schlug dort mein Lager auf. Des Nachts machte ich Streifzüge in die benachbarten Dörfer.

Allmählich gewöhnte ich mich daran, im Freien zu schlafen, nur bei anhaltendem Regen lag ich so gut wie im Wasser. Dieser Übelstand brachte mich auf den Gedanken, mir eine ordentliche Höhle zu bauen.

Ich stahl mir nach und nach alle dazu nötigen Werkzeuge und Bretter zusammen und begann mit dem Bau. Ich legte Bretter über ein etwa zwei Fuß tiefes Erdloch und deckte sie mit Erde, die ich sorgfältig einebnete, zu. Die Oberfläche konnte man von dem übrigen Boden nicht unterscheiden, so vorsichtig war ich zu Werke gegangen. Nachdem ich nun eine Decke für die Höhle hatte, die ich darunter ausgraben wollte, fing ich an, die Erde unter der Bretterlage hervorzuholen.

Diese Arbeit erforderte geraume Zeit, denn ich konnte in einer Nacht immer nur einen geringen Teil Erde ausgraben und durfte in der Nähe keine Spur davon zurücklassen. Wenn ich eine bestimmte Masse Erde vor mir liegen sah, füllte ich sie in ein Gefäß, ging abwechselnd nach verschiedenen Richtungen weit fort und verstreute sie in kleinen Brocken.

Nach nicht geringer Anstrengung war ich so weit, daß ich Seitenpfosten einsetzen konnte, die als Stützen für die Decke dienten. Ich grub und minierte fort, bis der Raum groß genug war, dann ging ich an die innere Einrichtung.

Schon vor dem Eintritt des Winters hatte ich einen Feuerherd und den Rauchfang fertig, den Rauch leitete ich durch eine blecherne Röhre, die an der Erdoberfläche mündete, ins Freie und sorgte dafür, daß sich weder außen an der Mündung noch im Rohr Ruß ansetzen konnte.

Ich lebte nun ungleich behaglicher als vorher, ein Dorf um das andere wurde geplündert, meist machte ich wertvolle Beute und kehrte schwerbeladen in meine unterirdische Wohnung zurück. Wenn die Windrichtung günstig war und ich mich überzeugt hatte, daß sich kein Mensch in der Nähe befand, brannte ich Feuer an und kochte mir Speisen auf Vorrat. Heizung brauchte ich nicht, denn es war ziemlich warm in der Höhle, und sooft heftige Kälte eintrat, deckte ich mich mit Kleidungsstücken zu, die ich in großer Menge besaß.

Bei allen Diebstählen nahm ich Bedacht darauf, mir Licht und Öl zu verschaffen; war ich so glücklich gewesen, das zu finden, dann erleuchtete ich meine Behausung, oft freilich mußte ich im Finstern sitzen.

Der Aufenthalt wurde wegen der Stickluft unangenehm, wenn Schnee fiel und ich mich tage-, ja wochenlang nicht hinauswagte. In solchen Zeiten wurde auch die Kost knapp, und mein Lager an Wein und Branntwein ging auf die Neige; dann schaute ich sehnsüchtig ins Freie und war sehr erfreut, sobald ich nur Wildfährten in meiner Nähe erblickte. Ich folgte mit den Fußspitzen der Fährte und gab so genau acht, daß auch der geübteste Jäger den Fuß eines Menschen nicht zu erkennen vermochte.

Mit der Zeit wurde ich dreister, meine Höhle hatte ich mit jungen Buchen bepflanzt und sie so gut versteckt, daß zu wiederholten Malen Leute in die Nähe gekommen und darüber weggegangen waren, ohne etwas Auffälliges zu bemerken. Bei dem Anbruche des Frühlings atmete ich erleichtert auf, nun konnte ich Abstecher in die Ferne machen, mich dort verproviantieren, an einer beliebigen einsamen Stelle des Waldes übernachten und brauchte nicht immer an demselben Tage in die Höhle zurückzukommen.

Ich hatte mich nach und nach an diese Lebensweise gewöhnt und entbehrte eigentlich nur das eine schmerzlich, daß ich niemals Gelegenheit fand, mich dem weiblichen Geschlecht zu nähern. Ich sann oft darüber nach, ob es kein Mittel gäbe, diesen meinen heißesten Wunsch zu befriedigen.

So lag ich eines Tages im Frühsommer 1857 im Walde zwischen Soldin und Bahn unfern der Landstraße, als ich ein junges, blühendes Mädchen erblickte.

Es war die siebzehnjährige Tochter des Försters Frank, der in Neuendorf diente. Ich rief ihr zu, sie möge doch ein wenig warten, gesellte mich zu ihr und begleitete sie eine Strecke durch den Wildenbrucher Wald. Anfänglich sprachen wir über gleichgültige Dinge, bald aber wurde ich zudringlicher und trug ihr meine Liebe an. Sie wies mich mit kurzen entschiedenen Worten ab, ich aber, von rasender Leidenschaft ergriffen, stürzte mich auf sie, schnürte ihr mit der einen Hand den Hals zu, umfaßte sie mit der andern und trug sie seitwärts unter die Bäume. Ich legte sie auf die Erde und holte dann den Korb, der auf der Straße stehengeblieben war. Das Mädchen hatte die Besinnung verloren, sie kam aber wieder zu sich, als ich, den Korb in der Hand, an ihre Seite trat.

Ich war nicht dreist genug, die Gewalttat zu erneuern, und da ich überdies einen Wagen rollen hörte, zog ich mich in den Wald zurück und überließ meine Gefährtin ihrem Schicksal.

Den Winter von 1857 auf 58 überstand ich in der Höhle bei Pyritz, im März 1858 wurde sie durch einen Zufall entdeckt, und ich sah mich nun gezwungen, mir einen andern Wirkungskreis zu suchen.

Ich ging in die Gegend von Friedeberg in der Neumark und grub in dem Tankow-Wildenower Forst ein Loch in die Erde, ohne es jedoch zu einer förmlichen Wohnung auszubauen. Den Tag über hielt ich mich teils im Walde, teils in einem beliebigen Heuschober oder einer Scheune auf, die Nacht verwendete ich zum Stehlen. Im Monat April hatte ich ein prächtiges Heulager in einem Schafstall bei Wormsfelde und konnte da ungestört den Tag über schlafen.

Als ich eines Nachts das Dorf umkreiste, um eine Gelegenheit zu einem Diebstahl zu erspähen, kam ich in die Nähe eines verlassenen Backofens. Ich trat hinein, um die Mitternachtsstunde abzuwarten und dann meine Arbeit zu beginnen, allein ich fand den Platz schon besetzt.

Zuerst erschrak ich, bald aber verwandelte sich mein Schrecken in Freude, denn ich befand mich in weiblicher Gesellschaft. Die Frau war eine Bettlerin, sie nannte sich Wall aus Altenfließ und erzählte mir, im Kruge habe man sie nicht beherbergt, deshalb sei sie hierher gegangen. Wir kamen dahin überein, daß wir den warmen Platz am Backofen für diese Nacht teilen wollten, und legten uns nieder.

Nach einiger Zeit machte ich der Witwe Wall Anträge, von denen ich hoffte, daß sie bereitwillig auf sie eingehen würde, wurde aber schnöde abgewiesen; ich faßte sie liebkosend an, um sie mir geneigter zu machen, sie sträubte sich aber desto hartnäckiger.

Nun übermannte mich der Zorn, ich war entschlossen, da mich Güte nicht zum Ziele führte, Gewalt zu brauchen, packte sie an der Kehle und würgte sie zu Tode. Sie leistete nur geringen Widerstand und stöhnte: »Mann! Mann!« Dann ergab sie sich.

Den entseelten Körper lud ich auf meine Schultern und warf ihn in den See.

Unruhe habe ich nach dem vollbrachten Morde nicht empfunden, der einzige Gedanke, der mich beherrschte, war der, daß es allgemein heißen würde, das unnütze, liederliche Weibsbild habe sich ertränkt und sehr recht daran getan. Die ganze Sache kam mir wie ein unvorhergesehener interessanter Zwischenfall vor, ich schlug sie mir schnell aus dem Sinn, führte noch in derselben Nacht den beabsichtigten Diebstahl in Wormsfelde aus und begab mich dann aus der Nähe des Dorfes eiligst hinweg.

Gewissensbisse hatte ich auch in der Folge nicht, vielmehr faßte ich, durch das glückliche Gelingen meiner Tat kühn gemacht, den Plan, in Zukunft auch das Leben nicht zu schonen, wenn mir bei meinen Raubzügen jemand in den Weg träte.

Nach einigen Monaten, es war im August 1858, kundschaftete ich das herrschaftliche Wohnhaus in Albertinenburg aus. Ein Fenster war erleuchtet, und in der Stube sah ich ein junges Mädchen, das ich für die Wirtschafterin hielt. Ich vermutete, daß die Person im Besitz von Geld sein würde, und überlegte mir, daß es für mich ein leichtes sei, einzusteigen, sie zu töten und zu berauben.

Nachdem ich mich über die Lage der Zimmer und die Örtlichkeit genau unterrichtet hatte, wartete ich die Nacht ab. Das Licht erlosch, ich stieg durch ein offenes Fenster und fand durch mehrere unverschlossene Zimmer den Weg in jene Stube.

Hier schlich ich auf den Zehen zu dem schlafenden Mädchen und tastete leise an ihrem Körper herauf bis zum Halse, dann setzte ich beide Daumen an und drückte zu. Mit einem langgedehnten »Hu!« und dem Rufe »Herr Gott!« hauchte sie ihr Leben aus.

Ich durchsuchte alles, fand aber nur anderthalb Silbergroschen in einer Kleidertasche; darauf büßte ich an dem noch nicht erkalteten Körper meine sinnliche Lust und verließ dann das Haus.

Mein Gewissen regte sich auch nach diesem Verbrechen nicht, ich zog gleichmütig meine Straße weiter.

Bei einem meiner nächsten Diebstähle erbeutete ich ein Gewehr; mit dem versehen, machte ich einen Ausflug über Bärwalde und Wriezen nach Berlinchen.

Der Heidekruger Forst bot einen versteckten Lagerplatz, von dem aus ich einzelne Streifen in die Umgegend unternehmen konnte. Auf einer dieser Streifen kam ich nach Berlin und verübte dort einen Einbruch im Keller eines Hauses in Moabit, in dem mein früherer Herr wohnte. Die Örtlichkeit war mir bekannt, und ich kehrte, reich mit Lebensmitteln, namentlich mit Würsten beladen, in den Wald zurück.

Von meinem damaligen Quartier aus konnte ich die Landstraße nach Berlin ohne Mühe erreichen; ich lauerte da den Fuhrleuten auf, die Getreide nach der Hauptstadt fuhren und gewöhnlich mit vollen Beuteln heimkehrten.

Einen tätlichen Angriff habe ich nur gegen einen einzigen Fuhrmann, einen gewissen Wattrow, gewagt, und dieser mißglückte, weil die Pferde, durch den Schuß erschreckt, in vollem Lauf davonjagten und der Wagen meinem Gesichtskreis entschwand.

In dieser Zeit versuchte ich noch einen zweiten Raubanfall in dem Dorfe Hasselberg bei Wriezen, der jedoch ebenfalls fehlschlug. Am Ende des Dorfes wohnte ein jüdischer Handelsmann, ich wußte, daß er stets bares Geld liegen hatte, und machte ihm deshalb eines Nachts einen Besuch. Zunächst zerbrach ich eine Fensterscheibe, dann griff ich durch die Öffnung, hob das Fenster aus und stieg ein. In dem Zimmer, in dem ich mich nun befand, lagen ein Mann, eine Frau und mehrere Kinder in den Betten und schliefen.

Ich öffnete, um mir den Rückzug zu sichern, die Stubentür und die Haustür, trat an das Bett des Mannes und erhob das Beil, das ich bei mir trug, zum Schlage; da hörte ich es im Nebenzimmer husten. Schnell ließ ich den Arm sinken und entfernte mich.

Wie ich erst nachträglich erfahren habe, war ich gar nicht am Lager des Handelsmannes, sondern in der Schlafstube des Tischlermeisters Lauersdorff und seiner Familie, die mit dem Juden zusammen wohnen, und das Husten des nebenan schlafenden Juden hat mich vertrieben.

Dann kehrte ich in ein Gebiet zurück, das meiner Heimat näher lag.

Im Oktober 1858 wanderte ich eines Abends durch Bernstein und weiter auf der nach Dölitz führenden Chaussee. Als ich an einem Chausseehaus vorüberging, sah ich durch das erleuchtete Fenster in das Zimmer: Der Chausseegeldeinnehmer lag im Bett und schlummerte. Rasch entschlossen machte ich mir einen Schießstand zurecht, indem ich mehrere lose Bretter über den Chausseegraben legte und eine Karre darüberstürzte. Nun stand ich hoch genug, um den Mann auf das Korn nehmen zu können, ich ergriff mein mit Rehposten und Schrot geladenes Gewehr und feuerte es ab.

Ehe ich mich von der Wirkung des Schusses überzeugen konnte, vernahm ich Schritte auf der Chaussee und hielt es nun doch für geratener, querfeldein das Weite zu suchen. Meine Absicht, den Chausseegelderheber zu erschießen und mir die Chausseekasse anzueignen, war also vereitelt.

Ich irrte zwar noch immer unstet und flüchtig umher und hatte nach der Zerstörung meiner Höhle bei Pyritz noch keine neue Wohnung gefunden, aber der Zufall ließ mich doch wenigstens einen Schlupfwinkel entdecken, der mir als Speicher für meine Beute und als Hauptquartier für meine Unternehmungen diente. Es war ein nicht mehr benutzter Ziegelbrennofen bei Trampe. Eine Öffnung in dem alten Gemäuer war von innen mit morschen Hölzern zugesetzt. Ich schob sie beiseite, stieg ein und rückte das Holz dann wieder so zurecht, daß kein Mensch von meinem verborgenen Eingang etwas merken konnte.

Der Brennofen war vom Eigentümer offenbar vergessen worden, und ich fühlte mich darin allmählich ganz wohnlich und sicher. Feuer anzünden und kochen durfte ich freilich nicht, das würde mich verraten haben. Ich tat es an einer einsamen Stelle des Tangow-Wildenower Waldes.

Im November 1858 traf mich ein Förster dort und nahm mich fest; ich entsprang ihm zwar, aber meine Lage war doch sehr bedenklich, denn in den Forst wagte ich mich nun nicht mehr und zu meinem Bruder erst recht nicht. Als ich noch die Pyritzer Höhle bewohnte, hatte ich ihn mitunter besucht, ich gab ihm auch von meiner Vertreibung Nachricht und verabredete eine Zusammenkunft mit ihm auf dem Markte in Bernstein. Seitdem hatte ich ihn nicht wiedergesehen. Ich dachte wohl daran, ihn um ein Obdach anzusprechen, jedoch überwog die Besorgnis, daß ich ihn und mich dadurch ins Unglück stürzen würde.

Meine Hoffnung, durch einen glücklichen Fang eine hübsche Summe Geld zu erwerben und noch vor dem Winter über das Meer nach Amerika zu kommen, war bisher immer enttäuscht worden.

Ich kam nun auf den Einfall, einmal in eine Kirche einzubrechen und zu sehen, ob ich darin einen Schatz heben könnte. In Großlatzkow ging ich ans Werk, öffnete gewaltsam die Tür zum Turm und gelangte von da in das Innere der Kirche. Es war totenstill, höchstens eine Eule oder eine Fledermaus sah mir aus der Mauernische zu; ich nahm mir daher mehr Zeit als gewöhnlich, alles recht gründlich zu durchstöbern.

Auf dem Altar stand nichts Wertvolles, wohl aber entdeckte ich hinter ihm einen Kasten, der gut verschlossen war. Bei dem Gedanken, daß er voll klingender Münze sein könnte, durchzuckte mich ein wonniges Gefühl, ich war förmlich aufgeregt und stieß das Stemmeisen mit kräftiger Hand in den Deckel, daß er aufsprang. Aber nur der Altarkelch und das übrige Abendmahlsgerät blinkten mir entgegen.

Was konnte mir das Silberzeug nützen? Ich hatte ja doch keine Gelegenheit, es zu verkaufen. So ließ ich es ruhig an seinem Ort und nahm mir fest vor, meine kostbare Zeit niemals wieder mit dem Besuch einer Kirche zu verschwenden.

Der Winter brach herein, und ich hatte kein Geld zur Reise, keinen Zufluchtsort gegen die Kälte. Erst dem harten Froste verdankte ich einen Unterschlupf in dem Kanal, der bei Neumellenthin zur Entwässerung des Bermlingsees angelegt ist.

Der Kanal geht durch einen aus Feldsteinen gebauten Tunnel, der Eingang ist durch enge Eisenstäbe verschlossen. Da ich ja daran gewöhnt war, mich nach Art der Katzen zu recken und schmal zu machen, kroch ich hindurch und machte mir auf dem festgefrorenen Eise ein Lager zurecht.

Bevor Schneefall eintrat, versah ich mich mit Eßwaren, Wein, Branntwein, Kleidungsstücken und Bettzeug, dann mußte ich mehrere Wochen in meinem Versteck bleiben, um mich nicht durch die Fußspuren im Schnee zu verraten.

Der Aufenthalt war fürchterlich; da der Kanal nicht so hoch ist, daß man darin aufrecht stehen kann, war ich genötigt, mich kriechend und rutschend fortzuschieben. Die Knie hatte ich nun zwar durch

Lederstücke geschützt, die ich um die Beine wickelte, doch die Glieder wurden durch diese ungewohnte Bewegung stark angegriffen. Das Stillsitzen auf dem Eise war fast noch unangenehmer, die waagerechte Lage der Beine auf die Dauer beim Sitzen geradezu unerträglich.

Ich hackte mir nun ein Loch in den gefrorenen Schlamm und schob die Beine hinein, allein das Blut erstarrte in den rings vom Eise eingeschlossenen Gliedern, ich hätte sie bestimmt erfroren, wenn ich sie nicht bald wieder herausgezogen und gehörig umhüllt auf dem Eise ausgestreckt hätte. Dazu kam noch, daß ich mich nirgends mit dem Rücken anlehnen konnte als an die eiskalte Steinmasse des Tunnels und daß die Luft, die ich atmete, dick und dunstig war.

Sooft die Fluren schneefrei wurden, entrann ich meinem schrecklichen Gefängnis und erholte mich im Freien; leider mußte ich um meiner Sicherheit willen immer wieder hinein.

Und doch wäre ich einmal beinahe entdeckt worden. Der Besitzer des nahe bei dem Tunnel gelegenen Gutes und sein Sohn gingen eines Tages mit ihren Hunden vorüber. Die letzteren sprangen nach dem Eingange des Kanals und schnupperten dort umher. Ihre Herren wurden dadurch aufmerksam und schickten sie in den Tunnel hinein. Ich kauzte, das geladene Gewehr in der Hand, darin und lugte durch die Eisenstäbe.

Wäre einer von den Hunden mir nahe gekommen, so hätte ich losgedrückt; glücklicherweise weigerten sich die Tiere, vorwärts zu gehen, vermutlich hatten sie wegen des starken Dunstes die Spur verloren. Sie entfernten sich, und ich blieb in meiner Kellerwohnung unbelästigt bis zum Frühling.

Als das Eis schmolz und der Schlamm weich wurde, räumte ich mein Winterquartier. Ich hatte so unsäglich viel ausgestanden, daß ich mich unverzüglich daranmachte, eine neue Höhle zu bauen, die mir im Vergleich mit dem Kanal wie ein Paradies vorkam.

Zunächst suchte ich mir in einer zum Gute Warsin gehörigen Waldung einen passenden Platz aus, dann stahl ich mir alles zusammen, was ich zum Bau und zur Einrichtung brauchte. Ich verfuhr wieder ebenso wie bei der Pyritzer Höhle und beobachtete dieselben Vorsichtsmaßnahmen, die sich damals bewährt hatten. Ich verwendete, wenn ich nicht gerade gezwungen war, Nahrungsmittel zu stehlen, jede Nacht auf die Arbeit, im Herbste stand das im Frühjahr begonnene Werk ziemlich vollendet da; es fehlte mir indes noch manches an dem Komfort, den ich mir wünschte; ich legte mich daher wieder eifriger auf den Diebstahl und schleppte eine große Menge von brauchbaren Sachen in meine Behausung.

Leider hatte ich mir keinen Wasserbehälter verschaffen können und sah mich deshalb genötigt, die kalten Monate meist in dem luftigeren Brennofen bei Trampe zuzubringen, in dessen Nähe ich Wasser fand. Den Ofen bewahrte ich möglichst vor den Einflüssen der Witterung und saß jedenfalls diesen Winter ungleich wärmer als das Jahr zuvor in dem Eisloche bei Neumellenthin.

Kaum war die ungünstige Jahreszeit vorüber, so glückte mir der Diebstahl eines großen Fasses mit eisernen Reifen. Ich transportierte es mit Aufbietung aller Kräfte in meine weit davon abgelegene Höhle und hatte nun ein Wasserreservoir, wie ich es mir nicht besser wünschen konnte.

Ich wohnte abwechselnd bald im Brennofen, bald in der Höhle, mußte mich aber nach kurzer Zeit auf die Höhle beschränken, denn ich brachte in Erfahrung, daß der Ofen abgebrochen werden sollte. In aller Eile schaffte ich in den folgenden Nächten die in dem Brennofen aufgespeicherten Sachen in die Höhle, dann häufte ich Holz und andere brennbare Stoffe um den Ofen herum auf und zündete sie an. Die Flammen ergriffen die Holzteile des Gebäudes und äscherten es ein.

Mein Hauptzweck bei dieser Brandstiftung war, daß niemand den Rest meiner im Brennofen zurückgelassenen Beute finden und mir auf die Spur kommen sollte.

Schon zwei Jahre früher hatte ich eine zum Gute Eichwerder gehörige Ziegelscheune in Brand gesteckt, um die Leute herauszulocken und dann im Gute zu stehlen. Es entstand auch großer Lärm, und alles eilte nach der Brandstätte, aber der Gutsherr ließ im Wohnhause einen Wächter mit einem Hunde als Wache zurück. Ich sah den Mann auf seinen Posten ziehen und stand deshalb von meinem Vorhaben ab.

Bald darauf zündete ich in Hohenziethen einen Bauernhof an, damit das Nachbarhaus von den Flammen ergriffen und verzehrt werden sollte. In diesem Hause wohnte die Frau des Tagelöhners Becker; ihr hatte ich Rache geschworen, weil sie durch ihr Gerede daran schuld war, daß man den Verdacht des Diebstahls, weswegen ich in Dertzow festgenommen worden war, auf mich geworfen hatte. Frau Becker war damals krank, sie konnte sich und die Kinder mit genauer Not retten, das Wohnhaus, eine Scheune, mehrere Ställe und sieben Stück Rindvieh verbrannten: Meine Rache war gesättigt.

Meine erste Brandstiftung in Beyersdorf bei meinem Dienstherrn und die zweite in Dertzow, wo ich die Kasse des Oberinspektors stehlen wollte, habe ich bereits gestanden, zum letztenmal legte ich Feuer in Lippehne im Kreise Pyritz an. Mein Plan war auch hier der, die

Leute mit Löschen zu beschäftigen und in der Verwirrung zu stehlen. Das Feuer verbreitete indes einen so hellen Schein, daß ich wieder nicht zu meinem Ziele gelangte.

Von der Warsiner Höhle aus machte ich im Jahre 1860 Streifzüge nach allen Richtungen. Schon früher war ich in die Gegend von Bärwalde gekommen und hatte auch die Krugwirtschaft in Stölpchen besucht. Es kannte mich dort niemand von Person, deshalb wagte ich mich hinein.

Als ich in den Krug trat, fand ich es sehr unruhig. Gerichtsbeamte waren anwesend, es gingen Leute ab und zu, ich hörte, daß der Pächter gestorben sei und ein Verzeichnis seines Nachlasses aufgenommen werden sollte. Da alle hin und her liefen, machte ich auch einen Gang durch das Haus und sah mir die Lage und den Zusammenhang der Stuben und Kammern genau an.

Einige Zeit nachher wollte ich meine Bekanntschaft in dem Kruge verwerten. Ich schlich um das Gebäude herum, bis das Licht erloschen war, dann öffnete ich mittels eines Bohrers und eines Stemmeisens die nach dem Felde zu führende Tür zur Häckselkammer und begab mich von da in die Wohnstube. Ich war im Begriff, den Spind zu öffnen, es entstand aber dadurch ein Geräusch, die in der anstoßenden Kammer schlafenden Menschen regten sich, und ich ergriff die Flucht.

Als ich ein Jahr später, im September 1860, wieder dorthin kam, dachte ich an das fehlgeschlagene Unternehmen und beschloß, es noch einmal zu wagen. Ich trug einen doppelläufigen Gewehrstutzen, ein Taschenmesser, ein Stemmeisen und eine zum Dolch umgearbeitete Feile bei mir und dachte schon daran, daß ich die Krügersleute erst ermorden müßte, ehe ich sie berauben könnte.

Eines Abends legte ich mich auf die Lauer, wurde aber durch den Hund des Wirtes verscheucht; am folgenden Tage jagte mich der Hund eines Feldwächters weg; am dritten Abend endlich war ich ungestört. Ich sah, wie Brandt und seine Frau zu Bett gingen, und wartete noch etliche Stunden, bis ich annehmen durfte, daß sie fest schliefen.

Nun erbrach ich mit Hilfe des Stemmeisens das Fenster zur Häckselkammer und stieg ein. Die Tür zum Hausflur war aber verschlossen, ich mußte mir daher einen anderen Eingang bahnen und versuchte, von der Längsseite des Hauses aus durch die Küchenkammer einzudringen. Ich zerbrach einen vor dem Fenster angebrachten Holzstab, öffnete beide Fensterflügel und schwang mich hinein. Die Tür zum Flur war von außen verriegelt, ich mußte deshalb zum zweitenmal den Rückzug antreten. Ich stellte nun eine Schneidebank unter das Fenster der Polterkammer, hob es heraus und sprang in die Kammer. Die von hier nach dem Hausflur gehende Tür war unverschlossen, ich machte vor allen Dingen auch die Haustür von innen auf, damit ich jeden Augenblick den Rücken frei hatte, dann schlich ich leise nach der Küche, zündete da meine Pfeife an und erblickte beim Scheine des Schwefelhölzchens ein Beil, das ich an mich nahm.

Durch die Gaststube kam ich in die Schlafkammer. Hier brannte ich wieder ein Schwefelholz an, erhob das Beil und zerschmetterte erst dem Manne und dann der Frau den Kopf. Brandt rief: »Spitz, komm her!« In diesem Augenblick fuhr ein Hund auf mich los, ich versetzte dem Krüger einen zweiten Schlag und scheuchte den Spitz unter das Bett zurück. Hierauf hing ich die Fenster zu, zündete ein Stearinlicht an, das ich mitgebracht hatte, schnitt dem Mann und der Frau mit einem Messer die Kehle ab und durchsuchte die Kleider, die Wäsche und die Schränke.

Der Pächter mußte Michaelis seinen Pachtschilling von sechzig Talern bezahlen, und ich hoffte, daß er diese Summe vorrätig haben würde; diese Hoffnung wurde indes enttäuscht; ich fand nur etwas über sechs Taler. Das Geld, eine Flasche mit Branntwein, eine Pistole und etliche Zigarren nahm ich zu mir.

Ich gestehe, daß ich die Leichen aus den Betten gezogen, das Bettstroh durchwühlt und den Körper der Frau geschändet habe. Wenn eine Taschenuhr in jener Nacht abhanden gekommen ist, so vermag ich es nicht zu erklären, ich habe keine entwendet.

Ich versichere, daß ich allein und ohne die Hilfe eines Gefährten den Mord verübt habe, insbesondere ist der Bruder der Frau Brandt, Karl Liebig, nicht dabeigewesen. Ich war viel zu sehr darauf bedacht, das Geheimnis über mein Tun und Treiben zu bewahren, als daß ich irgend jemand in meine Pläne eingeweiht hätte. Auch würde ich in Gegenwart eines Zeugen meiner Sinnenlust an der weiblichen Leiche nicht haben frönen können.

Nach vollführter Tat eilte ich zurück in meine Höhle; ich brach so zeitig auf, daß ich den Wald bereits erreicht hatte, ehe noch der Morgen graute.

Im Oktober 1860 richtete ich mein Augenmerk auf das zwischen Soldin und Lippehne liegende Adamsdorf. Den Tag über verbarg ich mich im Glasower Busche, am Abend wagte ich mich heraus und begegnete auf der Chaussee einer Frauensperson, die einen Korb trug, an dessen Henkel ein Paar Stiefel hingen. Ich knüpfte ein Gespräch an und gab ihr zu verstehen, daß ich Wohlgefallen an ihr fände und mich ihre Reize entflammt hätten. Da sie mir nicht gutwillig ihre Gunst gewähren wollte, packte ich sie an, drückte ihr mit beiden Händen den Hals zusammen, schleppte sie eine Strecke seitwärts und erdrosselte sie mit einem Strick, den ich in der Tasche hatte. Die Tote mußte mir gestatten, was mir von der Lebenden verweigert worden war.

In ihrem Korbe fand ich einige Pflaumen, die verzehrte ich mit dem größten Appetit, und schritt dann unverweilt dazu, den Diebstahl, den ich mir für diese Nacht vorgenommen hatte, auszuführen.

Im nächsten Winter wohnte ich in meiner Höhle, die ich mir immer bequemer einrichtete, ganz erträglich; sie war gemütlicher als die erste und die Luft darin weit besser, weil ich durch zahlreiche Löcher, die außen unter Wurzeln und Bäumen mündeten, eine genügende Ventilation hergestellt hatte. Meine Vorräte schützten mich vor Hunger und Durst, gegen den Frost deckte ich mich durch wärmere Kleidungsstücke, an die Einsamkeit und an das freie, unstete Räuberleben war ich gewöhnt und wünschte kaum eine Änderung dieses Lebens herbei. Nur eins fehlte mir: weibliche Gesellschaft.

Es war mein sehnlichstes Verlangen, daß ich einmal einem weiblichen Wesen begegnen möchte, das ich mir geneigt machen, in mein Geheimnis einweihen und mit in meine Höhle nehmen könnte. Ich baute mir oft Luftschlösser und malte mir mit den schönsten Farben aus, wie glücklich ich an der Seite einer Frau in meiner unterirdischen Residenz sein würde. Ich fand aber niemals Gelegenheit, meinen schönen Traum zu verwirklichen, er blieb ein leeres Phantasiegebilde.

Dennoch empfing ich in meiner Häuslichkeit einige Male weiblichen Besuch. Meine Schwägerin, mit der ich längst wieder ausgesöhnt war, kam mit Vorwissen ihres Mannes von Zeit zu Zeit zu mir. Wenn sie in der Nähe der Höhle angelangt war, gab sie das zwischen Martin und mir verabredete Zeichen, ich stieg dann auf der Leiter, die mir als Treppe diente, empor, hob den Deckel ab, der die Eingangspforte verschloß, und geleitete meinen Gast hinab in meine dunkle Behausung. Sie brachte mir stets etwas mit, namentlich versah sie mich mit gekochten Speisen; nachdem sie etliche Stunden mit mir geplaudert hatte, beschenkte ich sie mit Geld und anderen Dingen und führte sie auf dem Wege, den sie gekommen war, zurück. Mit meinem Bruder zusammen ist sie niemals bei mir gewesen.

In Schönow, wohin Martin gezogen war, stattete ich gelegentlich meine Gegenbesuche ab. Ich ging immer nur des Nachts und mit geladenem Gewehr dorthin. Außer meinen Verwandten hat niemand etwas von der Höhle gewußt.

Als der Winter vorüber war und der März des Jahres 1861 herankam, machte ich einen Angriff auf das Haus eines jüdischen
Kaufmanns in Dobberphul, das ich mir bei früheren Patrouillen angesehen hatte. Ich war darauf gefaßt, daß ich, um zu dem Gelde des
Mannes zu kommen, einen oder mehrere Menschen ermorden müßte,
und versah mich deshalb mit Beil und Gewehr, als ich ausrückte.

In Dobberphul angelangt, holte ich aus der Nachbarschaft eine
Leiter, kehrte sie an der Giebelseite des Hauses an ein Fenster, stieg
ein, suchte nun vor allen Dingen die Haustür auf und öffnete sie, um
mir den Rückzug zu sichern. In der einen Hand trug ich das Beil, die
andere legte ich schon an den Griff der Stubentür, da vernahm ich ein
Geräusch. Ich hatte mir zum Grundsatz gemacht, mich nie mutwil-
lig in Gefahr zu begeben und stets die Flucht zu ergreifen, wenn ich
mich nicht ganz sicher wußte. So tat ich auch hier und wandte mich
zurück in den Wald.

Um jene Zeit hatte ich außer meiner Höhle noch ein zweites
Absteigequartier: das unbewohnte Försterhaus zwischen Deetz und
Trampe. Die Fenster waren herausgenommen und das Gebäude etwas
verfallen. Wenn mir der Weg bis Warsin zu weit war, suchte ich das
Forsthaus auf und logierte den Tag über auf dem Boden. Anfang Mai
blieb ich fast immer dort, um näher an Chursdorf zu sein, auf das ich
es jetzt abgesehen hatte. Am 5. Mai, einem Sonntag, ging ich am hel-
lichten Tage frank und frei durch Chursdorf und auf dem Wege weiter bis zum Gehöft des Müllers Baumgart.

Da ich seit fünf Jahren unter der Erde gelebt hatte, so glaubte ich,
auch einmal im Sonnenschein einen Gang riskieren zu können, und
überdies lag mir daran, recht gründlich zu beobachten und mich genau zu orientieren.

An den nächsten Abenden schlich ich unausgesetzt um das
Mühlengehöft herum und prägte mir die Örtlichkeiten fest ein. Ich
sah immer nur den Müller, seine Frau und die Magd. Ein Kind bemerkte ich nicht, und ich war der Meinung, daß jene drei Personen
das Haus allein bewohnten.

Baumgart sollte ein reicher Mann sein, mich lockte seine gefüllte
Kasse, und ich beschloß, die Mühle zu überfallen, die Müllersleute
und das Dienstmädchen zu erschlagen und dann Kisten und Kasten
zu plündern. Den 10. Mai bestimmte ich zur Ausführung der Tat. Im
Försterhause bei Trampe hatte ich eine kleine Niederlage von Wein
und Kognak, ich trank davon eine tüchtige Portion, steckte Messer,
Zange, Bohrer und Stemmeisen in die Tasche, nahm meinen doppelläufigen Stutzen zur Hand, an dessen Ende ich meinen Dolch als

Bajonett befestigte, und steckte das Beil in einen als Gürtel um den Leib gebundenen Strick. Die Fenster der Mühle waren bei meiner Ankunft noch erleuchtet, ich wartete deshalb einige Zeit und begab mich nach dem nahen Tagelöhnerhause, um dort Ausschau zu halten.

Als die Mitternachtsstunde da war, zog ich meine Stiefel aus und stieg an der hinteren Seite des Hofes auf einen Zaun. Eine Hundehütte lag vor mir, und der Hund schlug an, eilig sprang ich herab, steckte eine Anzahl kleiner Steine in meine Tasche und kletterte über den Torweg, den ich von innen öffnete, um die etwa nötig werdende Flucht zu decken. Einer der Hunde knurrte, ich brachte ihn indes durch Steinwürfe zum Schweigen und wurde dann nicht weiter gestört.

Vom Hofe aus suchte ich zunächst in den Hausflur zu kommen, weil die meisten Zimmer durch Türen mit ihm verbunden zu sein pflegen und man gewöhnlich von da aus jeden beliebigen Ort im Innern ohne Schwierigkeit erreichen kann. Die Haustür zu erbrechen, hütete ich mich, sie war von festem Holze und mit starkem Verschluß versehen.

Ich bahnte mir daher den Weg in den Hausflur, wie ich das schon früher oft getan hatte, durch den Keller. Die Kellerluken waren mit eisernen Stäben verwahrt; ich holte von einem Holzstoße einen Hebebaum, mit dem ich die Eisenstäbe auseinanderbiegen wollte. Bei der einen Luke glückte es, ich steckte mein Gewehr unter den Gürtel zu dem Beile, schob die Füße in die Öffnung und zog den Körper langsam nach. Es war sehr eng, aber ich brachte mich doch durch, indem ich die Brust zusammendrückte.

Vom Keller tappte ich leise die Treppe hinauf, riegelte die Tür auf und stand im Flur. Nachdem ich die hintere Haustür aufgemacht hatte, tastete ich mich in die Küche; vor mir war eine Tür, ich legte die Hand an den Drücker, die Tür ging auf, und ich stand vor den Betten des Müllers und seiner Frau. Schleunigst zog ich mich in die Küche zurück, brannte an dem glimmenden Tabak meiner Pfeife ein Schwefelhölzchen und an diesem ein in der Küche stehendes Licht an. Ich nahm das Beil in die rechte Hand und trat in die Schlafkammer. Mit zwei schnell hintereinander geführten Schlägen schlug ich dem schlafenden Manne den Schädel ein, dann brachte ich mit mehreren Streichen die aus dem Schlafe aufgeschreckte, laut schreiende Müllerin zum Schweigen.

In diesem Augenblick öffnete sich die Tür nach dem Wohnzimmer, ein Kind schritt über die Schwelle. Ich war nicht wenig betreten, denn ich hatte keine Ahnung davon, daß Kinder im Hause waren; aber ich durfte mich nicht lange besinnen, jede Minute des Zauderns konnte mich verderben. Mit einem Satze war ich bei der Kleinen, das hocherhobene Beil fiel auf ihr Haupt, sie brach zusammen und tat keinen Atemzug mehr.

Jetzt erst hörte ich, daß Baumgart noch röchelte, schnell ergriff ich mein Messer und schnitt ihm den Hals durch. Um ganz sicher zu sein, erhob ich auch noch das Gewehr und stach ihn mit dem Bajonett noch zweimal in die Brust. Mehr als zweimal habe ich meiner Erinnerung nach nicht gestochen.

Ich verließ nun die Kammer und ging in die Stube, fest entschlossen, jedes lebendige Wesen darin umzubringen, damit ich nicht verraten würde. Ich fand ein Bett und darin einen Knaben von etwa fünf bis sechs Jahren, der sich unter die Decke verkrochen hatte. Als ich das Deckbett aufhob, schlug das Kind die Augen auf und sah mich freundlich lächelnd an. Rührung erfaßte mich, es tat mir weh, daß diese hellen, lieblichen Augen brechen sollten, eine Sekunde lang war ich zu Milde und Barmherzigkeit geneigt. Gleich darauf rief ich mir ins Gedächtnis zurück, daß ich keinen Zeugen verschonen dürfte, ich tötete das Kind also mit mehreren Beilhieben und stürmte fort nach der Kammer der Magd. Bei meinem Eintreten schrie sie laut auf, ich gab ihr mehrere Schläge und würgte sie mit ihrem Nachthalstuch vollends tot. Die Blutarbeit war indes noch immer nicht zu Ende, es stand noch ein Bett in der Kammer, und in dem schlief noch ein Kind. Ich beförderte es mit einigen Streichen in die Ewigkeit und hatte nun das Feld frei.

Ich kann nicht sagen, daß ich mich über das Blutbad entsetzt oder daß mich inmitten der Leichen Grausen ergriffen hätte, ich dürstete nach dem Gelde des Müllers und hoffte auf eine reiche Ernte.

Ohne Zeit zu verlieren, durchsuchte ich den Kasten mit Wäsche, der in der Magdkammer stand, dann das Schlafzimmer Baumgarts und die Wohnstube; in einer Kommode, die ich erbrach, fand ich zwei Beutel mit Geld; diese und einen Kalender steckte ich zu mir, die Kleider und Wäschestücke ließ ich liegen, wie ich sie herausgezogen und durcheinandergeworfen hatte. Den Rückweg nahm ich durch die Hoftür und um das Haus herum nach der Straße. Hier überlegte ich mir, daß ich gewiß nicht gründlich genug gesucht hätte und am Ende noch mehr Geld finden würde. Ich kehrte um und entdeckte wirklich in jener Kommode noch einen dritten Beutel voll Geld.

Vor dem Hoftor zog ich meine Stiefel wieder an und eilte, da der Morgen schon zu dämmern anfing, mit möglichster Schnelligkeit nach dem Försterhause, wo ich den geraubten Schatz hervorholte und mich an dem Anblick des Geldes erfreute. Ich hatte übrigens nicht mehr als dreißig Taler erbeutet.

Ergänzend muß ich noch bemerken, daß ich mich auch in Chursdorf an den Leichen der Müllerin und der Dienstmagd vergangen habe. Ich ließ mir diesen Lohn niemals entgehen, wenn ich ein Weib ermordet hatte.

Mein Bruder Martin hat mir in keiner Weise Beihilfe geleistet, er ist nicht mit in der Mühle gewesen und weiß von der ganzen Sache nichts, vielmehr habe ich allein den Plan erdacht und allein den Überfall ausgeführt. Einige Tage vorher besuchte ich meinen Bruder zwar in Schönow, sagte ihm aber nichts von meinem Vorhaben; in der Nacht nachher ging ich wieder zu ihm und schenkte ihm sechzehn Taler und eine Flasche Rum. Von Schönow begab ich mich in meine Höhle.

Das Beil, das mir als Mordwerkzeug gedient hat, ist später dort in Beschlag genommen worden. Wenn man mir vorhält, daß an dreien meiner Beile Blutflecke und Menschenhaare entdeckt und auch an einem Beile meines Bruders Blutspuren und Fasern wie von der Nachthaube und dem Kopfkissen der Frau Baumgart gefunden worden sein sollen, so kann ich das nicht aufklären. Ich wiederhole, daß ich keinen Mitschuldigen und nur ein einziges Beil benutzt habe.

Am Freitag nach dem Morde, am 17. Mai, mußte ich meine mit so unendlicher Mühe angelegte Wohnung verlassen, weil mich zwei Bauern, deren Herankommen ich überhört hatte, aus der Höhle emportauchen sahen. Das war der härteste Schlag, der mich treffen konnte, ich flüchtete mit meinem unter den Rock geknüpften Gewehr in den Wald und teilte in der folgenden Nacht meinem Bruder mit, was mir passiert war. Wir nahmen auf unbestimmte Zeit Abschied voneinander, denn so viel war uns beiden klar, daß ich nicht in der Nähe bleiben durfte.

Ich ging zunächst nach dem Dammschen Forst und nach einem Rasttage weiter bis Stettin. Ich kehrte in der Vorstadt jenseits der Oder in mehreren Schenklokalen ein und lebte lustig und guter Dinge.

Unter anderem beteiligte ich mich auch an einem öffentlichen Tanzvergnügen, bei dem ich viel Geld draufgehen ließ und mich tüchtig betrank. In nicht geringe Verlegenheit geriet ich, als mir die Füße den Dienst versagten und etliche der Anwesenden, die mich nach Hause bringen wollten, nach meinem Namen und nach meiner Wohnung fragten. Ich bat, man sollte mich nur ruhig im Saale liegenlassen, schlief ein und wendete der Stadt Stettin am anderen Morgen schleunigst den Rücken.

Da ich kein Geld mehr besaß, war ich genötigt, mich von neuem aufs Stehlen zu legen. Ich baute mir in der Nähe von Kolbatz im Walde eine Laubhütte und unternahm von da aus Raubzüge in die nächsten Dörfer. Freilich sagte ich mir, daß ich hier nicht lange unentdeckt hausen würde, indes konnte sich kein Mensch nähern, ohne daß ich ihn sah, auf jeden Fall war also meine Flucht gefährdet.

Wirklich wurde ich bald von einem Manne, der Gras in der Heide schnitt, vertrieben und gelangte spätabends am 22. Juli nach Neuendorf.

In einem Zimmer des Gastgebäudes war Licht, am Tische saß ein schlafendes Mädchen, das mir die Wirtschafterin zu sein schien. Rasch entschlossen zu Mord und Raub, trat ich durch die offenen Türen in den Hausflur und in das Zimmer, schlug die Frauensperson mit einem Hammer auf den Kopf und schnürte ihr den Hals zu. Sie leistete jedoch heftigen Widerstand und erhob ein durchdringendes Geschrei, ich erschrak und zog unverrichtetersache ab.

Nun wanderte ich über Neustadt-Eberswalde in die Lauenburger Waldung. Ich nahm mir vor, den von Berlin heimkehrenden Fuhrleuten aufzulauern, wie ich es schon in früheren Jahren getan hatte.

In der Nacht vom 21. zum 22. August lag ich mit geladenem Gewehr an der Chaussee zwischen Tiefensee und Heckelberg, als ein Planwagen, nur mit einem Pferde bespannt, dahergerollt kam. Ich ließ ihn vorüber, schlich dann leise nach, hob vorsichtig von hinten die Plane auf und sah, daß der Fuhrmann allein darin saß. Ich legte meinen Stutzen auf den Wagenkorb auf, zielte nach dem Kopfe und drückte ab.

Die Kugel war tödlich; schleunigst fiel ich dem Pferde in die Zügel und lenkte den Wagen seitwärts in den Wald. Der Fuhrmann regte sich nicht mehr; ich schnallte ihm die Geldkatze ab, in der ich zweiundvierzig Taler fand, nahm die silberne Taschenuhr mit, vergrub die leere Geldkatze und entfernte mich.

Ich wollte nun nach Frankfurt an der Oder und von dort mit der Eisenbahn weiterreisen. Wohin, hatte ich mir noch nicht überlegt, das sollte von den Umständen abhängen.

In Müncheberg traf ich lustige Gesellschaft; ich gesellte mich dazu und verlebte den ganzen Tag vor meiner Verhaftung in Herrlichkeit und Freuden.

Ich war schon oft daran gewesen, meine Freiheit einzubüßen, und doch immer glücklich davongekommen. Mehreremal waren Leute an meinem Lager im Walde vorübergekommen, ohne es zu entdecken; wenn die Polizei und die aufgebotenen Gemeinden Jagd auf mich machten, lag ich bisweilen unter Strauchwerk versteckt und sah meine Verfolger an mir vorüberziehen, ja, einmal war ich im Hause eines befreundeten Tagelöhners sogar erkannt worden und wurde doch nicht ergriffen. In dem Hausflur stand eine Tonne von ziemlicher Größe, in der eine Henne brütete. Da man das Haus umstellt hatte, stieg ich in die Tonne, ließ Stroh über mich decken und die Henne mit ihren Eiern in ihrem alten Neste daraufsetzen.

Das zahme, um seine Brut besorgte Tier brütete ruhig weiter; alle Winkel wurden ausgeforscht, aber es kam niemand darauf, daß ich unter den Flügeln jener Henne verborgen sein könnte. Durch mein Glück war ich dreist geworden, ich glaubte, es würde mich niemals verlassen. In Frankfurt wich es indes von mir: In trunkenem Zustande bekam ich Händel mit der Polizei und wurde festgenommen.

Ich habe nichts Erhebliches verschwiegen und sehe dem Tode getrost entgegen, ausgesöhnt mit mir werde ich den letzten Gang gehen. Ich versichere, den Frieden gefunden zu haben; ich besaß ihn nicht, als mein Gewissen noch belastet war. Wenn ich mordete, so tat ich es nicht aus Blutdurst und weil das Morden mir Freude machte, sondern teils aus Sinneslust, teils um mir meinen Lebensunterhalt zu erwerben. Ich wollte meine Freiheit nicht aufgeben, und deshalb mußte ich zum Mörder werden.

NACHWORT

Den Satz, mit dem die Kriminalliteratur in Deutschland an-
fängt, hat wohl Friedrich Schiller 1785 geschrieben: »In der
ganzen Geschichte der Menschheit ist kein Kapitel unter-
richtender für Herz und Geist als die Annalen seiner Verwirrungen.«
Schiller beginnt mit diesem Satz seine Erzählung »Der Verbrecher aus
verlorener Ehre«.

Das Werkchen Schillers hat es in sich. Beschreibt es doch, daß es
Gründe gibt, über die man zum Verbrecher wird, und Verbrecher
nicht geboren werden. Schiller stört damit eine Übereinkunft. Die
Übereinkunft von der fest eingerichteten Welt, in der alles seinen un-
verrückbaren Platz hat. Das Gute oben, das Böse unten: Die Macht
oben, die Ohnmacht unten, Himmel und Erde, Thron und Volk,
Reiche und Arme. Den Verbrecher aus verlorener Ehre, den Sonnen-
wirt Christian Wolf, haben unglückliche Umstände in die Rolle eines
Diebes und Mörders gedrängt, und er sagt das bittere Wort: »Ich
brauchte keine guten Eigenschaften mehr, weil man keine bei mir vermutete.«

Die neue Bürgergesellschaft ist voller Neugier auf den irdisch gewordenen Menschen. »Man hat das Erdreich des Vesuvs untersucht,
sich die Entstehung seines Brandes zu erklären; warum schenkt man
einer moralischen Erscheinung weniger Aufmerksamkeit als physischen«, fragt Schiller. Auch das Verbrechen und der Verbrecher werden Gegenstand der Analyse. In der alt gewordenen Bürgergesellschaft
gilt als moderner Standard, der Mensch sei seiner Natur nach »böse«.
Diese Bedürfnisse befriedigt sie leicht. Aber was hätte sie für Mühe,
gelten zu lassen, der Mensch sei auch noch anders. Wie anders müßte
sie sich da einrichten.

Im Vorfeld von Revolutionen häufen sich die Fragen nach dem

»Menschen«. Das vorrevolutionäre Frankreich des 18. Jahrhunderts fragt auf allen Ebenen danach.

Im Jahre 1734 beginnt in Paris der berühmte französische Rechtsgelehrte François Gayot de Pitaval seine Sammlung merkwürdiger und interessanter Kriminalfälle, die »Causes célèbres et interésantes« herauszugeben, die auf 20 Bände anwächst und sofort zahlreiche ähnliche Unternehmungen anregt. 1747 erscheinen die »Causes célèbres« in Basel, und zugleich wird auch in Leipzig mit ihrer Herausgabe begonnen. Gut dreißig Jahre später macht sich der französische Parlamentsabgeordnete Richer an eine Neubearbeitung, aus der zwischen 1783 und 1793 in Jena eine Auswahl erscheint. Der Name des Mannes, der die Sammlung begonnen hat, ist zum Begriff geworden: schlicht heißt sie jetzt der *Pitaval*.

Als dem Jenenser Rechtsprofessor Schiller 1792 angetragen wird, eine Vorrede zu einem der Bände zu schreiben, läßt er seinen »Wallenstein« liegen und auch die Abhandlung über Kant, an der er arbeitet und macht sich sogleich an die Vorrede. Schiller weiß am Pitaval zu rühmen: »Man erblickt hier den Menschen in den verwickelsten Lagen, welche die ganze Erwartung spannen, und deren Auflösung der Divinationsgabe des Lesers eine angenehme Beschäftigung gibt. Das geheime Spiel der Leidenschaft entfaltet sich hier vor unseren Augen, und über die verborgensten Dinge der Intrige, über die Machinationen des geistlichen sowohl als des weltlichen Betrugs, wird mancher Strahl der Wahrheit verbreitet.« Der Geschichte des *Pitaval* werden noch viele Kapitel hinzugeschrieben werden.

Gerade als Schiller 1792 mit seiner Vorrede herauskommt, läßt sich ein junger Mann aus Hainichen als Jurastudent an der Jenaer Universität immatrikulieren. Es ist Paul Johann Anselm Feuerbach, der einmal zu den berühmtesten Rechtsreformern des 19. Jahrhunderts gehören wird. In Bayern erreicht er 1806 die Abschaffung der Folter und das von ihm 1813 ausgearbeitete »Strafgesetzbuch für das Königreich Bayern«, das wesentliche Verbesserungen der Rechtspflege begründet, wird zum Vorbild zahlreicher neuer Landesgesetzbücher. 1808/11 gibt Feuerbach zum erstenmal seine »Aktenmäßige Darstellung merkwürdiger Verbrechen« heraus. Es ist keine Neuausgabe der Geschichten des französischen *Pitaval*, wie sie bisher üblich waren, Feuerbach dokumentiert ganz eigenständig zeitgenössische Kapitalverbrechen. Der Kriminalschriftsteller Feuerbach ist der populäre Verbündete des Strafrechtsreformers Feuerbach: er entdämonisiert das Verbrechen und erzählt seine Wirklichkeit. Ein reichliches Jahrzehnt wird jetzt vergehen, ehe sich in Deutschland wieder jemand an einen

Pitaval macht, und wieder werden es in den besten Stücken selbständige Aufzeichnungen von Verbrechensgeschichten aus Deutschland sein. Von 1842 an geben Julius Eduard Hitzig und Willibald Alexis ihre »Sammlung der interessantesten Kriminalgeschichten aller Länder aus alter und neuer Zeit« heraus. Zwei Männer, die zu den bekanntesten literarischen Figuren der literarischen Szene des damaligen Berlin gehören, haben jetzt die Pitaval-Idee aufgegriffen.

Julius Eduard Hitzig war ein betriebsamer Mann. Die Zeitumstände, die seine Lebensumstände waren, ließen ihm auch kaum eine andere Wahl. 1780 in Berlin geboren, stand er zwischen 1799 und 1806 in preußischen Staatsdiensten. Als der Mythos des friderizianischen Preußens in der Schlacht von Jena/Auerstädt 1806 von den Napoleonischen Heeren aus der Welt geschafft wurde, hatte der Staat für sehr viele seiner Beamten keine Beschäftigung mehr. Hitzig war darunter, wie sein Freund E. T. A. Hoffmann, mit dem er bei den Behörden des preußisch verwalteten Teils Polens in Warschau gearbeitet hatte. Hitzig stellte sich in Berlin auf eigene Füße, wurde Schriftsteller und Übersetzer, gründete 1808 ein »Verlagsgeschäft«, gesellte ihm zwei Jahre später eine Buchhandlung hinzu und verband die wieder mit einem Lesezimmer für die Universität. Als nach den Befreiungskriegen 1815 Preußen neu entstand, wurde auch Hitzigs Beamtenverhältnis wieder restauriert. Er wurde Kriminalrat am höchsten preußischen Gericht, dem Berliner Kammergericht, und 1827 sehen wir ihn dort gar als Kammergerichtsdirektor. Trotzdem kommt der Fünfundvierzigjährige 1835 um seine Entlassung ein, denn nun will er als Literat leben wie seine Freunde E. T. A. Hoffmann, Zacharias Werner, Adalbert von Chamisso und Willibald Alexis.

Der Berliner Alexis wurde als Wilhelm Häring am 29. Juli 1798 in Breslau geboren. Er studierte Jura und wirkte wie Hitzig und Hoffmann am Berliner Kammergericht. 1823 trat er mit einem historischen Roman hervor, der europäisches Aufsehen erregte: »Walladmor«.

Der frische Ruhm hatte etwas Geborgtes, denn Alexis hatte für seinen Roman den Vater des Genres, den Engländer Walter Scott, halb parodiert, halb nachgeahmt. 1827 wiederholte er seinen Einfall mit geringerem Erfolg noch einmal mit dem Roman »Schloß Avalon«. Danach erst trat er aus der Unentschiedenheit heraus, bekannte seine ganze Liebe zu dem teilweise verspotteten historischen Erzählen und schrieb nun die lange Reihe seiner märkisch-preußischen Angelegenheiten gewidmeten Romane. Sie begann 1832 mit dem Roman aus dem Siebenjährigen Krieg »Cabanis«, hatte das populäre Glanzlicht

»Die Hosen des Herrn von Bredow« und brach 1857 ab, als er einen Schlaganfall erlitt. 1871 starb Alexis in Arnstadt.

Alexis war ein Schriftsteller in einem Land kleiner Zustände, und auf kleine Umstände mußte er antworten. Das machte nicht nur literarische Größe schwer, sondern auch das alltägliche Auskommen. Keine kraftvolle Zeitströmung trug ihn mit oder gar hoch, an seine besten Jahren hingen sich die Mühseligkeiten der Restaurationsperiode nach dem Sturz Napoleons. Den das nach den Befreiungskriegen entstandene Preußen sollte nach dem Willen seines Königs, dem dritten Friedrich Wilhelm, möglichst bald wieder das alte Preußen sein. Dazu hatte er sich in einer »Heiligen Allianz« mit dem österreichischen Kaiser und dem russischen Zaren nach den Kriegen neu verbündet. Ein anderes mögliches Preußen, wie es Hardenberg, Clausewitz, Stein und die anderen »schwarzen Revolutionäre« vorbereitet hatten, war nicht gefragt und auch Friedrich Wilhelm IV., der 1840 sich auf den Thron setzte, führte die Politik des konservativen Stillstandes fort, die sein Vater 1815 mit den Monarchen Rußlands und Österreichs verabredet hatte. Voller patriotischer Hoffnungen war der junge Alexis 1815 als Freiwilliger ins Feld gezogen und betroffen zurückgekommen, »weil man schon anfing, es zu bereuen, aus dem alten Gleise gewichen zu sein, weil der tote Organismus unbemerkt Herr ward über den lebendigen Geist«.

Alexis wußte, woran er war – ohne zu resignieren. Er tut sich um. Der erfolgreiche Verfasser des »Walladmor« wurde 1827 Mitbegründer des »Berliner Conversationsblattes«, er schreibt für Taschenbücher und Zeitungen, ist Kritiker und Novellist, verkauft Häuser, spekuliert mit Grundstücken und mischt sich in die Tagesaktualitäten als Journalist ein. Die kommen auch in seinen Reisebüchern vor, den »Wanderungen im Süden«, der »Herbstreise durch Skandinavien« und den »Wiener Bildern«, die so aktuell waren, daß die preußische Zensur sie verbot. Den »Wiener Bildern« hatte er ein »politisches Glaubensbekenntnis« angehängt, in dem er zwar aus »praktischen« Gründen die Monarchie noch gelten ließ, den Fürsten aber sagte, sie stünden jetzt unverkennbar hinter den Nationen zurück, denen sie früher vorangegangen waren.

1838 heiratete Alexis eine Berliner Schönheit, Lättitia Perceval, ein Mädchen wie aus einem seiner Romane, einer verarmten englischen Familie entstammend und Gesellschafterin im Hause der Schwester des preußischen Kriegsministers Boyen. Nach bürgerlicher Vorstellung haben mit der Ehe die lauten Jahre vorbei zu sein. Alexis zwangen noch ein paar mehr Gründe Ruhe auf. Ein Jahrzehnt vor der

Revolution von 1848 stockten im Preußenland die politischen und geistigen Verhältnisse schon nachdrücklich. Als sie die Stickluft zerreißt, läßt sich Alexis nach der Märzrevolution von 1848 gleich wieder als politischer Journalist hören und wird gleich wieder angegriffen. Der Monarch tut beleidigt. »Von Ihnen hätte ich Besseres erwartet«, läßt Friedrich Wilhelm IV. dem Schriftsteller ausrichten.

Alexis hatte auch vor der Märzrevolution das Rumoren nicht ganz unterlassen. In dem 1842 begonnenen »Neuen Pitaval« brachte er nicht nur spannende Geschichten, sondern auch manchen unbequemen Gedanken an den Mann. »Causes célèbres« hatte der alte Gayot de Pitaval vermitteln wollen. An merkwürdige Fälle dachten auch Alexis und Hitzig, nur: »Wir suchen die Celebrität nicht allein in den Auswüchsen und Anomalien der Lebenskraft, sondern auch in ihrer naturgemäßen Entwicklung, und die allereinfachsten Hergänge, die zweifellosesten Begebenheiten und Verbrechen können für uns von Wichtigkeit sein, wenn andere Lebensfragen, psychologische wie historische, sich in den Tatsachen des Verbrechens selbst, seinen Vorbedingungen oder seinen Folgen abspiegeln.«

Alexis und Hitzig gaben ein gutes Paar für einen »Neuen Pitaval« ab. Beide waren ja von Hause aus Juristen und kannten sich mit der Materie aus. In der Fachproblematik war Hitzig der Erfahrenere, hatte er doch schon 1826 eine »Zeitschrift für Kriminalrechtspflege« herausgegeben, doch Alexis war der gewandtere Schriftsteller. In der Regel suchte Hitzig aus den Akten, Dokumenten und Publikationen die Fälle heraus, die Alexis dann literarisch bearbeitete. In dem vielbändigen Werk überwältigte die Aktensprache Alexis manchmal durchaus, und die Sammlung läßt auch spüren, wie anders unser Sprechen in den anderthalb Jahrhunderten seit dem Entstehen des Werkes geworden ist. Alexis und Hitzig hatten an ein breites Lesepublikum und an eine Form gedacht, die »dauernde Teilnahme« sichert. Im Sinne dieser »Teilnahme« sind die Texte dieser Neuausgabe heutiger Sprache genähert worden.

Alexis und Hitzig schrieben damals in einem Vorwort: »Der Mann vom Fache weiß, wo er die Fälle, die ihn interessieren, zu suchen hat. Aber diese bändereichen, zerstreuten, zum Teil sehr kostbaren Sammlungen sind dem großen Publikum unzugänglich. Als Aufgabe erschien danach den Herausgebern, diese berühmten und interessanten Fälle in einer dem gebildeten Publikum bestimmten Sammlung zu registrieren und ihnen dabei die Form zu erstreben, welche derselben im Auge des Geistes, der Psychologie und der größeren Leserklasse einen Anspruch auf dauernde Teilnahme sichert.«

Der Erfolg des »Neuen Pitaval« bestätigte das Konzept. Jahr um Jahr konnten Alexis und Hitzig ein Band dem anderen folgen lassen. Hitzig starb 1849, Alexis erlitt 1857 in Arnstadt, wohin er sich als renommierter Schriftsteller zurückgezogen hatte, einen Gehirnschlag. Das erfolgreiche Unternehmen ging in die Hände des Arnstädter Großherzoglichen Kreisgerichtsrates Dr. Vollert über, der es eine geraume Zeit so fleißig wie glanzlos fortsetzte.

Der »Neue Pitaval« des Freundespaares Alexis–Hitzig ist in vielen deutschen Regionen zu Hause. In der Hauptsache ist er ein »Preußischer Pitaval.« Preußische Landeskinder waren ja Hitzig wie Alexis selbst. Hitzig hatte in der preußischen Justiz gearbeitet und das Schicksal des Landes hatte spürbar in die Lebensschicksale des Autorenpaares eingriffen. Der Zusammenbruch des alten Staates 1806 war ein Ereignis von bestimmender Kraft. Friedrich Wilhelm III. hatte nach dem Frieden von Tilsit davon gesprochen, daß Preußen durch geistige Kräfte ersetzen müsse, was es an physischen verloren habe. In der bisherigen preußischen Manier ging es nicht weiter. Eine sich mit den Namen Stein, Hardenberg, Scharnhorst verbindende Staatsreform stand auf der Tagesordnung, die zu einem Gesellschaftsumbau führte. Ein freier Bauernstand wurde gegen den Widerstand des grundbesitzenden Adels geschaffen, die Freiheit des Güterverkehrs befördert, in der Städteordnung die staatliche Bevormundung der Kommunen aufgehoben und das Prinzip der Selbstverwaltung eingeführt. Nicht nur der ehemalige französische Gegner beobachtete die Reformen mit Argwohn, das Mißtrauen der Verbündeten, des zaristischen Rußland und des von Metternich verwalteten Österreich, war womöglich noch größer. Der stockkonservative Metternich schimpfte die Stein, Hardenberg und Scharnhorst »schwarze Revolutionäre«. Preußen gliederte sich nach den Befreiungskriegen in die »heilige Allianz« der Konservativen wieder ein.

Der »Neue Pitaval« spiegelt in seinen Geschichten charakteristische Momente dieses schwierigen Aufbruchs. Obwohl nicht auf preußischem Territorium spielend, greift die Tötung des als zaristischen Spion geltenden Lustspieldichters Kotzebue durch den Jenaer Studenten Sand, tief in die preußische Situation ein. Sie lieferte Metternich den Vorwand, zusammen mit dem preußischen König und dem russischen Zaren in den sogenannten Karlsbader Beschlüssen von 1819 die Periode der Reform durch die der Restauration abzulösen.

Die Preußenlegende hat in den Pitaval-Geschichten von Alexis und Hitzig keine Verbündeten. Beide waren realistische Berichterstatter. Kleist behandelte in seinem Drama »Prinz Friedrich von Homburg«

den Anachronismus, daß eigenständiges vernunftvolles Handeln vor der Staatsräson keine Gültigkeit hat. Alexis und Hitzig erzählten eine ähnliche Geschichte von einem einfachen Mann. Der Müller Grüttner wird für die selbständige Abwehr eines Verbrechens mit Strafe bedroht.

Der Professor Schiller hatte geschrieben, daß das geheime Spiel der Leidenschaften in den Kriminalgeschichten des französischen Pitaval enthüllt werde. Alexis und Hitzig folgten mit ihrem »Neuen Pitaval« dieser Spur. Die besten Texte der Sammlung sind spannende Dokumente von Menschen und Zeit.

»Es ist ein Konnex da, den wir nur nicht sehen, zwischen den Werken der großen Geschichte und den Taten der kleinen Menschen«, schrieb Alexis in seinem Roman »Ruhe ist die erste Bürgerpflicht«, für den er die Anregung aus dem »Neuen Pitaval« entnommen hatte.

Werner Liersch

ANMERKUNGEN

Unsere Auswahl folgt der 1842 von Willibald Alexis und Julius Eduard Hitzig begonnenen Sammlung »Der neue Pitaval – Interessante Kriminalfälle aus alter und neuer Zeit«. Die Texte wurden stellenweise gekürzt und sprachlich bearbeitet. Anmerkungen sind in dem Maße zu finden, wie sich die Geschichten nicht selbst kommentieren.

Philipp Rosenfeld beginnt in Preußen eine Rolle zu spielen, als der Siebenjährige Krieg im Frieden von Hubertusburg (15. Februar 1763) endet. Das Land liegt nicht nur materiell am Boden, auch seine zivilisatorische Substanz hat beträchtlichen Schaden erlitten. König Friedrich II., der sich seiner Freundschaft mit Voltaire rühmt, regiert ein Land, in dem der unsinnigste Aberglauben Fuß fassen kann.

Philipp Rosenfeld starb im Zuchthaus Spandau am 10. April 1778. Seine Anhänger verehrten ihn als Märtyrer und bildeten in der Neumark eine kleine Gemeinde, die seinen Lehren anhing. Seinen Tod glaubten sie nicht und wandten sich von 1785 an mehrmals mit der Bitte an die Behörden, Rosenfeld zu begnadigen. Im Oktober 1794 richteten die Rosenfeldianer an Friedrich Wilhelm II. die Bittschrift, drei Mitglieder ihrer Gemeinde auf den von ihnen geglaubten göttlichen Charakter hin untersuchen zu lassen.

Auch Friedrich Wilhelm III., der im November 1797 die Regentschaft übernahm, sah sich den Bitten und Forderungen der Rosenfeldianer gegenüber. Als sie die Befreiung vom Militärdienst verlangten, entschied der König: »Ich werde es nicht gestatten, daß meine Untertanen sich durch unsinnige Schwärmerei der Pflicht entziehen, Waffen zu tragen.«

Erst 1826 verschwand die mit den Jahren immer mehr dezimierte Sekte aus der Öffentlichkeit. Die letzten Rosenfeldianer schlossen sich wieder der Landeskirche an.

Die Giftmordserie der *Geheimrätin Ursinus* stellte in ihrer Zeit durchaus keinen Einzelfall dar.

In den Jahren 1808 und 1809 brachte Anna Margarete Zwanziger in Franken vier Menschen durch Arsenik um und verübte zahlreiche weitere Mordversuche. Gift, als Mittel sozialer Rache wie sozialen Aufstiegs, benutzte wenige Jahre später in Bremen auch Gesche Margarete Gottfried für ihre Mordserie. Willibald Alexis machte den Fall »Ursinus« zur Grundlage seines Romans »Ruhe ist die erste Bürgerpflicht«.

Warschau, der Ort des Geschehens um *»Die vergifteten Mohrrüben«*, gehörte seit dem am 24. Oktober 1795 zwischen Rußland, Österreich und Preußen geschlossenen 3. polnischen Teilungsvertrag zu Preußen.

König Friedrich Wilhelm II. hatte sich nach Ausbruch der Französischen Revolution zum Verteidiger der Bourbonen und des Königtums von Gottes Gnaden aufgeschwungen und die Armee auf ihre vergeblichen Feldzüge gegen die Revolutionsheere begleitet. Sein Nachfolger Friedrich Wilhelm III. betrieb eine Politik der Fügsamkeit gegenüber Napoleon.

Der Fall *Exner* zeigt Hitzig und Alexis auch in ihren Bemühungen als Strafrechtsreformer. Sie greifen mit ihm in die aktuelle Diskussion um das in Preußen nicht übliche Geschworenengericht ein, für das sie sich auch im Vorwort des »Neuen Pitaval« eingesetzt hatten.

»Das Verschwinden des Lord Bathurst in Perleberg« gilt bis zum heutigen Tage als ungeklärt. Ohne eigentliche Beweiskraft wurden die unterschiedlichen Versionen des Falls, die schon Alexis und Hitzig referiert hatten, als Erklärungsmuster benutzt.

Im Herbst 1910 wurde vier Kilometer von Perleberg entfernt, an der Hamburger Chaussee in der Nähe des Dorfes Quitzow, ein oberflächlich verscharrtes Skelett samt einem auffälligen Schlüssel gefunden. Auch hier muß offenbleiben, ob es sich um den verschwundenen Lord Bathurst handelt. Menschen waren in den Wirren der napoleonischen Kriege in der Perleberger Gegend auch sonst umgekommen.

In einem der Bathurst-Dokumentation folgenden Bände des »Neuen Pitaval« erklärten seine Autoren: »Das Verschwinden des Lord Bathurst in Perleberg hatte uns seinerzeit viel Anstrengung gekostet – ohne Resultat. Unsere Hoffnung, daß das Rätsel infolge unserer Spuren und Winke zur Lösung desselben anreizen würde, ist gescheitert. Engländer, Verwandte der Familie Bathurst, setzten sich zwar in Korrespondenz mit uns, aber nicht, um etwas zu geben, sondern um mehr zu fordern, als wir besaßen. In Perleberg selbst wird schwerlich noch etwas zu ermitteln sein. Da selbst, wie man uns sagt, auch die Akten verschwunden sind, welche hier zu Gebote standen. Ob in den Staatsarchiven zu Berlin überhaupt noch etwas vorhanden sei, oder ob Neues nachgereicht, ist uns unbekannt.«

Nach dem Frieden von Tilsit hatten französische Truppen zur Bewachung der Heeresstraßen und zur Sicherung der Kriegssteuern überall in Preußen Dauerquartiere bezogen. Unter diesen Truppen befanden sich viele aus den Ländern des Rheinbundes. Anfang 1807 war in Perleberg ein nassauisches Bataillon für längere Zeit stationiert.

Der Theologiestudent *Karl Ludwig Sand* war nach der Rückkehr Napoleons von Elba in die bayrische Armee eingetreten, konnte aber nicht mehr am Feldzug von 1815 teilnehmen. Sand vertrat schwärmerisch und mit religiösem Eifer demokratische Vorstellungen, wie sie mit den Befreiungskriegen verknüpft waren.

Auf dem Wiener Kongreß von 1815 feierten die Monarchen dagegen ihren Sieg über Napoleon als Sieg über die Französische Revolution und ihre Ideen. Die erste organisierte Opposition gegen die Restauration der alten Macht- und Abhängigkeitsverhältnisse stellten die Studenten mit ihren Burschenschaften dar. Ihre Bewegung erlebte mit dem Wartburgfest von 1817 einen Höhepunkt. Der Student Riemann erklärte dort in einer Rede: »Vier Jahre sind seit jener Schlacht (Leipzig) verflossen; das deutsche Volk hatte schöne Hoffnungen gefaßt, sie sind alle vereitelt. Alles ist anders gekommen ...«

Mit der ihm zugeschriebenen Rolle eines zaristischen Spions und seinen zynischen Angriffen auf die studentische Bewegung, galt der Lustspieldichter Kotzebue als »Ärger aller Wohlgesinnten«, wie der Publizist Joseph Görres formulierte, der seit 1814 den »Rheinischen Merkur« herausgab.

Görres schrieb über die Tötung Kotzebues: »Wie ein Blitz schlug die Tat ins Volk; seit den Jahren der Erhebung war nichts mehr geschehen, was es ergriffen hätte ... die Meinung war schnell über das Ereignis einverstanden: Mißbilligung der Handlung bei Billigung der Motive.«

Die Ermordung Kotzebues war für den österreichischen Kanzler Metternich ein willkommener Anlaß, »die deutsche Revolution«, wie er sich ausdrückte, niederzuschlagen. Auf sein Betreiben kam es 1819 in Karlsbad zu einer Konferenz der deutschen Bundesstaaten, auf der zahlreiche Beschlüsse zur Kneblung der demokratischen Bewegung gefaßt wurden, darunter die Auflösung der Burschenschaften. Wilhelm von Humboldt nannte die Beschlüsse »schändlich, unnational, das Volk aufregend«.

INHALT

Bonstettiana.

Karl Viktor von Bonstetten (1745-1832), Sproß aus einer der sechs innersten Berner Patrizierfamilien, ist Goethe durch seine Lebensdaten
wie durch die Universalität seines Geistes und sein weltweites Bezie-
hungsnetz ähnlich. Sainte-Beuve hat ihn als *esprit cosmopolite, européen*
porträtiert. Seiner Mehrsprachigkeit, seiner Kultur der Konversation, dem
weiten Horizont seines Intellekts sowie seiner geistigen und politischen
Liberalität ist es zuzuschreiben, daß Bonstetten in höherem Alter in Genf
von Menschen aus aller Welt und allen Ständen aufgesucht wurde und
daß seine Briefkorrespondenz ins Unermeßliche wuchs. Dadurch und
dank einer günstigen Quellenlage wird er zu einer wichtigen Leitfigur
für die Erforschung der europäischen Übergangszeit zwischen Aufklärung und Romantik.

Die historisch-kritische Edition der BONSTETTIANA erschließt zum
erstenmal die ganze Breite von Bonstettens Briefkorrespondenzen sowie den Briefwechsel zwischen seinen wichtigsten Briefpartnern (u.a.
Johannes von Müller, Friedrich von Matthisson, Friederike Brun, Verle-
ger Johann Heinrich Füssli, Heinrich Zschokke, Philipp Albert Stapfer,
Charles Bonnet, Germaine de Staël). Das Korrespondentennetz erstreckt
sich über den ganzen Kontinent. Die auf vierzehn Bände angelegte und
auf sieben Jahre geplante Edition zählt rund 5200 Briefe, die aus zahlrei-
chen Archiven in Deutschland, Frankreich, Italien und der Schweiz zu-
sammengetragen wurden und bisher größtenteils unveröffentlicht waren. Die Edition ist chronologisch angelegt, übersichtlich gegliedert und
gründlich kommentiert.

BONSTETTIANA
Band 1: 1753-1773; 2 Teilbände; bereits erschienen
   ISBN 3-906756-76-9; LXXXI + 988 Seiten, in Leinen gebunden,
   39 Abb.
     Subskriptionspreis: sFr. 88.00 / DM 110.00 / öS 733.00
     Verkaufspreis: sFr. 110.00 / DM 138.00 / öS 917.00

Subskribenten verpflichten sich zur Abnahme der Gesamtausgabe und
erhalten 20% Rabatt auf den Verkaufspreis der einzelnen Bände.
Bitte fordern Sie den detaillierten Prospekt direkt beim Verlag an.

Peter Lang
Europäischer Verlag der Wissenschaften
Jupiterstrasse 15 · CH-3000 Bern 15
Tel. ++41 31 940 21 21 · Fax ++41 31 940 21 31

ISBN 3-359-00871-5

1. Auflage dieser Ausgabe
© 1997 Verlag Das Neue Berlin
Rosa-Luxemburg-Str. 16, 10178 Berlin
Umschlagentwurf: Jens Prockat
Druck und Bindung:
Franz Spiegel Buch GmbH, Ulm